KB265113

제4차 기독교대한성결교회 교육과정 지침서

'성결한 그리스도의 몸' 교육목회 커리큘럼

The Sanctified Body of Christ :

A Curriculum for Educational Ministry

기독교대한성결교회 교육부

간행사

　기독교대한성결교회는 이제 112년의 역사를 지나 앞으로의 백년을 내다보는 교단으로 성장하였다. 112년의 역사를 돌아보면 여기저기 많은 일들이 있었지만, 오직 하나님의 은혜로 수많은 역경을 헤쳐 온 것이 사실이다. 그 그루터기에는 끊임없는 교회교육의 힘이 새겨져 있음을 알 수 있다. 교단의 희망찬 미래는 다음세대를 통해 실현될 것이다. 다음세대를 양육하고 그리스도의 충실한 일꾼으로 자라게 하는 일은 오직 신앙교육의 힘을 통해서만 가능하다.

　교회교육은 시간이 필요하다. 교단교육의 역사도 바야흐로 1970년대 제1차 교육과정에서부터 2019년 제4차 교육과정 출간까지의 변화를 겪었다. 지난 2003년부터 시작된 제3차 교육과정 '성결과 비전'에 이어서 15년 만에 새롭게 선보일 제4차 '성결한 그리스도의 몸BCM' 교육과정이 개발되고, 성경공부교재로 출간하기에 이르렀다.

　제4차 교육과정의 핵심 주제는 시대적, 문화적 흐름을 이해하고, 도래할 하나님 나라를 위한 비전을 품는 것이다. '주일학교 시스템에서 교회학교 시스템으로' 전환된 교회교육의 시대를 거쳐 성결교회는 놀라운 성장을 보였다. 다음세대들은 교회학교 교육을 통해 성경을 체계적으로 공부하였다. 말씀을 공부하는 일은 신앙성장에 중요한 요소다.

　지금의 시대는 다음세대를 목회의 대상으로 삼고, 주님의 제자 삼는 일에 적극적으로 노력해야 한다. '교회학교 시스템에서 교회목회 시스템으로' 인식의 전환을 해야 한다. 교육목회는 '교육을 목회하듯이, 목회를 교육하듯이'하는 것이다. '성결한 그리스도의 몸BCM' 교육과정은 교회학교의 시스템에서 교육목회 시스템으로 전환을 요구한다.

특별히 이번에 새롭게 선보이는 '성결한 그리스도의 몸BCM' 교육과정은 성결교회의 목회현장을 신중하게 고려한 결과의 산물이다. 유아부에서 장년부에 이르기까지 매주 동일한 본문으로 성경공부를 한다. 각 부서에 맞는 발달단계별 교육목표를 정하고, 그 교육의 초점을 명확히 구분하려고 노력했다. 또한 가정에서도 교육과정에 맞는 예배를 드릴 수 있도록 매주 성경공부와 동일한 본문으로 가정예배서를 집필하였다.

목회자와 교회와 가정이 한 몸을 이루는 목회의 현장을 꿈꿔본다. '성결한 그리스도의 몸BCM' 교육과정이 성결교회의 희망찬 미래를 열어가는 데에 디딤돌이 되리라고 믿는다. 이 교육과정 지침서는 그런 의미에서 새롭게 선보이는 성경공부 교재의 원리를 잘 설명하고 있다. 이 귀한 연구를 진행한 총회교육부와 서울신학대학교, 그리고 실무를 맡아 진행한 총회본부 교육국의 노고에 감사를 드린다. 성결교회의 다음세대의 부흥을 꿈꾸며 하나님께 모든 영광을 올려드린다.

2018년 10월 30일

기독교대한성결교회 총회장 윤성원 목사
기독교대한성결교회 교육부장 최명덕 목사
발행인 김진호 목사

제4차 기독교대한성결교회 교육과정 개발을 위해 힘써주신 분들

2013년 8월 제4차 기독교대한성결교회 교육과정 개발의 첫 발을 교육국과 함께 박종석 박사(서울신학대학교 교수), 남은경 박사(서울신학대학교 교수), 박진숙 박사(서울신학대학교 강사), 정혜향 목사(서울신학대학교 박사과정)가 내딛었다. 변화하는 시대가 요구하는 교회교육과정은 어떤 것일까 질문하던 연구진은 먼저 현대 성도들이 삶의 자리에서 당면하는 문제들을 성경과 사중복음의 관점에서 분석하고, 그것을 교육의 과제로 삼았다.

이후, 교육과정 연구팀은 남은경 박사, 박진숙 박사, 정혜향 목사를 주축으로 하여 BCM 교수-학습 과정 모형을 구상하였다. 그것은 체득하는 앎, 공동체적 나눔, 선교적 실천, 이렇게 세 차원에서 성도가 신앙을 통전적으로 배울 수 있는 역동적인 과정이다. 성결교회 성도들이 학습하게 될 교육 내용은 성경, 교리, 기독교전통, 그리고 현대 학습자들의 필요에 근거하여 선정되었다. 이 과정에서 박문수 박사(서울신학대학교 전 교수)와 이길용 박사(서울신학대학교 교수) 두 분이 신학적인 자문을 아끼지 않았다.

제4차 교육과정 개발은 이어, 남은경 박사, 박진숙 박사와 함께 이대주 박사(서울신학대학교 교수), 박향숙 박사(서울신학대학교 강사)가 참여하여, 성결교회 기반의 교육과정을 체계화하였다. 이 모델은 유아부부터 장년부까지 7개 교육부서가 3개년 간 36개의 교육주제들을 통일성 있게 공부할 수 있도록 설계되었다. 더 나아가 연구진은 각 단원별 주제에 대한 교육목표 선정과 성경이해 및 교육목회 방향을 제공함으로써 교재 집필의 실제적 지침이 되게 하였다.

한편, 교단의 교육부서 목사님들과 장로님들, 그리고 현직 목회자들의 협력과 헌신을 통해 '성결한 그리스도의 몸(BCM)' 교육목회 커리큘럼은 현장의 소리를 담을 수 있었다. 특별히 제110년차, 제111년차 총회교육부 새교육과정 개발위원들이 새교육과정의 내용을 검증하여 주셨다. 신건일 목사(북아현교회), 김철호 목사(전주교회), 장헌익 목사(동두천교회), 박성호 목사(미평교회), 유창기 장로(천안교회)께 감사를 드린다.

　제112년차 총회교육부 새교육과정 개발위원과 교재편집위원들이 이 연구가 교재로 완성될 수 있도록 교육내용을 신학적, 교육적으로 꼼꼼히 감수하여 주셨다. 신건일 목사(북아현교회), 한선호 목사(신평교회), 김철규 목사(광주교회), 장헌익 목사(동두천교회), 유창기 장로(천안교회), 김동오 목사(태장교회), 이동명 목사(함께하는교회), 손제운 목사(안양중앙교회), 허명섭 목사(시흥제일교회), 최임준 장로(천호동교회)께 감사를 드린다.

　끝으로 '성결한 그리스도의 몸(BCM)' 교육목회 커리큘럼이 나올 수 있도록 격려해 주신 총회장 윤성원 목사님과 제112년차 총회임원들, 그리고 총회교육부장 최명덕 목사님과 교육부 소위원들께 감사를 드린다. 무엇보다도 끈기 있게 포기하지 않고 귀한 사역을 감당해 준 교육국 직원들 전영욱 목사, 강영아 전도사, 장주한 목사, 황성현 목사와 원고를 취합한 이주연 전도사에게 고마운 마음을 전한다. 모든 영광을 하나님께 올려드린다.

2018년 10월 30일
교육과정 개발 책임자 남은경 교수
총회본부 교육국장 송우진 목사

목차

1. 성결교회교육과정의 변천

성결교회교육과정은 지금까지 변화를 거듭해왔다. 다음 내용들은 성결교회교육과정이 변천해 온 주요 흐름을 정리한 것이다.

1) 교육과정의 태동(1920~60년대): 만국주일학과, 주일학교독본

성결교회의 교재는 교단에서 발행하는 〈활천〉에서 시작되었다(1922년 12월 창간). 〈활천〉은 1923년 1월호부터(통권 제2호) 매호 이명직 목사가 집필한 10쪽 안팎의 '만국주일학과'를 실어서 전국 각 교회에서 사용하도록 했다. '만국주일학과'와 함께 이명직 목사가 집필하여 단행본으로 펴낸 「주일학교독본」을 교단 · 교육과정의 태동으로 볼 수 있다. 그 내용을 살펴보면 다음과 같다.

<만국주일학과>
- 5년 단위로 성경의 주요 내용을 가르치도록 계획됨
- 교사와 학생이 성경을 가르치고 배우도록 하는 것이 목적
- 전달식, 문답식 방법으로 교수-학습 진행
- 교사용 교재만 제작됨

<주일학교독본>
- 8권으로 구상되었음
- 1~5권까지 계단공과, 새신자용 1권으로 구성
- 교사-학생 통합교재로 구성
- 학습자 발달을 고려한 계단공과

'만국주일학과'는 5년을 주기로 하여 성경 지식을 전달하려는 목적으로 교사용 교재만 간행지에 실린 형태였다. 1934년에는 '만국주일공과'로, 1963년에는 '생명의 양식'으로 제작되기도 했다. 그러다 1964년부터 '만국주일학과'는 더 이상 제작되지 않았다. 이후 1929년에 「주일학교독본 1권」이 단행본 형태로 발간되었다.

「주일학교독본」은 단행본 형태의 교단 최초의 교재이며, 5년 커리큘럼으로 구성된 계단공과다. 최초 8권으로 구상되었지만 1~5권은 성경공부 교재, 6권은 새신자를 위한 교재로 제작되었다. 이는 당시 조선주일학교 연합회의 계단공과 출판보다 5년이나 앞서 발간된 것이다.

'만국주일학과'는 교사용으로 제작되었다는 점을 특징으로 들 수 있고, 「주일학교독본」의 경우, 교사와 학생 통합교재로 구성되었다는 점이 특징이다. 또한 학습자의 발달단계를 고려해서 성경을 가르치고자 시도했다는 점도 눈에 띄는 특징이라 할 수 있다.

만국주일학과(1923년1월 활천)

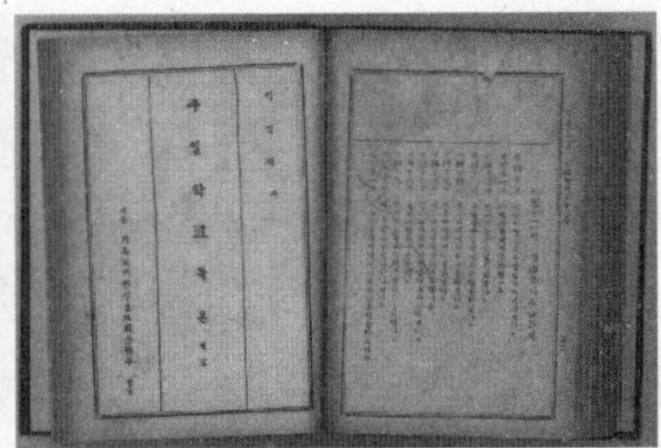
주일학교독본(1959년)

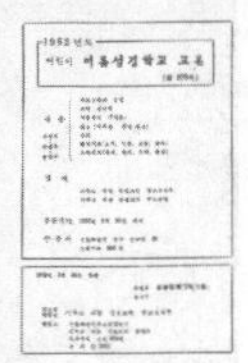
성경공과 유년부, 유치부(1962년 7-9월호)

2) 제1차 교육과정(1970년대): 교회학교 어린이 성경공부

1969년 본 교단의 제25회 총회에서 총회교육부는 교단의 교육을 위해 구체적인 교육계획서를 총회에 건의하였다. 이는 성결교단 최초로 시도된 교단 교육계획서였다. 그 내용은 다음과 같다.

> • 각 연령별 교재 출판을 위한 계획
> • 신입교인, 구도인, 학습교인, 세례교인 등 신급별 평신도 훈련교재 및 성경 주해서 출판 계획
> • 평신도 지도자(교사, 집사, 장로 등) 훈련을 위한 계획
> • 장학관 및 교단 직영 일반 학교의 설립과 같은 교육계획을 근거로 해서 연령대의 구분에 따른 교재 제작

각 연령별 교재를 유치부, 유년부, 초등부로 구분하여 총 7단계로 구성하고 3년에 걸쳐 발행하기로 결정하였는데, 1970년부터는 「교회학교 어린이 성경공부」가, 이후 1976년부터는 유치부용 교재가, 1980년에는 중고등부용 교재가 출간되었다. 1972년부터는 구역교재 발간을 시작으로 평신도 교재인 「학습 세례 문답집」, 「새신자 안내서」, 「장로후보자 시취교재」, 비신자와 초신자를 위한 「기쁜 소식 성경통신학교」 등이 발간되었다.

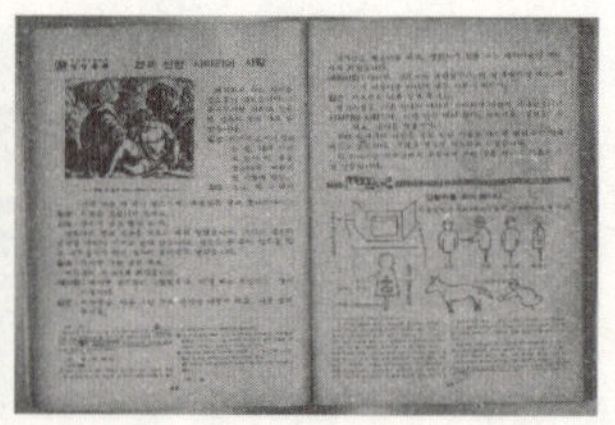

교회학교 어린이 성경공부 유년부(1974년)

3) 제2차 교육과정(1980년대): 성결한 삶

총회교육부는 기존의 교단 공과의 한계를 극복하고 교단 교육의 질적 향상을 도모하고자 1982년 교육정책자문위원회를 구성하고 교단 교육과정의 방향을 논의했다. 그 결과 1983년부터 1987년까지 5개년간의 교육과정 개발 작업을 수립하여 연차별 공과 발행을 계획했다. 제2차 교육과정이 제시한 교육주제들을 살펴보면 다음과 같다.

> • 화해의 복음과 그리스도인(1983년)
> • 우리를 변화시키는 말씀(1984년)
> • 민족을 구원하는 교회(1985년)
> • 성숙한 그리스도인의 삶(1986년)
> • 승리하는 그리스도인과 세계(1987년)

교육과정 주제설정 이후, 2차 교육과정으로 새로운 공과 계발을 시작했다. 이러한 노력의 성과로서 1988년부터 연차적으로 성결교단의 핵심 교리인 '성결'을 모토로 한 교재 「성결한 삶」이 발간되었다. 교재는 유치부, 유년부, 초등부, 중등부, 고등부가 각 3단계로, 청년 및 대학부가 4단계로, 구역교재가 6단계로 발간되었다.

「성결한 삶」 교육과정은 성경 전체의 내용을 발달이론에 맞추어서 초등부에서 1회, 중고등부에서 1회를 접할 수 있도록 구성되었다. 이 교육과정은 "그리스도에게 인도하여 중생하고 구원받게 하는 그리스도에게로(to Christ), 구원받은 신자가 그리스도인의 인격과 생활을 훈련하는 그리스도 안에서(in Christ), 훈련된 신자가 하나님을 위해 사명을 감당하는 그리스도를 위하여(for Christ)"의 구조로 설계되었다.

성경공부 유치부 1 교사용(1981년)

성결한 삶 초등부 교사용(1988년)

성결한 삶 초등부 어린이용(1995년)

4) 제3차 교육과정(2000년대): 성결과 비전

성결교회 100주년을 준비하며 한국성결교회연합회가 공동으로 교재 출간을 준비했다. 교육과정 개발팀은 2002년 9월까지 교육과정의 필요성, 목적, 성격, 방향에 대한 연구를 시작으로 교육과정의 내용, 방법, 평가를 심도 있게 논의했다. 교육이념은 "성결한 하나님의 사람(딤전 6:11)"이었다. 교육목적은 "사람들로 하여금 성령의 은혜를 체험하는 가운데 예수 그리스도를 믿음으로 구원에 이르게 하고, 하나님의 말씀을 따라 성결하게 살면서 건강한 몸과 마음으로 다시 오실 예수 그리스도를 기다리며, 신앙 공동체의 주역으로서 이웃에게 복음을 전하여 하나님 나라를 이루어 가도록 돕는 것"이었다.

이러한 연구를 기반으로 2003년 3월부터 7월까지 1년차 교재집필 작업에 착수했다. 제3차 교육과정은 '성결과 비전' 이라는 명칭 아래 유치부는 '성결사랑', 유·초등부는 '성결한 아이들', 그리고 중·고등부는 '성결클릭'으로 발달단계별 교육과정 명칭을 결정했다. 3차 교육과정의 첫 번째 기간이 지난 후에는 유아부를 대상으로 성경이야기를 듣고 놀이활동으로 학습하는 '유아놀이'가 추가로 집필, 출간되었다. 3차 교육과정의 주요내용 다음과 같다.

- 교육목적에 근거한 부서별 교육목표를 설정한다.
- 새 교육과정에 따른 새 교재는 유치부부터 고등부까지 각 3년 주기로 한다.
- 모든 부서의 교재는 1년에 40과의 성경공부, 12과의 활동프로그램으로 구성한다.
- 교육과정 이론지침서와 교사용 매뉴얼을 만든다.
- 새 교육과정에 따른 교재의 종류는 교사용 교재, 학생용 교재, 교사용 교육자료 등으로 개발한다.
- 새 교재는 예배와 연결할 수 있는 교재로 개발한다. 따라서 예배와 성경공부, 그리고 성경공부 활동프로그램을 연결하는 교육프로그램을 개발한다.
- 교재와 병행하여 사용할 수 있는 교육활동 자료를 제작한다. 교재의 활용을 극대화하고, 이를 통해 교육목표를 이룰 수 있는 교육활동 자료를 제작한다. 가능한 한 인터넷을 통해서 보급하는 방법을 구상한다.
- 각 부서의 교재와 연계된 다양한 프로그램을 구상한다(예배, 전도, 심화학습, 친교, 봉사 등).

- • '유아놀이'는 2-4세 유아에게 맞는 놀이 중심의 학습 모형을 기반으로 집필되었다. 매주 성경 이야기를 듣고 놀이 활동을 하는 교재로, 3개년 동안 매년 52과로 진행된다.

제3차 교육과정의 특징은 성결의 정체성 형성, 사중복음의 생활화 추구, 교육주제별 특성화, 교수-학습 전개의 효율성 모색이다.

성결한 아이들 초등부 학생용(2004년)

성결클릭 고등부 학생용(2004년)

5) 교육목회제도로의 전환(성결교회 100주년, 2007-2018): BCM

성결교회는 교단100주년을 기점으로 BCM교육목회제도를 교단과 한국교회에 선보였다. BCM교육목회제도는 기존의 제1~3차 교육과정과는 다른 새 지평을 열었다. 지금까지의 신앙교육은 일반적인 학교의 운영방식을 되풀이했던 '교회학교식 신앙교육'의 형태가 주를 이루었다. 교회학교식 신앙교육은 일주일, 168시간 중 2-3시간의 제한된 시간과 장소 안에서 이루어졌고, 학습자들은 주로 유아, 어린이, 청소년으로 국한되었다. 이러한 교회교육의 현실과 한계는 성결교회의 교육목회제도 개발을 가속화하였다. 성결교회 교육목회제도는 다섯 가지 조건을 고려하여 개발되었다.

- 전인적인 신앙형성을 위한 교육목회제도(전인적 신앙형성)
- 학교식을 벗어난 통합적 구성방식의 교육목회제도(전 연령의 통합교육)
- 교회의 다양한 연령이 교류를 통해 신앙 교육하는 교육목회제도(신앙공동체 회복)
- 성결교회의 신학을 기반으로 한 교육목회제도(교단 신학의 정체성 형성)
- 선교적 교회를 지향하는 교육목회제도(선교적 교회 지향)

BCM교육목회제도는 성결교단의 신학을 기반으로 교육적 원리를 반영한 것으로, 목회하듯 교육하는 일련의 구조와 과정이다. 또한 BCM교육목회제도는 기존의 주일학교나 교회학교의 교사 중심의 교수-학습의 한계를 극복하고자 했다. 이것은 신앙하는 삶의 도제적 나눔, 교회 공동체의 협력적 교육사역, 그리고 선교적 파송이라는 교회의 본질적 기능을 통합하고자 했다.

BCM 교사플래너(2009-2018년)

2. 새로운 교육과정의 필요성

성결교회의 교육은 신앙적인 관점에서의 이상적인 인간상을 추구하는 행위다. 그런데 이 행위를 하기 위해서는 구체적인 계획이 있어야 한다. 즉, 앞으로 할 일의 절차, 방법, 규모 등을 미리 헤아려 작정하는 일이 전제되어야 한다. 이와 관련된 작업이 바로 교육과정(curriculum) 개발이다. 교육과정은 성결교회 교육을 위한 종합적이고도 조직적인 계획으로서, 왜, 누가, 언제, 어디서, 어떻게 활동할 것인가 등의 내용을 담는다. 성결교회의 교육에서 교육과정 개발은 가장 기초적인 작업이다. 이것은 단편적인 문서작업이 아니다. 교육과정 개발은 바람직한 교회교육을 위한 전반적이면서도 구체적인 계획이다. 새로운 교육과정의 개발은 다음과 같은 필요로 시작되었다.

시대적 특성 반영	교재와 사역지침서의 통합
	새로운 교육과정의 필요성	
평생교육 지향	교육목회적 교수-학습

　첫째, 새로운 시대의 특성을 반영하기 위해 새로운 교육과정을 개발했다. 앞에서 살펴본 대로 성결교회에는 지금까지 여러 교육과정이 있었다. 각 교육과정은 그것이 사용되었던 시대를 배경으로 고유한 역할을 담당했다. 제3차 교육과정인 '성결과 비전'은 2004년부터 적용되기 시작했다. 당시 교육과정 개발자들은 이 교육과정을 2012년까지 사용하기로 계획했다. 즉, 이 교육과정을 9년 동안만 활용하기로 한 것이다. '성결과 비전' 교육과정의 기간을 한정했던 이유는 하루가 다르게 변모하고 있는 교회교육 환경에 신속하게 대처하기 위해서였다(성결과 비전 교육과정, 6). 교단의 교육과정은 일정 기간마다 꾸준하게 개정되어야 한다. 왜냐하면, 모든 시대를 포괄할 수 있는 유일한 교육과정이 존재할 수 없기 때문이다. 교육과정은 추상적인 이념을 담고 있지만 구체적인 대상과 현실을 향해 전개된다. 따라서 사회문화적 변천에 따라 성결교회 성도들이 처한 삶의 맥락을 이해하고 이를 반영한 새로운 교육과정이 개발되어야 한다.

　둘째, 교재와 사역지침서의 통합을 위해 새로운 교육과정을 개발했다. 성결교회 100주년을 기념하여 정립된 BCM교육목회제도가 2007년부터 성결교회 교육사역에 도입되었다. BCM이 공표된 이래 성결교회 교육은 이원적으로 이루어져 왔다. 그 중 하나는 교재(text book)를 활용한 교육이다. 여기에는 '성결과 비전' 교육과정에 근거한 발달단계별 교재, '성결교회 제자훈련' 교육과정에 근거한 성인용 교재 등이 포함된다. 또 다른 하나는 '사역지침서'(manual)를 활용한 교육목회이다. 유아교회, 어린이교회, 청소년교회를 위한 'BCM 교사플래너(BCM Mighty Planner)'가 이에 해당된다. 그런데 문제는 그 '교재'들 중 일부가 BCM교육목회제도에 근거해서 개발된 것이 아니라는 점이다. 심지어 '교재'들 중에는 BCM교육목회제도가 개발되기 이전에 출판된 것도 있다. 이 때문에 실제 교육사역의 현장에서는 공과공부의 내용과 예배, 프로그램, 주간목회의 내용이 일치되지 않는 문제가 있었다. 새로운 교육과정은 '교재'와 '사역지침서'의 내용에 일관성이 있을 때 성도들이 더욱 통합적인 양육을 받을 수 있게 될 것이라는 인식에서 출발했다.

셋째, 장년부를 포함한 평생교육을 지향하기 위해 새로운 교육과정을 개발했다. 교회교육은 평생교육이어야 한다. 성도들이 전 생애의 발달단계를 거치는 동안 성경말씀에 근거한 교육을 지속적으로 받도록 해야 한다. 이렇듯 연속적인 교육이 필요한 이유는 성도들이 그리스도의 장성한 분량에 이르는 것이 어느 한 순간에 이루어지지 않기 때문이다(엡 4:13-14). 성도들은 항상 복종하여 두렵고 떨림으로 날마다 구원을 이루어가야 한다(빌 2:12). 이전의 '성결과 비전' 교육과정은 유아부, 유치부, 유년부, 초등부, 중등부, 고등부의 발달단계를 대상으로 한 것이다. 교육과정의 대상에서 성인 발달단계가 제외되었던 것이다. 장년 성도들을 위해서도 체계적인 교육이 필요하다. 그들은 포스트모더니즘(Postmodernism)이라는 사상적 흐름 속에서 다양성과 상대성을 중시하는 풍조 가운데 살고 있다. 그리고 정보화사회(Information society) 사회의 넘쳐나는 지식과 정보를 분별해야 하는 상황에 놓여있다. 또한 평균 수명이 연장됨에 따라 삶에 대한 장기적인 전망과 성찰을 말씀에 근거해서 할 필요가 있다. 성인 성도들을 위한 교회교육이 교육과정에 포함되어야 한다는 필요성에서 새로운 교육과정 개발이 시작됐다.

넷째, 교육목회적인 교수-학습 이론을 정립하기 위해 새로운 교육과정을 개발했다. 교수(teaching)와 학습(learning)은 서로 구분되면서도 밀접한 관련성이 있다. 이 둘은 교육과정의 목적이 달성될 수 있도록 상호 보완하고 협력한다. 교회교육은 주로 교수-학습 과정을 통해 이루어진다. 그래서 교수-학습은 교회교육에서 중심적인 위치를 차지한다. '성결과 비전' 교육과정에서도 교수-학습 원리가 제시되었다. 성경이야기적 접근, 교리적 접근, 삶과 상황 주제적 접근에 의한 교수-학습이 이에 해당된다. 그런데, 이러한 교수-학습의 원리는 대부분 공과교육을 중심으로 한 것들이다. 반면,

성결교회가 필요로 하는 것은 개인, 소그룹, 회중 등을 포함하는 교육목회적인 교수-학습 이론이다. 이러한 교수-학습의 원리는 제시하는 것이 새로운 교육과정 개발의 이유 중 하나다.

3. 새로운 교육과정의 방향

새로운 교육과정 개발에서는 다음의 사항들이 중점적으로 고려되었다. 이러한 고려 사항들은 새 교육과정이 지향하는 바를 나타낸다.

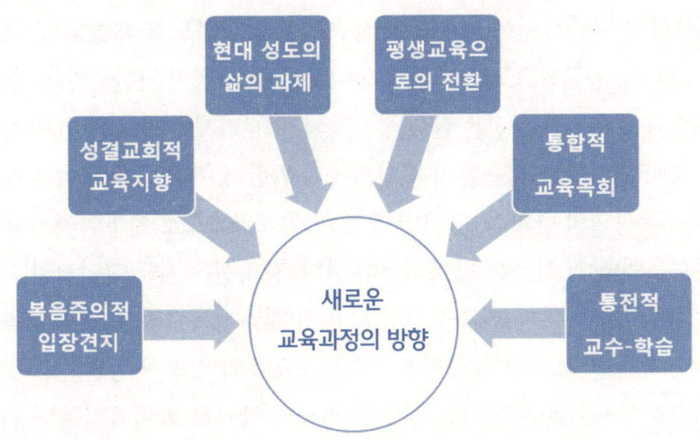

첫째, 새로운 교육과정은 복음주의적 입장을 견지한다. 복음주의는 하나님께서 그리스도의 대속을 통해 죄인들을 구원해주신다는 기쁜 소식에 초점을 두는 것이다. 이러한 관점에서 복음주의는 삼위일체 하나님, 예수 그리스도의 신성과 인성, 성령의 인격성, 성경의 완전영감, 십자가 구속, 부활, 승천, 재림과 심판 등에 대한 성경 말씀을 그대로 믿는다. 복음주의적 입장을 따르는 새 교육과정은 성경적인 교육을 중시한다. 새로운 교육과정은 성경을 다른 책들과 구별되는 절대적인 규범으로 여긴다. 그리고 모든 성경이 하나님의 영감으로 된 것으로서 교훈과 책망과 바르게 함과 의로 교육하기에 유익한 책임을 강조한다(딤후 3:16). 새로운 교육과정은 교회교육의 모든 내용이 성경에 근거할 것을 지향한다.

둘째, 새로운 교육과정은 성결교회적인 교육을 지향한다. 성결교회 신학은 교단의 입장과 특성을 말해준다. 성결교회의 신학은 개신교복음주의, 웨슬리 신학, 사중복음으로 요약된다. 그중 성결교회의 전도표제인 사중복음은 하나의 복음 안에 네 가지의 중요한 진리들이 담겨져 있으며, 이것들이 함께 전해질 때 온전한 복음이 선포되는 것임을 강조한다. 이 4가지 진리는 바로 중생, 성결, 신유, 재림이다(성결교회신학(상), XI, 33). 새 교육과정은 성결교회의 신앙노선에 기초하여 성결인을 양성하도록 개발되었다. 교단성은 교육목적 설정으로부터 평가에 이르는 전 과정의 기반을 이룬다.

셋째, 새로운 교육과정은 현대 성도들의 삶의 과제를 반영한다. 이것은 시대적 특성에 적합한 교육과정을 설계하기 위한 것이다. 교회교육의 최종적인 목적은 성도의 변화다. 그런데 그 변화가 효과적으로 이루어지기 위해서는 성도들의 삶의 특성이 반영되어야 한다. 강희천은 지금 그리고 여기라는 구체적인 상황에 대한 분석을 하고 그 맥락에서 기독교적인 앎과 삶을 연결하도록 해야 한다고 했다(강희천, 「기독교교육의 비판적 성찰」, 14). 새 교육과정은 현시점을 살아가는 성도가 과제를 극복하고 치유하는데 관심을 기울였다. 특히 성경과 사중복음을 중심으로 다음과 같은 주제들을 교육내용에 반영했다: ① 성경: 무지한 삶을 벗어나서 '지혜'로운 삶으로, ② 중생: 탐욕의 삶을 벗어나서 '자족'하는 삶으로, ③ 성결: 고립의 삶을 벗어나서 '교제'하는 삶으로, ④ 신유: 병든 삶을 벗어나서 '건강'한 삶으로, ⑤ 재림: 불의한 삶을 벗어나서 '정의'로운 삶으로.

넷째, 새로운 교육과정은 예배, 성경공부, 프로그램, 주간목회가 한 가지 주제로 통합되도록 구성되었다. 교육목회는 유기적이며 총체적인 활동이다. 교육목회는 주일과 주간의 활동들로 이루어진다. 주일에는 주로 예배, 성경공부, 프로그램을 하게 된다. 주간에는 주로 프로그램과 목회적 돌봄을 하게 된다. 성도들에게 어떤 주제를 교육할 때, 일정 기간 동안 그 주제를 계속해서 반복적으로 제시하고, 그 주제에 대해 다양한 경험의 기회를 제공하고, 점진적으로 경험의 수준을 높여가는 것이 효과적이다. 새로운 교육과정은 성도들이 예배, 성경공부, 프로그램, 주간목회를 통해 동일한 주제를 배울 수 있도록 했다. 그리고 성도들이 그 주제를 다양한 경험을 통해 지속적으로 심화할 수 있도록 했다. 그 결과 성경공부 교재와 사역지침서의 내용이 일관성을 갖게 되었다.

다섯째, 새로운 교육과정은 평생교육의 입장에서 장년부를 위한 내용을 포함한다. 교회교육은 성도가 출생하여 소천하기까지 전 생애를 통해 성경말씀을 계속해서 배우도록 해야 한다. 지금까지의 교육과정은 유아부, 유치부, 유년부, 초등부, 중등부, 고등부를 대상으로 한 것이었다. 즉, 다음 세대에 한정된 교육과정이었다. 새로운 교육과정은 장년부를 위한 내용을 추가했다. 이로써 교회의 모든 부서, 가정의 모든 구성원이 동일한 주제를 배우고 공유하게 되었다.

여섯째, 새로운 교육과정은 통전적인 교수-학습 이론을 제시한다. 새로운 교육과정은 교육목회적인 접근을 하면서 성도의 신앙이 어떻게 형성되는가에 주목했다. 그 결과 성도가 개인적으로는 신앙을 온 몸을 통해 배우고(Bodily Knowing), 그 내용을 소그룹과 회중이라는 공동체적 나눔을 통해 확실히 정립하고(Communal Sharing), 선교적 실천을 통해 경험함으로써 배운다(Missional Living)는 것에 주목하였다. 그리고 각 과정이 어떻게 이루어지는지를 설명했다.

　'성결한 그리스도의 몸(BCM)' 교육과정은 다수의 이론적 기초 위에 세워졌다. 첫째, 성결교회의 교육이념으로부터 그 목적과 방향성을 도출하였다. 둘째, 'BCM교육목회제도'의 맥락 속에서 연구되었다. 'BCM교육목회제도'는 교육목회적 틀이 부재한 성결교회에 성결교회의 신학을 기반으로 하여 개발된 전인적이고 통합적인 목회적 틀이다. 셋째, 교단 신학적 검토 과정을 거친 현대 기독교인의 삶의 과제를 고려하여 연구되었다. 넷째, 변화하는 시대적 맥락에 맞는 교육과정을 개발하기 위해 온몸으로 배우고, 공동체적 나눔을 통해 배우고, 선교적 실천을 통해 배우도록 하는 대안적 교육방식을 추구하였다. '성결한 그리스도의 몸(BCM)' 교육과정의 기반이 된 네 가지 기초를 도표로 표현하면 다음과 같다.

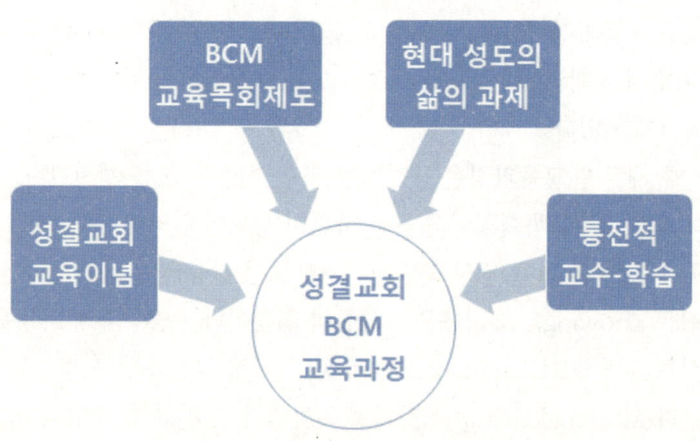

〈성결한 그리스도의 몸(BCM) 교육과정의 이론적 기초〉

1. 성결교회 교육이 지향하는 인간상은 무엇인가?

"성결한 하나님의 사람" (딤전 6:11)

성결교회는 내적, 외적인 면에서 거룩을 추구한다. 내적인 거룩함은 예수 그리스도 안에 나타난 하나님의 사랑을 우리 안에 이루는 것이며, 외적인 거룩함은 하나님의 나라를 세계 안에 세우는 것이다. 성결을 우리 안에 이루고 세우는 일은 순간적 성결인 성령의 세례와는 구별해야 한다. 성령의 세례로서의 성결은 하나님의 선물이지만, 성결한 사람이 되도록 하는 교육은 궁극적 교육목적인 성결에 이르기까지의 총체적 과정을 포함한다.

교육의 우선적 목적은 사람이다. 어떤 성격의 사람을 형성하느냐가 교육의 목적이 되어야 한다. 다른 내용을 교육의 목적으로 설정한다고 할지라도 그 목적을 성취해야 할 사람을 교육목적에 포함하지 않을 경우 교육의 목적은 실체가 없는 추상적 구호로 머물게 된다. 따라서 우리 교회는 인간이 교육의 궁극적 목적이어야 한다고 생각하고 그것을 '성결한 하나님의 사람'으로 정했다.

'성결한 하나님의 사람'은 이상적 인간이다. 일반적으로는 도덕적으로 완전한 인간을 이상적으로 생각하기 쉽다. 교육학적으로는 지·정·의의 조화를 이룬 인간을 이상적으로 보기도 한다. 이것들은 인간적 차원만을 고려한 것이다. 성결한 사람은 인격적이고 전인적일 뿐만 아니라 하나님과의 관계에서 그 모든 것을 통합한 인간이다.

즉, '성결한 하나님의 사람'은 신앙적 인간이다. 신앙은 지적으로 믿는 것이고, 정적 신뢰이며, 행함이다. '성결한 하나님의 사람'은 교회가 믿어온 전통의 내용을 알며, 하나님의 신실하심과 은총의 능력을 신뢰하며, 이웃을 내 몸처럼 사랑함으로써 하나님을 사랑한다. 그에게서 이 세 차원은 균형을 이루어 신앙의 인격을 형성한다. 그는 신앙의 인격으로 세상을 살아가는 사람이다.

그렇다고 '성결한 하나님의 사람'이 추상적인 사람은 아니다. 그는 역사적 인간이다. 그는 이 세계 안에서 살아가는 사람이다. 이 세계는 그의 삶의 터전이며 하나님의 나라를 위한 일터다. 그래서 그는 이 세계에 관심을 갖고 그것을 변화시키려고 한다. 그의 사역의 범위는 인간과 인간의 역사, 자연과 환경 전체를 포함한다. 그는 인간과 자연의 세계를 하나님의 뜻에 일치하도록 변화시키려고 애쓰는 자다.(성결과 비전 교육과정, '1. 교육이념' 2003, 25)

2. '성결한 그리스도의 몸(BCM)' 교육목회제도는 무엇인가?

'성결한 그리스도의 몸(이하 BCM)'은 '교육목회' 제도다. '교육목회'라는 용어에는 '교육적인 목회(educational ministry)'와 '목회적인 교육(ministerial education)'을 동시에 지향하고자 하는 의도가 담겨 있다. '교육목회'의 제안은 신앙 성숙이 교회학교(church school)나 주일학교(sunday school)와 같은 '학교' 방식을 통해서는 이루어지기 어렵다는 반성에서 비롯되었다. 즉 교회가 신자들의 신앙 성숙을 돕기 위해서는 교육과 목회적 돌봄을 함께 제공해야 한다는 입장이 BCM에 포함되었다.

BCM은 교회를 그리스도의 몸으로 이해한다. BCM이라는 이니셜은 이러한 이해에서 비롯되었다(the Body of Christ Model). 그만큼 BCM에서 그리스도의 몸이라는 개념은 중요하다. 특히 신약성서의 바울서신에서 그리스도의 몸으로서의 교회에 대한 표현이 자주 등장한다. 예를 들어, 로마서 12장 4-5절, 고린도전서 12장 12-27절, 에베소서 1장 22-23절 등에서 교회가 예수님을 머리로 하는 몸 공동체라는 설명이 발견된다. 이 본문들에서는 예수님의 십자가 사건을 경험한 각 사람이 그리스도의 보혈과 성령의 능력에 의해 교회라는 그리스도의 몸의 지체가 됨을 강조한다. BCM이 중시하는 것은 교회를 구성하고 있는 지체들이 서로 긴밀하게 연관되어 생명을 공유하면서 영향력을 주고받는다는 점이다. 이렇듯 BCM의 모든 이론과 실천에는 교회가 유기체라는 이해가 전제되어 있다. 그리고 BCM은 교회의 유기체적 특성이 회복되고 성숙해지는 것을 중시한다.

BCM의 주요 요소는 개인, 소그룹, 회중, 사회, 그리고 성경과 전통이다. BCM은 이 요소가 서로 밀접한 관련성 속에서 영향을 주고받음을 강조한다.

첫째, '개인'은 교회를 구성하는 가장 기초적인 단위다. BCM교육목회제도는 개인을 관계적 존재로 본다. 개인은 소그룹, 회중, 사회, 성경과 전통과의 관계 속에서 상호작용하면서 성장한다.

둘째, '소그룹'은 개인이 모여 이룬 작은 공동체다. 개인은 '소그룹'을 통해서 인격적인 만남을 경험하고 삶의 방식(life style)으로서의 역동적 신앙을 형성해간다. 예수님은 제자들과 소그룹을 통한 깊고 인격적인 만남을 가지면서 그들을 가르치셨다.

셋째, '회중'은 기독교 신앙공동체의 원형으로 교회의 구성원이 모두 모인 전체 모임이다. 구약시대에 하나님은 하나님의 구원에 응답하는 언약의 공동체인 '회중'을 하나님의 백성으로 부르셨다. 신약시대에 그리스도의 십자가와 부활을 믿는 '회중'이 초대교회를 이루게 되었다. 현대의 '회중'이란 예수 그리스도와의 관계를 맺고 있는 기독교인 전체, 혹은 지역 교회로 구성된 조직체다.

넷째, '성경과 전통'은 다른 모든 요소에서 행해지는 실천 전반에 대한 해석의 기반을 제공한다. 신앙공동체의 신앙은 성경에 근거하여 생성되고 성장된다. 전통은 기독교회의 역사적 흐름 가운데서의 경험과 그것에 대한 반응의 결과에 의해 구성된 것으로서, 성결교회의 신앙전통의 중추적 역할을 하는 것은 성결교단의 신학적 입장이다.

다섯째, '사회'는 개인, 소그룹, 회중으로 구분되어 정의된 교회가 놓인 맥락이다. 교회는 '사회' 속에 존재하면서 사회로부터 영향을 주고받는다.

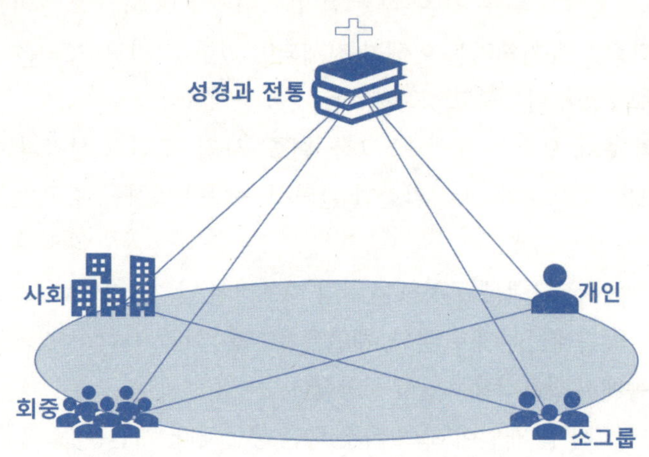

〈BCM의 다섯 가지 요소와 상호관계성〉

BCM은 위의 다섯 가지 요소 간의 상호 작용에 주목한다. 그러면서 어떠한 영향력들이 상호 관계를 통해 전달되는가를 살핀다. 5개의 요소가 순방향 혹은 역방향으로 서로 만나는 관계선 상에서 36개의 주요 개념이 발견된다. 36개의 개념은 일종의 목표가 되어 내용 및 프로그램 등을 형성할 뿐만 아니라, 교육목회 지도자와 교사를 양성하는 데 필요한 주요 단서들이 된다. 또한 36개의 개념은 교육평가를 위한 기준이 되기도 한다.

지난 2007년 BCM교육목회제도의 1차 연구 결과(BCM교육목회) 다섯 가지 요소의 관계선 상에서 20개의 개념을 도출한 바 있다. 그러나 20개의 개념을 기반으로 새교육과정의 3개년 36개월 월별 주제를 배치하는 원칙을 세우기 어려웠고, 그 결과 36개의 개념을 새롭게 도출하게 되었다. 이 과정에서 다섯 가지 요소 간의 관계도 새롭게 정립되었다. '성경과 전통'은 다른 요소들과는 다른 우선적 권위를 갖는 것으로 보았고, 따라서 개인, 소그룹, 회중, 사회와의 관계에서 영향을 받는 것이 아닌 영향을 주는 요소로 보았다. 한편 나머지 네 요소가 '성경과 전통'을 향하는 관계선 상에서는 '성경과 전통'에 반응하는 내용의 개념을 도출하였다. 또한 '성경과 전통'을 제외한 개인, 소그룹, 회중, 사회 상호 간의 관계선 상에서는 양자만의 관계가 아닌 '성경과 전통'의 조명 아래에서 개념을 도출하는 원칙을 세웠다.

이렇듯 BCM은 구성원의 관계와 그 상호작용을 중시한다. 유기적 관점에서 볼 때 BCM은 그 구성원의 관계와 상호작용에 의해 성립되고 유지되며 성장한다고 볼 수 있다. 따라서 BCM에 참여하는 모든 사람은 교육목회제도의 전 영역을 통해 상호 관계성 속에서 활동함으로써 서로에게 영향을 주고받으며 배워간다. 이를 위해 모든 구성원은 기본적으로 소그룹 모임에 관심을 갖고 참여하며, 그들 사이에서 친밀감을 형성하여 나눔과 돌봄이 극대화되도록 노력한다.

'성결한 그리스도의 몸(BCM)' 교육과정은 교단 신학과 어떠한 관련성을 갖고 있는가? 교단 신학을 성결교회의 교육과정과의 관련성 안에서 해석한 것을 성결교회의 교육신학이라 한다. 성결교회의 신학과 교단 신학의 내용을 간략히 살펴보면 다음과 같다.

성결교회의 신학은 개신교복음주의, 웨슬리 신학, 사중복음으로 요약된다. 그리고 지금까지 성결교회의 전도표제로 이해되어 온 사중복음은 개신교복음주의 웨슬리안 신학의 전통 위에서 더욱 분명하게 이해될 수 있다(성결교회신학(상), XI). 즉, 성결교회의 사중복음 신학 안에는 16세기의 오직 믿음으로, 오직 은혜로, 오직 성경으로라는 구호 아래 복음을 재발견한 종교개혁의 전통, 18세기의 웨슬리(John Wesley) 부흥운동에 의해 강조된 성결의 은혜, 19세기의 만국성결교회의 운동에 의한 신유와 재림의 복음이 담겨 있다는 의미다. 이것들에 대해 좀 더 자세히 설명하면 다음과 같다.

첫째, 성결교회의 신학에는 개신교복음주의가 포함되어 있다. 개신교 복음주의는 종교개혁의 전통에 서 있다. 이것은 오직 그리스도를 믿음으로써만 받는 구원, 성경의 무오성과 그 권위의 절대성, 전도를 강조하는 전통이다. 복음주의 신학에 근거한 성결교회의 신학은 '성경중심주의'라는 종교개혁적 정신을 지켜왔다. 성경은 성결교회 신학의 기준이며 규범이다 (성결교회의 신학(상), 19-20).

둘째, 성결교회의 신학에는 웨슬리 신학이 포함되어 있다. 웨슬리 신학의 주요 내용으로 인간의 자유의지, 선행은총, 성결, 복음적 신인협동설, 보편적 속죄, 만인 구원의 가능성 등을 들 수 있다. 웨슬리 신학에서 가장 중시되는 주제는 '성결'(holiness, entire sanctification)이다. 성결교회의 신학은 성결의 복음을 온전히 전파하고 그 능력에 참여하는 일에 가장 우선적인 가치를 부여함으로써 그것의 고유한 정체성과 사명을 확인해왔다. "온전한 성화는 … 중생 이후에, 성령에 의해서, 진지하고도 온전한 헌신의 행위를 동반하는 믿음으로만 이루어지는 것으로서 다음과 같은 세 가지 특징을 갖는다. 첫째가 육적 마음의 온전한 소멸, 즉 유전 죄의 온전한 제거이며, 둘째가 영혼의 온전한 사랑에의 교통이며, … 세 번째가 성령의 계속적인 내주이다. 성결은 인간 내면의 부패성의 제거이며 온전한 사랑의 회복이며 성령의 세례이다." (성결교회신학(상), 25)

셋째, 성결교회 신학의 중심에 사중복음이 자리한다. 성결교회는 하나의 복음 안에 네 가지의 중요한 진리들이 담겨져 있으며, 이것들이 함께 전해질 때 온전한 복음이 선포되는 것임을 강조한다. 이 네 가지는 그리스도를 믿음으로 새 생명을 얻고 거듭남(중생, Regeneration), 중생 후에도 남아 있는 죄성에서 정결하게 되며 동시에 온전한 사랑으로 충만하게 되어 하나님의 형상을 회복함(성결, Holiness), 구원받은 영과 육의 온전한 건강(신유, Divine Healing), 우리 구원의 완성인 그리스도께서 공의 가운데 심판의 주님으로 다시 오심(재림, The Second Coming)이다(성결교회신학(상), 33).

중생, 성결, 신유, 재림의 개념은 다음과 같다: ① '중생'은 새로운 창조(고후 5:17), 새 마음(롬 12;12), 새 사람(엡 4:24)에 해당되는 것으로서 새생명을 얻어 심령과 인격이 새롭게 됨을 의미한다. ② '성결'은 오직 하나님의 은혜로 죄의 본성과 습성 등으로부터 자유하게 됨을 의미한다. 웨슬리는 성결에 대해 그리스도인의 완전, 완전성화, 완전구원, 완전한 구별, 완전한 사랑, 제2의 축복, 그리고 거룩이라는 표현을 사용하였다. 성결은 동기의 순수함이며, 인간이 가지고 있는 자연적 욕망의 모든 부패성으로부터의 완전한 자유이다. 또한 성결은 이기적 자아로부터 완전한 해방 또는 생각과 기질이 하나님의 성품을 닮아가는 것이다. ③ '신유'는 두 가지 의미로 해석될 수 있다. 하나는 하나님께서 베푸시는 신유의 은혜에 의해 우리가 병에 걸리지 않고 건강하게 사는 것이다. 다른 하나는 질병에 걸렸을 때 하나님의 능력으로 병 고침을 받는 것이다. ④ '재림'은 새 하늘과 새 땅으로 나타날 하나님의 나라에 대한 간절한 소망과 신앙을 의미한다. 성결교회는 천년왕국 이전에 주님께서 재림하셔서 성도들과 함께 천 년 동안 왕 노릇 하시다가 그 후에 영원한 하나님의 나라가 이루어진다는 전천년설을 주장한다. 재림에 대한 신앙은 오늘을 살아가는 성도의 희망의 원천이며 선교의 동력이 된다.

개신교복음주의, 웨슬리 신학, 사중복음을 중심으로 한 성결교회의 신학이 추구하는 교육은 1차로 『성결교회 신학』(2007)에서 연구되었고, 추후 보완되어 『성결교회 교육의 비전과 실천』(2008)에 소개되었다. 그 내용은 다음과 같다.

첫째, 개신교 복음주의가 추구하는 교육은 성경에 바탕을 둔 경건한 신앙의 형성이다. 개신교 복음주의 신학의 세 가지 성격은 믿음, 성경, 경건이다. 그것이 추구하는 교육의 내용을 구체적으로 살펴보자면 믿음으로 구원에 이르게 하는 교육, 말씀의 인도를 받도록 하는 교육, 하나님과의 친밀한 교제를 나누게 하는 교육이다.

둘째, 웨슬리 신학이 추구하는 교육은 성결을 추구하는 교육, 바른 세계관을 형성하는 교육, 경험을 강조하는 교육이다.

셋째, 사중복음 신학이 추구하는 교육은 중생, 성결, 신유, 재림의 네 가지 전도표제의 내용과 관련되어있다. 그 구체적인 교육의 목적이자 내용은 거듭나게 하는 교육, 사랑하도록 하는 교육, 건강을 찾는 교육, 공의를 행하게 하는 교육이다.

개신교복음주의, 웨슬리 신학, 사중복음을 중심으로 한 성결교회의 신학이 추구하는 교육의 내용을 거시적으로 조망하면, 교육목회에 반영되어야 할 다섯 가지의 신학적 주제를 발견하게 된다. 성경, 중생, 성결, 신유, 재림이 이에 해당된다. 이 다섯 가지의 신학적 주제를 교육목회에 반영함으로써 성결교회의 정체성과 지향성을 반영한 교육목회를 실현할 수 있을 것이다.

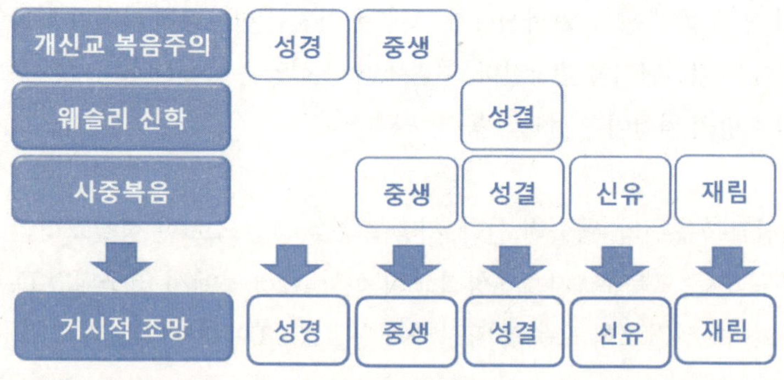

〈성결교회의 신학적 주제들〉

3. 현대 성도의 삶의 과제는 무엇인가?

한국교회의 성장과 발전은 기독교의 역사 가운데에서도 주목을 받을 만한 것이었다. 과거 한국교회는 세계 선교의 선두 주자로 서게 될 것이라는 기대를 모아왔다. 그러나 1990년대 이후 한국교회의 성장이 멈추었고, 한국교회에 대한 부정적 여론이 형성되어 왔다. 교회와 신앙인들이 빛과 소금으로서의 영향력을 발휘하지 못한 것이다. 현재 한국교회는 존립 자체가 흔들릴 수 있는 위기에 직면하고 있다. 이와 같은 사회·문화적 도전에 직면한 교회와 신앙인들의 위기의 현실들이 이번 교육목회 내용 선정에 반영되어야 한다. 성결교회의 교단 신학으로부터 도출된 다섯 가지 신학적 주제인 성경, 중생, 성결, 신유, 재림에 근거한 현대 성도들의 삶의 현황과 그에 따른 과제는 다음과 같다.

<표. 현대 성도의 삶의 현황과 과제>

신학적 주제	삶의 현황		삶의 과제
성경	무지한 삶	→	하나님을 경외하여 말씀으로부터 배우는 '지혜'
중생	탐욕적인 삶	→	하나님을 믿는 사람이 누리는 '자족'
성결	고립된 삶	→	공동체적 유대를 나누는 '교제'
신유	병든 삶	→	치유의 능력으로 회복되는 통전적 '건강'
재림	불의한 삶	→	재림의 소망 가운데 펼쳐지는 '정의'

현대 성도의 삶의 현황과 과제는 각각 삶과 교회 사역의 특정 분야에서 발생하는 경향이 있고, 서로 다른 독특한 문제 양상을 지닌다. 그러나 서로 완전히 분리되지는 않는다. 흥미롭게도 다섯 가지 삶의 현황은 서로 논리적인

연관성을 가진다. '무지-탐욕-고립-병듦-불의'들은 서로가 원인이면서 동시에 결과로서 작용한다. 마찬가지로 삶의 과제도 상호 관계적이다. '지혜-자족-교제-건강-정의'들도 역시 상호 인과적인 관계로서 설명될 수 있다. 그 이유는 무엇인가? 다섯 가지 현황과 과제들이 모두 공통분모를 가지고 있기 때문이다. 이 현황과 과제들이 공유하고 있는 기준점은 바로 이것이다. '하나님을 경외하고 가까이하는가?' 즉, 다섯 쌍의 대립 관계는 아래 그림과 같이 하나님을 향한 순방향과 역방향 간의 팽팽한 긴장 가운데서 형성된 것이다. 하나님을 향해 나아가는 개인과 공동체에는 건강하고 행복하며 성장하는 삶이 펼쳐진다. 그러나 하나님을 등지고 나아가는 개인과 공동체에는 그러한 삶이 열리지 않는다. 결국은 방향성의 문제이다. 최근 신앙인들에게 닥친 위기의 현실은 하마르티아 즉, 과녁에서 빗나가는 죄에 깊은 뿌리를 내리고 있다. 마치 이사야의 탄식 소리가 들리는 듯하다. "슬프다! 죄지은 민족, 허물이 많은 백성, 흉악한 종자, 타락한 자식들! 너희가 주님을 버렸구나. 이스라엘의 거룩하신 분을 업신여겨서, 등을 돌리고 말았구나."(사 1:4)

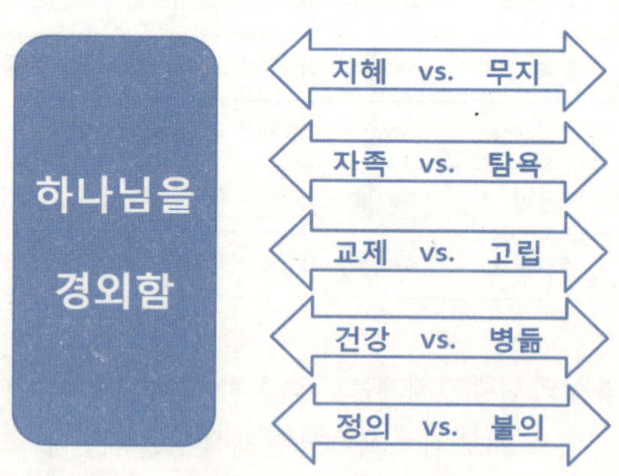

〈삶의 현황과 과제의 긴장성〉

1) 성경 : 무지한 삶을 벗어나 '지혜'로운 삶으로

(1) 무지(교만)의 현황과 그 과제인 '지혜'

우리는 상대주의적 자기도취에 빠져 배움을 등한시하여 무지해졌다. 신앙적으로도 무지해져서 하나님의 원하시고 기뻐하시는 것들을 분별하여 살지 못하고 있다. 이러한 삶의 깊은 원인은 하나님의 지혜를 거절하는 교만(驕慢, Arrogance, Pride, Haughtiness)이다. 교만한 사람은 하나님으로부터 들으려 하지 않는다. 왜냐하면 스스로 우월감을 가지고 자기가 중심이 되어 자기식의 지혜로만 살려 하기 때문이다. 교만한 사람에게는 하나님의 지혜가 절실하지 않다. 자기의 지혜로 살 수 있을 것이라는 착각을 하기 때문이다. 이러한 점에서 교만은 겸손과 반대되는 개념이다(잠 13:10, 15:33, 16:18, 19, 마 5:3, 눅 14:11).

교만은 태고부터 인류에게 있어 온 대표적인 악함이다. 일찍이 에덴동산에서부터 인간의 교만이 발견된다. 하나님께서는 온 우주와 주변 생활환경을 만드신 다음 사람을 만드셨다. 식물, 동물, 빛 등을 갖춘 에덴의 환경은 매우 좋았으며, 이것은 사람을 향한 하나님의 사랑을 대변해 주는 것이었다. 아담과 하와는 에덴동산을 돌보면서 하나님과 교제하면 되었고, 하나님께서 금하신 선악과만 먹지 않으면 되었었다(창 1-2장). 그러나 아담과 하와는 결국 선악과를 따 먹었다. 이것은 사탄의 편에 서서 하나님을 반역하고 대적한 행위였다. 이 행위의 깊은 동기는 스스로가 지혜롭게 되어 하나님처럼 되려는 지독한 교만이었다(창 3장). 이 행위 자체는 무지에 의해 야기된 것이기도 하다. 자신이 피조물임을 제대로 이해하지 못한 결과이기 때문이다. 스스로 하나님처럼 되려 하여 하나님의 경륜을 거부하고 자기 지혜를 의지해서 살려는 것, 그것이 바로 죄이다.

성경은 교만을 가장 큰 죄라고 지적한다(잠 1:7, 6:16, 17, 벧전 5:5). 그리고 성경은 교만한 자는 반드시 패망하게 되리라고 경고한다(잠 16:18). 하나님께서는 교만한 자들을 비천하게 만드시고 그들의 성을 허무신다(사 26:5). 하나님께서는 교만을 가장 싫어하신다. 왜냐하면, 교만한 사람은 하나님의 말씀을 듣지 않기 때문이다(렘 13:17, because of your pride). 이처럼 교만은 하나님을 아는 지식을 가로막는다(고전 10:5). 뿐만 아니라 교만은 하나님을 잊게도 만든다(신 8:14). 교만은 우리가 하나님의 말씀을 들으며 하나님을 배워가는 것을 훼방한다.

교만은 결코 에덴동산에서만 발견되는 것은 아니다. 오늘 우리의 삶에서도 교만의 모습은 얼마든지 발견된다. 그 교만에 더해진 우리의 상대주의적, 맥락 중심적, 탈권위적 사고에 대한 강조는 더 이상 하나님의 가르침과 지혜를 필요로 하지 않는다. 그랜츠(Stanley J. Grenz)는 『포스트모더니즘의 이해』(A Primer on Postmodernism)라는 저서에서 현대인들의 사고방식에 대해 다음과 같이 분석했다. 현대인들은 각자 자기 나름대로의 방식으로 생각하고 살기를 원한다. 이들은 절대적이고 영원한 지식에 대해 회의적이다. 현대인들은 구속사와 같은 거대담론(Grand-narrative)을 거부하고 복음을 단지 하나의 진리로서 이해한다. 이러한 생각을 가진 우리는 하나님으로부터 얻는 지혜를 간절하게 사모하지 않는 경향이 크다. 즉, 우리의 고백은 이것이다. "하나님. 저는 제 식의 지혜로 충분히 이 세상을 잘 살 수 있습니다."

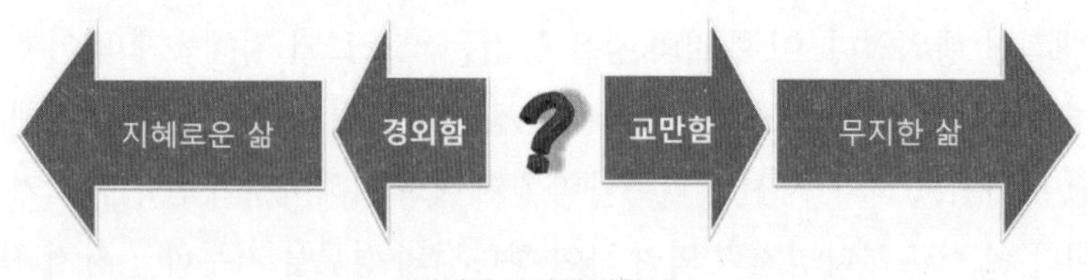

〈지혜와 무지의 방향성〉

교만에 뿌리를 둔 무지한 삶으로부터 돌이키기 위한 방안은 무엇인가? 하나님을 경외하며 그 분의 말씀으로부터 지혜를 얻어야 한다. 지혜는 히브리어로는 호크마이며, 헬라어로는 소피아다. 성경은 지혜의 중요성을 강조한다. 지혜는 죽음의 그물에서 벗어나게 하는 생명의 샘이다(잠 13:14). 지혜를 붙드는 사람은 복이 있다(잠 3:18). 그러나 지혜는 이 세상이나 이 세상의 통치자로부터 얻을 수 없다(고전 2:6). 사람의 힘과 노력으로도 지혜를 다 파악할 수 없다(전 3:11; 8:17). 오직 지혜는 하나님으로부터, 하나님을 경외함으로써만 얻을 수 있다. "주님을 경외하는 것이 지혜의 근본이요, 거룩하신 이를 아는 것이 슬기의 근본이다"(잠 9:10; 관련 구절- 욥 28:28; 시 111:10; 잠 1:7; 시 73:16). 결국 이것이 관건이다. '하나님을 경외함으로 지혜롭게 살 것인가?' 아니면, '교만하여 하나님의 지혜를 거부하고 무분별하게 살 것인가?'

하나님으로부터 지혜를 얻는 첫걸음은 교만을 버리는 것이다. 교만한 사람은 하나님으로부터 배우려 하지 않는다. 자기 지혜로 이 세상을 잘 살아갈 수 있다고 생각하여 하나님의 말씀을 거부한다. 말씀을 배척하는 인간의 죄성은 요한복음 1장에 잘 나타나 있다. 태초에 '말씀'이 계셨다. 그 '말씀'은 하나님과 함께 계셨는데, 그 '말씀'은 곧 하나님이셨다. 그가 세상에 계셨다. 그 말씀이 육신이 되어 우리 가운데 사신 것이다. 그분은 바로 우리에게 하나님으로부터 오는 지혜가 되시는 예수 그리스도이시다(고전 1:30). 그분은 은혜와 진리가 충만한 분이시다. 세상이 그로 말미암아 생겨났는데도, 세상은 그를 알아보지 못하였다. 그가 자기 땅에 오셨으나, 그의 백성이 그를 원하지 않아서 맞아들이지 않은 것이다. 그러나 우리는 이 세상이 하나님께서 만드신 것임을 기억해야 한다. 이 세상은 하나님께서 주관하고 계신다. 이 세상의 모든 것은 하나님의 뜻대로 된다. 하나님으로부터 지혜를 얻는 것이 이 세상을 복되게 사는 지름길이다. 우리는 하나님 앞에서 자기의 한계를 발견해야 한다(롬 12:3). 하나님께서 주시는 지혜의 가치를 신뢰하고 은혜 가운데 하나님의 지혜를 구해야 한다(요 15:5). "너희는 교만한 말을 늘어놓지 말아라. 오만한 말을 입 밖에 내지 말아라. 참으로 주님은 모든 것을 아시는 하나님이시며, 사람이 하는 일을 저울에 달아 보시는 분이시다."(삼상 2:3)

하나님을 경외하면 지혜를 얻는다. 그러나 교만하여 하나님을 경외하지 않으면 분별의 지혜를 잃게 된다. 우리는 솔로몬의 삶에서 이 점을 분명하게 발견할 수 있다. 솔로몬이 처음 왕위에 올랐을 때에는 하나님을 경외하였다. 그는 왕이 된 후 기브온 산당에 가서 하나님께 일천번제를 드렸다. 번제가 끝난 밤 하나님께서 꿈에 솔로몬에게 나타나셔서 물으셨다. "내가 너에게 무엇을 주기를 바라느냐? 나에게 구하여라" 그 때 솔로몬은 지혜로운 마음을 요청했다. 백성을 재판할 때 지혜로써 선악을 분별하기 위함이었다. 이 간구에 대해서 하나님은 솔로몬에게 지혜와 번영을 약속하셨다(왕상 3:4-13). 과연 솔로몬은 전무후무한 지혜의 왕이 되었다. 그는 지혜로운 재판을 했다(왕상 3:16-28). 그는 20년이라는 긴 세월에 걸쳐 왕궁과 성전을 건축하는 대과업을 이루었다(왕상 9:10-14). 또한 그는 예루살렘과 하솔, 므깃도, 세겔에 성곽을 쌓았다(왕상 9:1-15). 주변의 국가들과 외교를 잘해서 국경 안팎으로 태평성대를 이루었다.

그러나 솔로몬은 점차 하나님을 경외함에서 멀어졌다. 그 대표적인 증거로 수많은 후궁들이 섬기던 이방신을 허용한 일과 그 신상을 위해 산당을 여러 곳에 지은 일을 들 수 있다(왕상 11:1-13). 이것은 하나님에 대한 결정적인 실수였다. 솔로몬은 지도자로서의 지혜를 상실하게 되었다. 그의 삶이 쇠락하기 시작했다. 궁전과 성전, 그리고 성곽을 수축하기 위해 백성들에게 무거운 과세와 고역을 부담시켰다(왕상 11:26-40). 이 때문에 백성들은 솔로몬에게 반기를 들었다. 여로보암도 군중의 불만을 이용하여 반란을 일으켰다.

하나님께서는 말씀을 통해 우리에게 지혜를 가르치신다(잠 1:2; 고전

12:8). 참된 지혜는 자기 기준, 세상 기준을 따르는 것이 아니라 하나님의 법도와 규례를 따르는 삶이다. "너희는 너희가 살던 이집트 땅의 풍속도 따르지 말고, 이제 내가 이끌고 갈 땅, 가나안의 풍속도 따르지 말아라. 너희는 그들의 규례를 따라 살지 말아라. 그리고 너희는 내가 명한 법도를 따르고, 내가 세운 규례를 따라 살아라. 내가 주 너희의 하나님이다."(레 18:3-4) 따라서 우리는 하나님의 말씀으로부터 하나님의 지혜를 얻기 위해 노력해야 한다. 하나님께서는 성경에 기록된 모든 내용의 근원이시다(딤후 3:16). 성경은 우리에게 교훈을 주며(롬 15:4), 지혜를 제공해주는 책이다(딤후 3:15). 성경의 실제적 저자이신 하나님은 우리에게 지혜를 주시며 지식과 명철을 그 입에서 내시는 분이시다(잠 2:1-6). 우리는 성경의 말씀들을 여과하거나 간과하지 말고 신중하게 대해야 한다(렘 26:2). 보혜사 성령님은 우리가 성경을 잘 이해할 수 있도록 도우시는 분이시다(요 16:13-14).

하나님의 말씀으로부터 지혜를 배울 때, 머리로만 이해하지 않고 몸과 삶으로 이해하기 위해 집중해야 한다. 히브리적 사고에서 앎은 체득을 의미한다. 박종석은 『구약성서의 교육』이라는 책에서 삶 가운데서 체득하는 것의 중요성을 다음과 같이 강조하였다. "이스라엘의 교육은 한마디로 하나님을 경외하게 하는 교육이라고 할 수 있다. 그러나 막연하게 복종케 하는 교육이 아니라 역사의 한 가운데서 신앙과 불신앙 사이의 경계에 서서 하나님의 율법적인 정답을 듣기보다 질문을 던지며 치열한 삶의 현장에서 하나님의 거룩한 백성으로 살기 위해 몸부림치며 답을 구했던 야훼 신앙 구현의 교육이다." 지혜는 삶의 현장에서 체화(embodiment)될 때 비로소 영향력을 발휘할 수 있다.

교육적인 의미로 보았을 때 지혜는 다음과 같은 내용을 포함한다: ① 빈틈없는 예(잠 24:27), ② 절제(잠 21:17), ③ 순결함(잠 29:3), ④ 근면(잠 6:6-11), ⑤ 진실함(잠 17:7), ⑥ 빈민에 대한 배려(잠 19:17), ⑦ 원수들에 대한 가장 이례적이면서도 거짓 없는 고귀한 자비(잠 25:21-22), ⑧ 진정한 우정의 가치(잠 17:17), ⑨ 훌륭한 여성들의 품위(잠 31:10), ⑩ 예절(레 19:32). 식탁예절(잠 28:7), ⑪ 이웃과의 관계(레 19:18; 눅 10:29-37), ⑫ 환대(창 18:2-5).

(2) '지혜'로운 삶을 위한 교육신학

'지혜'로운 삶의 교단 신학적 개념 이해, 성경적 근거, 그리고 교육목회를 위한 통찰은 다음과 같다.

① 신학적 개념

성경은 성결교회신학의 기준이며 규범이다. 16세기 종교개혁의 중요한 모토 중의 하나가 '성경으로 돌아가자'는 운동이었다. 종교개혁은 성경의 조명 아래 그리스도교의 교리와 실천을 근본적으로 그리고 광범위하게 재조명하려는 운동이었다. 즉 '오직 성경'이라는 종교개혁의 원리는 오직 성경적 토대에 확고히 뿌리박은 교리와 실천만이 그리스도인들의 규범으로 여겨져야 한다는 점을 확증하였다(성결교회신학(상), 168). 현대 사회를 살아가는 사람들이 세상 풍조에 흔들리지 않고, 교만에 뿌리를 둔 무분별한 삶으로부터 돌이키기 위해 하나님을 경외하며 그분의 말씀으로부터 분별의 지혜를 얻어야 한다.

② 성경적 근거

하나님의 말씀인 성경은 우리에게 구원의 복음에 대해 분명하게 말한다. 그리고 그리스도가 진리이며 하나님의 말씀이 지혜임을 강조한다. "풀은 마르고 꽃은 시들지만, 하나님의 말씀은 영원하다."(사 40:8) 우리는 그리스도 안에서 진리의 말씀 곧 우리를 구원하는 복음을 듣고서 그리스도를 믿고 약속하신 성경의 날인을 받는다(엡 1:13). 바울은 지혜에 대해서 다음과 같이 가르쳤다. "아무도 자기를 속이지 말아야 합니다. 여러분 가운데서 누구든지 이 세상에서 지혜 있는 사람이라고 스스로 생각하거든, 정말로 지혜 있는 사람이 되기 위하여 어리석은 사람이 되어야 합니다. 이 세상의 지혜는 하나님이 보시기에 어리석은 것입니다. 성경에 기록하기를 '하나님께서는 지혜로운 자들을 자기 꾀에 빠지게 하신다.' 하였습니다. 또 기록하기를 '주님께서 지혜로운 자들의 생각을 헛된 것으로 아신다.' 하였습니다."(고전 3:18-20)

③ 교육목회를 위한 통찰

지혜는 과거의 유산을 포함하는 미래적 전망에서의 현재적 삶이다. 여호와를 경외하는 신앙, 즉 주님을 경외하는 것이 '지혜의 근본'이다(잠 9:10). 구약 시대의 포로기와 포로 후기의 지혜는 하나님의 통치와 하나님 백성의 고통에 대한 회의나, 전도서와 욥기 등의 문헌이 산출되는 시기에는 인생 경험 일반에 대한 반성으로 나타난다. 지혜 반성기에는 삶의 의미에 대한 이해보다 삶의 주인이신 하나님께 삶을 위탁하는 것을 강조한다. 하나님께서 삶 가운데 행하시는 일들을 인정하고 전폭적인 신뢰와 기쁨을 향유하는 것이 지혜인 것이다.

지혜 교육의 내용은 신앙과 이스라엘 공동체 안에서의 삶이다. 히브리어로 교훈을 의미하는 무사르(discipline, chastening, correction)는 성공적인 삶으로서의 지혜를 추구하고 있다. 그 내용은 빈틈없는 예상, 절제, 순결함, 근면, 진실함, 빈민에 대한 배려, 원수들에 대한 가장 이례적이면서도 거짓 없는 고귀한 자비, 진정한 우정의 가치, 그리고 훌륭한 여성들의 품위, 예절, 이웃과의 관계, 환대, 훈계 등을 말한다. '지혜'로운 삶은 말씀의 인도를 받는 삶이다. 잠언, 전도서가 있다. 그 밖에도 일련의 시편이 있다(시 37; 49; 112; 127; 128; 133편 등). 지혜는 전인적 개념, 내용만 아니라 그 내용을 소유한 사람을 포함한 개념이다. 지혜는 하나님이 창조하신 자연과 세계의 원리와 비밀을 드러내는 계시의 역할을 한다. 지혜의 내용은 삶에서의 관계에 대한 것들이다(자기 자신, 타인, 돈).

2) 중생 : 탐욕의 삶을 벗어나 '자족'하는 삶으로

(1) 탐욕의 현황과 그 과제인 '자족'

탐욕적인 삶의 근본적인 원인은 인간의 우상숭배적 경향성이다. 성경은 2종류의 우상숭배에 대해 말한다. 하나는 하나님을 '하나님 아닌 것'으로 만드는 것이다. 하나님은 영이신데 물질을 사용하여 하나님을 어떠한 모양으로 드러내려는 모든 시도는 하나님의 본성을 왜곡하는 행위이다. "주님께서 호렙산 불길 속에서 당신들에게 말씀하시던 날, 당신들은 아무 형상도 보지 못했다는 사실을 깊이 명심하십시오. 남자의 형상이든지, 여자의 형상이든지, 당신들 스스로가 어떤 형상이라도 본떠서, 새긴 우상을 만들지 않도록 하십시오. 우상을 만드는 것은 스스로 부패하는 것입니다."(신 4:15-16) 또 다른 하나는 '하나님이 아닌 것'을 하나님으로 여기고 섬기는 것이다. 이것은 자신의 안전과 이익만을 추구하는 탐심에 함몰되어서 하나님 이외의 것들을 신뢰하고 사는 것을 의미한다. "여러분은 이것을 확실히 알아 두십시오. 음행하는 자나 행실이 더러운 자나 탐욕을 부리는 자는 우상 숭배자여서, 그리스도와 하나님의 나라를 상속받을 몫이 없습니다."(엡 5:5)
위의 내용을 고려할 때 결국 성경이 말하는 우상숭배는 하나님 대신 다른 것들을 경배하고 신뢰하며 사는 것을 의미함을 알 수 있다. 하나님(God)을 섬기지 않는 사람은 다른 신들(gods)을 찾아 절하게 되어있다. 우상은 인간이 자기 자신을 위해 만든 허망한 도구다. 인간은 우상을 통해 무엇인가를 손에 넣고자 한다. 그리고 그 무엇인가를 손에 넣으면 자기 삶의 안전, 기쁨, 존재감 등이 확보될 수 있을 것을 기대한다. 존재감의 기반을 세상적인 조건들로부터 얻으려는 시도이다. 결국 우상숭배란 자기 목적을 위해 자기가 만든 신을 이용하려고 하는 것이다. 그래서 사람들은 돈, 명예, 권력, 인기, 외모, 성욕, 명품, 식욕, 학력 등 다양한 대상을 우상화한다.

특히 이 시대에 주목되는 우상숭배의 종류는 배금주의(Mammonism)이다. 배금주의란 돈을 지나치게 숭배하여, 모든 판단의 기준을 재물에 두고 그것에 집착하는 경향이나 태도다. 우리는 신자본주의(Neo-capitalism) 사회에서 살고 있다. 자본주의는 자본이 지배하는 경제체제, 이윤추구를 목적으로 하는 경제체제를 의미한다. 즉, 우리는 돈이 지배하는 것처럼 보이는 세상, 돈을 소유하는 것을 목적으로 삼는 세상 속에서 살고 있다. 이러한 가운데 신앙인들은 자칫 돈을 삶의 주인으로 삼는 위험에 빠질 수 있다. 더욱이 타락한 인간의 본성은 자신의 실존적인 불안을 극복하기 위해 돈을 숭배하고 그것에서 자기 구원의 방법을 찾으라고 부추긴다.

신앙인은 돈을 위해 사는 삶과 돈을 거룩한 일의 수단으로 삼는 삶을 분별해야 한다. 동시에 성경이 분명히 배금주의에 대해 경고하고 있음을 기억해야 한다. "아무도 두 주인을 섬기지 못한다. 한쪽을 미워하고 다른 쪽을 사랑하거나, 한쪽을 중히 여기고 다른 쪽을 업신여길 것이다. 너희는 하나님과 재물을 아울러 섬길 수 없다." 또한 성경은 악에서 오는 물질의 유혹, 욕심, 근심, 교만은 성도를 진리에서 멀어지게 한다고 지적한다(딤후 2:16). 돈을 버는 데에 열중하는 사람은 마음이 부패해져 믿음을 저버리게 될 것이다(딤후 3:8).

〈자족과 탐욕의 방향성〉

우상 숭배적 경향으로 인한 탐욕적 삶으로부터 돌이키기 위한 방안은 무엇인가? 하나님을 믿음으로써 자족의 은혜를 누려야 한다. 성경에서 자족은 '충분하다'라는 만족감을 표현하는 단어와 연결되어 사용된다. 이러한 만족감은 하나님과의 관계, 더 구체적으로는 하나님을 신뢰하는 믿음으로부터 온다. 즉, 전능하신 창조주 하나님께서 나를 사랑하시고 돌보심을 믿는 것이다. 이러한 믿음을 가진 사람에게 자족함의 선물이 주어진다. 다윗은 이렇게 고백했다. "주님은 나의 목자시니, 내게 부족함 없어라"(시 23:1) 빌립은 예수께 하나님 아버지를 뵙는 것이 지고한 만족을 가져다 줄 것이라고 말씀드렸다(… that will be enough for us… 요 14:8). 하지만, 하나님을 믿지 않는 사람에게는 결핍에 대한 민감함이 더욱 가중될 뿐이다. 나의 능력만으로 삶을 감당해야 하니 부족에 대한 불안함이 있는 것이다. 그래서 다양한 우상들을 선택하여 섬기며 스스로 노예화 되는 것이다. 이러한 삶에 평안과 진정한 만족이 없다. 결국 이것이 관건이다. '하나님을 믿을 것인가?' 아니면, '하나님을 믿지 않을 것인가?'

성경은 하나님께서 우리를 사랑하시고 돌보시며 공급하시는 분이시라고 분명히 말한다. 이와 관련된 대표적인 성경의 내용은 출애굽기 16장에 기록된 '만나'(manna) 사건이다. 이 사건은 출애굽 후의 광야생활에서 발생되었다. 이스라엘 백성의 원망소리가 만나 사건의 발단이었다. 그 전에도 이스라엘 백성들은 간간이 불평을 하였다(출애굽기 14-15장). 신 광야에 이른 이스라엘 백성의 불평은 한 층 격렬해졌다. 애굽에서 가지고 나온 식량이 바닥났기 때문이다. 얼마 전에 홍해에서 겪은 구원의 감격은 잊고서 오직 식량이 없는 것에만 집착하였다. 그들은 하나님보다 애굽에서 가지고 나온 식량을 더 의지하고 있었다. 또한 홍해를 가르신 하나님보다 막막한 광야를 더 두려워했다. "우리를 굶겨 죽일 작정이냐?" 그들은 과장된 말로 하나님을 조롱하고, 배고픈 자유인이 되기보다는 차라리 배부른 노예의 길을 다시 택하고 싶다고 했다. 이는 이스라엘 백성이 아직도 그들의 삶을 돌보시는 하나님을 믿지 못함을 의미한다.

하나님께서 그들의 원망 소리를 들으셨다. 백성들의 표면적인 원망 대상은 모세와 아론이었다. 그러나 그 실제적인 원망 대상은 바로 하나님이셨던 것이다. 본문의 출애굽기 16장 7-9절을 보면 하나님께서 그들의 원망 소리를 들으셨다는 것이 여러 차례 반복적으로 강조되어 기록되어 있음을 알 수 있다. 하나님께서는 모세와 아론을 통하여 다음과 같이 말씀하셨다. "저녁이 되면, 당신들은 이집트 땅에서 당신들을 이끌어 내신 분이 주님이시라는 것을 알게 될 것입니다." 하나님께서는 백성들을 위해 저녁에는 고기를 공급하실 것이고, 아침에는 떡을 공급하실 것을 거듭하여 약속하셨다. 그리고 곧바로 하나님께서는 그 약속하신 바를 이루어주셨다. 저녁에는 메추라기가 와서 진을 덮었고, 아침에는 광야 지면에 작고 둥글며 서리같이 세미한 만나를 내리신 것이다. 이것들은 모두 하늘로부터 온 양식이었다.

만나는 '이것이 무엇이냐'는 의미의 말이다. 그만큼 이스라엘 백성들에게는 생소하고 기적적인 것이었다. 만나는 밤에 이슬이 내릴 때 내렸고(수 11:9), 해가 뜨겁게 쪼이면 녹아버렸다(출 16:21). 만나는 이스라엘 백성이 광야에서 지냈던 40년의 기간 동안 그들의 주식이 되었다. 만나는 성경 여러 곳에서 하늘의 양식으로 언급된다(신 8:3, 16; 느 9:20; 시 78:24, 105:40).

하나님께서는 또한 이스라엘 백성들에게 만나에 관한 규례들을 주셨다. 첫째, 이스라엘 백성들은 자신들의 일용할 양식을 위해 매일 만나를 거두어야 했다(16-21절). 둘째, 이스라엘 백성들은 여섯째 날에는 2배를 거두어야만 했다(22-26절). 셋째, 그들은 일곱째 날에는 아무것도 기대해서는 안 됐다(32절 이하). 그러나 물론, 이스라엘 백성 모두가 이러한 규례에 전적으로 순종한 것은 아니었다. 성경은 일용할 양식 이상을 거둔 사람, 칠일 째에도 만나를 거두러 간 사람이 있었다고 증언한다. 만나의 기적을 체험했음에도 불구하고 여전히 일용할 양식(daily bread)을 주시는 하나님을 신뢰하지 않고 탐욕적인 과거의 방식을 극복하지 못했던 것이다.

우리는 이 세상을 창조하신 전능하신 하나님께서 우리를 사랑하시고 돌보심을 신뢰해야 한다. 그 하나님을 믿을 때 자족함을 얻게 된다. 성경에서 말하는 자족은 바울 시대의 스토아 철학에서 주장한 자족과는 다르다. 스토아 철학에서의 '자족'은 자기 스스로 모든 상황에 대처할 수 있는 사람의 상태를 의미한다. 이러한 자족은 자립의 개념과 유사하다고 할 수 있다. 바울의 경우, 하나님의 은혜가 자신에게 족하다고 고백하였는데, 이 경우는 하나님을 의지하는 믿음으로 인해 세상으로부터 자유로울 수 있는 상대적인 의미의 만족을 뜻한다(고후 12:9). 성경의 자족은 하나님께 의존적이다.

온갖 부귀영화를 누렸던 솔로몬은 자신의 삶을 이렇게 표현했다. "전도자가 말한다. 헛되고 헛되다. 헛되고 헛되다. 모든 것이 헛되다."(전 1:2) 반면, 암흑의 시대를 살았던 예언자 하박국은 이렇게 고백했다. "무화과나무에 과일이 없고 포도나무에 열매가 없을지라도, 올리브나무에서 딸 것이 없고 밭에서 거두어들일 것이 없을지라도, 우리에 양이 없고 외양간에 소가 없을지라도, 나는 주님 안에서 즐거워하련다. 나를 구원하신 하나님 안에서 기뻐하련다."(합 3:17-18) 이러한 하박국의 고백은 사도바울의 그 유명한 선언의 단서가 되었다. "의인은 믿음으로 살 것이다(The righteous will live by faith)."(롬 1:17). 바울은 이러한 선언을 자신의 삶으로 보여줬다. 그는 감옥에 갇힌 극한 상황에서도 하나님을 신뢰함으로 기도드리고 찬양할 수 있었다.(행 16)

또한 자족은 학습, 훈련, 경험 등을 통해 얻어지기도 하는 것이다. 바울은 복음을 전하는 가운데 여러 상황을 겪어 어떠한 형편에든지 자족하기를 배웠다고 고백하였다. "나는 비천하게 살 줄도 알고, 풍족하게 살 줄도 압니다. 배부르거나, 굶주리거나, 풍족하거나, 궁핍하거나, 그 어떤 경우에도 적응할 수 있는 비결을 배웠습니다."(빌 4:12)

자족하는 삶을 위한 전제조건이 있다. 첫째, 경건이 자족의 조건이다(딤전 6:3-19). 경건은 하나님 중심으로 사는 삶을 의미한다. 하나님 중심으로 사는 사람은 자신의 이익에 크게 연연하지 않는다. 그래서 '경건'과 '자족'은 서로 연관된다(딤전 6:6). 경건한 사람은 '그리스도로 충분함(Christ-Sufficiency)'에서 오는 자족함을 누리면서 산다. 그래서 자족하는 삶의 여부가 성도의 경건성을 평가하는 기준이 되기도 한다.

둘째, 탐심에 대한 절제가 자족의 조건이다(딤전 6:9-10; 고전 9:25). 탐심(philarguria)은 돈에 대한 적절한 바람을 넘어선 갈망을 의미한다. 탐심은 비참함, 어려움, 위험, 죽음, 그리고 파괴를 초래한다(6:9). 부패하게 되면 진리로부터 멀어지고 곧 믿음에서 떠나게 된다(5, 10). 자족하기 위해서는 탐심을 절제해야 한다. 절제라는 말은 힘이나 주도권을 의미하는 어간인 크라타로부터 생겨났다. 탐심을 절제함으로써 자신과 다른 것들에 대한 주도권을 가져야 한다. 신앙인은 마치 운동선수가 절제하는 것처럼 세속적인 가치관이나 유행에 동요하지 않는 자기 주관을 견지해야 한다.

셋째, 두려워하지 않음이 자족의 조건이다(히 13:5-6). 자족하는 사람은 주님께서 우리를 떠나거나 버리지 않으실 것을 확신한다. 그리고 주님께서 우리의 도움이 되실 것을 신뢰하기에 재물로 인해 생기는 불안과 염려를 극복하게 된다. 자족하는 사람에게 있어서 진정으로 두려운 대상은 하나님뿐이다.

만나의 은혜를 베푸실 때 하나님께서는 만나를 항아리에 채워서 후손 대대로 보존할 것을 명령하셨다. 그 목적은 하나님께서 이스라엘 백성들을 애굽에서 인도하여 내셨고, 광야 생활 동안 그들을 먹이셨음을 증거하기 위함이었다. 만나 항아리는 신앙 교육을 위한 도구였다. 이것을 통해 광야와 같은 삶에서 인간 생존의 유일한 근거가 하나님이심을 깨우치고자 하였다. 하나님의 백성은 하나님의 공급하심으로 산다. 우리는 마음에 만나 항아리를 품고 공급하시는 하나님의 은혜를 늘 기억하며, 이것을 다음 세대에 전수해야 한다.

(2) '자족'하는 삶을 위한 교육신학

'자족'하는 삶의 교단 신학적 개념 이해, 성경적 근거, 그리고 교육목회를 위한 통찰은 다음과 같다.

① 신학적 개념

그리스도를 믿음으로 구원을 받는 중생은 새로운 교육과정의 두 번째 신학적 주제이다. 자신의 탐욕을 회개하기 위해서는 중생의 은혜가 필요하다. "중생은 곧 영으로 나는 일이니 신비에 속한 영적 변화이며 모든 사람이 자기의 죄를 회개하고 십자가에 달려 속죄의 피를 흘리신 예수 그리스도를 믿을 때, 성령의 역사로 새 생명을 얻어 그 사람의 심령의 인격 전체에 근본적인 일대 변화를 일으키는 것이니 이는 실로 천국복음"이라고 헌법 제4조에 정의되어 있다.

또한 중생은 성결교회신학의 첫 번째 규범이기도 하다. 중생은 "신창조"(고후 5:17), "새마음"(롬 12:2), "새사람"(엡 4:24)을 의미하는 것으로서, 다른 말로 하면 "영적 변화"이며 "신인격"의 창조를 말한다. 뿐만 아니라 중생의 복음은 전 인류에게 가장 중요한 '생명'의 문제이기 때문에 특정 개인이나 교단을 넘어서 인류 전체적인 것이다. 환언하면 중생은 나 개인의 문제를 넘어서 인류 전체에 예외 없이 해당되는 보편적인 것이다. 요한복음의 표현으로는 천국을 보지 못하고 있는 세계, 육으로 태어난 세계, 어두운 것을 좋아하는 세계, 육의 일만 하는 세계, 거짓을 말하는 세계, 도적질하는 세계, 그리고 마귀의 자식이 된 세계는 새로운 삶, 새로운 생명으로 거듭 태어나지 않으면 안 된다. 성결교회는 중생의 복음을 특정 그룹이나 개인에게만 들려지거나 적용되어야 할 것으로 보지 않고, 온 인류가 모두 듣고 깨닫고 믿어 하나님의 생명 가운데 참여해야 할 것으로 이해하고 있다(성결교회신 (상), 70-71).

② 성경적 근거

중생은 성령의 역사로 사람의 영혼에 새 생명을 주입하여 새로운 피조물이 되게 하고(고후 5:17), 새 마음을 갖게 하며(롬 12:2), 새사람이 되게 하는 것(엡 4:24)을 말한다. 타락한 인간의 죄의 본성은 끊임없이 개인적·집단적 욕심에 이끌린다. 인간은 어쩔 수 없이 선악과로 상징되는 하나님의 통치권에서 벗어나고자 하는 유혹에 쉽게 빠져드는 존재이다. 탐욕은 자기의 소유 외에도 타인의 것까지 빼앗고 싶은 갈망이다(제 8계명, 제 10계명). 그렇게 될 때 인간에게 행복감은 박탈되고 대신에 공격성, 불한, 불행감이 자리 잡는다. 그리고 마침내 그것의 최후는 죽음이다(롬 6:23). 그러나 중생한 신자는 복음 안에서 구원받은 자만이 누리는 자족의 특권을 얻는다. 그래서 바울은 "내가 궁핍해서 이렇게 말하는 것이 아닙니다. 나는 어떤 처지에서도 스스로 만족하는 법을 배웠습니다."라고 말하였다(빌 4:11).

또한 자족의 준거는 외적인 환경이나 물질적인 데 있지 않고 내면의 가치관에 있다. 그리스도인의 삶에서 제 일의 가치는 예수 그리스도를 믿는 데 있다. 우리는 일상에서 결핍되고 필요한 것들을 구할 권리가 있다. 그렇지만 성경은 먼저 그 나라와 그 의를 구하라고 요청한다(마 6:26-37). 성도의 삶에서 우선순위와 바탕이 되는 준거는 성경말씀이다. 인간에게 있어 결핍은 보다 나은 삶을 추구하는 동기로 작용한다. 그렇지만 필요한 만큼의 넉넉함과 필요 이상의 소유에는 차이가 있다. 탐욕은 자기의 필요를 넘어 타인의 것에까지 욕심을 품는 마음이다. 물질이나 지위에 있어 경계(분수)를 넘어서는 것 때문에 죄가 야기된다. 탐욕은 자족함의 방해요소이다. 성도가 있는 바에 족하기 위해서는 탐욕이 일 때마다 회개해야 한다(히 13:5).

③ 교육목회를 위한 통찰

교육목회과정은 이성적 인식보다는 복음 안에서 중생을 체험한 이후의 삶으로 이어지는 자족을 지향해야 한다. 그 이유는 진리를 알더라도 그 말씀에 따라 가치관이 형성되고 인격화되기란 쉽지 않기 때문이다(마 7:24-27). 이렇게 말씀과 삶에서의 실천이 괴리된다면 온전한 그리스도인이라고 불릴 수 없다. 성도는 기독교 교리를 지식으로 이해하는 것에 그치지 않고, 그것을 일상의 삶에서 체험해야 한다. 즉 자족할 수 있는 비결을 터득하여 생활화해야 한다.

성도가 자족하는 삶을 영위하려면 ① 하나님의 말씀인 성경의 권위에 순종하고 ② 자족하지 못하게 하는 죄의 원인을 발견하여 ③ 그리스도의 십자가 앞에 내려놓고 회개의 고백을 함으로써 ④ 은혜를 경험해야 한다. 성도의 '자족'함은 자본주의 사회를 사는 이웃들에게 놀라운 간증으로 비친다. 왜냐하면 그는 '근심하는 자 같으나 항상 기뻐하고 가난한 자 같으나 많은 사람을 부요하게 하고, 아무 것도 없는 자 같으나 모든 것을 가진 자(딤후 6:10)'이기 때문이다. 바울은 자족하지 않는 사람은 경건하다고 할 수 없다고 하였다(그러나 자족하는 마음이 있으면 경건은 큰 이익이 되느니라, 딤전 6:6). 예배 및 성경공부와 묵상, 기도와 봉사, 또한 이것을 방해하는 것들에 대해 절제하는 생활 훈련으로 성령 충만한 상태를 유지할 때 성결한 그리스도인의 품성을 소유할 수 있다.

3) 성결 : 고립의 삶을 벗어나 '교제'하는 삶으로

(1) 고립의 현황과 그 과제인 '교제'

고립된 삶의 근본적인 원인은 관계성과 공동체성의 상실이다. 관계성과 공동체성은 서로 밀접하게 연관된다. 관계들이 맺어지다 보면 결국 공동체가 형성된다. 역으로, 사람이 공동체에 들어가면 필연적으로 관계에 연결되게 된다. 관계성과 공동체성은 매우 중요한 인간의 본성이다. 영(靈)이신 하나님께서는 삼위일체(三位一體)의 관계적 존재 양식을 지니신다. 따라서 하나님의 형상을 따라 지음 받은 사람도 하나님의 존재 방식을 닮는다. "하나님이 말씀하시기를 우리가 우리의 형상을 따라서, 우리의 모양대로 사람을 만들자 하시고, 하나님이 당신의 형상대로 사람을 창조하셨으니, 곧 하나님의 형상대로 사람을 창조하셨다."(창 1:26-27) 하나님께서는 사람이 혼자 사는 것을 좋지 않게 여기셨다(It is not good for the man to be alone). 그래서 그에게 함께 살아가는 짝인 하와를 만들어주셨다(창 2:18).

관계성과 공동체성의 상실은 죄의 결과이다. 죄성은 사람으로 하여금 관계를 회피하게 한다. 범죄한 사람은 우선 하나님을 피해 숨었다. "남자와 그 아내는 주 하나님의 낯을 피하여서, 동산 나무 사이에 숨었다."(창 3:8) 이사야 선지자는 죄 때문에 하나님과의 관계가 파괴됨을 분명히 말하였다. "오직, 너희 죄악이 너희와 너희의 하나님 사이를 갈라놓았고, 너희의 죄 때문에 주님께서 너희에게서 얼굴을 돌리셔서, 너희의 말을 듣지 않으실 뿐이다."(사 59:2) 하나님과의 관계 단절은 사람 사이의 관계도 어긋나게 했다. 범죄 이전에 아담은 하와를 향해, "이제야 나타났구나, 이 사람! 뼈도 나의 뼈, 살도 나의 살"이라는 고백을 했었다(창 2:23). 그러나 죄를 지은 이후에는 하와에게 선악과를 따먹은 죄에 대한 책임을 전가하였다(창 3:12). 이것은 아담과 하와의 관계가 파괴되었음을 적나라하게 드러내 주는 모습이었다.

죄인은 자기중심성(self-centeredness)을 가지고 산다. 오직 자신에게만 초점을 맞추고, 자신을 위해서만 시간을 사용하고, 타인들과 교류하지 않는다. 그러다 보니 관계성과 공동체성이 상실되는 것이다. 이 점은 최근 성도들의 삶에서도 더욱 두드러지게 되었다. 요즘 성도들은 자기중심적 신앙생활을 한다. 그래서 '우리 교회'와 '나의 지체들'에 대한 의식이 약하다. 과거의 성도들은 자신이 속한 교회를 중요하게 여기면서 적극적으로 헌신하였다. 그들에게는 소위 '교회 중심 신앙생활'이 삶의 모토와도 같았다. 같은 소그룹 또는 교회에 속한 지체들에 대해 깊은 관심과 애정을 가졌었다. 그러나 현재의 상황은 많이 다르다. 내가 속한 교회에 대한 개념이 상당히 약화

되었다. 성도들은 교회에 대한 불만족이 커졌을 때, 언제든지 소속 교회를 옮길 수 있다는 생각을 하고 있다. 실제로 성도들 중 76% 가량이 교회를 옮긴 경험이 있다고 한다. 이러한 가운데 교회에 대한 헌신, 충성, 희생 등이 약화되고 있다. 신앙생활을 개인과 하나님과의 사적인 관계로만 생각하게 되면서 교회생활을 위한 시간을 아까워하고 주일 대예배만 드리려고 한다.

오늘날의 신앙인들은 대형교회로 숨어들어가 익명의 신자로서 살아가는 것을 선호한다. 이러한 현대 신앙인을 미래학자 최윤식은 『한국교회 미래지도』라는 저서에서 '코쿠닝 성도'로 명명하였다. 코쿠닝(cocooning)은 미래학자 팝콘(Faith Popcorn)이 사용하기 시작한 말이며, 코쿤(cocoon)은 누에고치를 의미한다. 현대인들은 빠르게 변화하는 불안정성의 현실로부터 도피하고 싶어 한다. 그래서 마치 누에가 고치 속에 사는 것처럼 숨어 살려 하는 것이다. 신앙생활을 할 때에도 대형교회 안에 자신을 숨기려고 하고 사생활이 교회에 노출되는 것을 극도로 꺼려한다. 이러한 상황에서 한국교회의 중요한 사역 중 하나였던 심방(尋訪) 문화가 사라지고 있다.

〈관계성 회복과 인간성 훼손의 방향성〉

고립된 삶으로부터 돌이키기 위한 방안은 무엇인가? 공동체 안에서 유대감을 나누는 사랑의 교제를 회복해야 한다. 성경에서 '교제'(Koinonia)는 다양한 의미를 포함하고 있다(fellowship, participation, communion). 원래 이 용어는 그리스-로마(Greco-Roman) 문화권에서 물질의 공동소유, 사업상의 동업, 신과 인간과의 교제 등 다양한 의미로 사용되었던 어휘였는데 바울이 선교를 위해 채용한 것이다. '교제'는 기독교의 본질을 잘 나타내는 용어이다. 이 말에는 2가지 차원의 관계성이 포함되어 있다. 하나는 인간과 하나님과의 관계성이다(요일 1:3, 6; 고전 1:9; 살전 4:17; 고전 9:23; 빌 1:5; 몬 6절; 고후 13:3; 빌 2:1). 다른 하나는 인간과 인간(교회의 지체들)과의 관계성이다. 여기에서 주목할 점은 하나님과의 교제가 인간간의 교제의 전제가 된다는 점이다. "우리는 여러분도 우리와 서로 사귐을 가지기를 바라는 것입니다. 우리의 사귐은 아버지와 또 그의 아들 예수 그리스도와 함께 하는 사귐입니다."(요일 1:3) 그리스도인들은 복음 안에서 공동의 동반자 관계를 인식한다(빌 1:15; 갈 2:9).

우리의 죄성은 관계를 회피하게 한다. 죄성이 인간에게 부여된 하나님의 형상 중 관계적인 측면도 파괴했기 때문이다. 그러나 하나님께서는 우리의 관계맺음을 기뻐하신다. "보라 형제가 연합하여 동거함이 어찌 그리 선하고 아름다운고"(개역개정 시 133:1, NIV – live together in unity). 사실, 성경은 지체를 사랑하지 않고 고립된 사람은 아직 죽음에 머물러 있는 사람이라고 엄중하게 경고한다. "우리가 이미 죽음에서 생명으로 옮겨갔다는 것을 우리는 압니다. 이것을 아는 것은 우리가 형제자매를 사랑하기 때문입니다. 사랑하지 않는 사람은 죽음에 머물러 있습니다."(요일 3:14) 이 말씀에 의하면 영생을 얻은 사람은 곧 형제자매를 사랑하는 사람임을 알 수 있다. 같은 맥락에서 예수님도 서로 사랑함으로써 그분의 제자 됨을 드러낼 것을 명령하셨다. "너희가 서로 사랑하면, 모든 사람이 그것으로써 너희가 내 제자인 줄을 알게 될 것이다."(요 13:35). 거듭난 사람은 서로를 사랑하는 관계적 삶을 산다. 예수님을 따르는 사람도 서로 사랑하며 제자의 공동체를 이루며 산다. 결국, 이것이 관건이다. '교제하며 살 것인가?' 아니면, '교제를 거부하며 살 것인가?'

성경은 우리에게 서로 교제를 나누면서 공동체적 유대 속에서 살아갈 것을 분명히 말한다. 이와 관련된 대표적인 성경의 내용은 사도행전에 기록된 성령을 받은 초대교회 신자들의 생활이다(2:43-47; 4:32-37; 5:12-16). 그들은 교제를 나누며 공동체 중심적인 삶을 살았다. 그렇다면, 그들은 원래 그렇게 관계적인 사람들이었는가? 아니다. 그들은 예수님께서 살아계실 때에도 고난이 두려워서 흩어졌던 사람들이다. "오늘 밤에 너희는 모두 나를 버릴 것이다. 성경에 기록하기를 "내가 목자를 칠 것이니, 양 떼가 흩어질 것이다"(마 26:31).

제자들이 온갖 핍박에도 불구하고 교제를 실천하며 공동체를 일군 것은 오순절 날 성령을 체험하고 나서이다. 믿는 사람들이 모두 함께 지냈다. 그들은 모든 것을 공동으로 소유하였다. 그들은 재산과 소유물을 팔아서 필요한 사람들에게 나누어주었다. 그들은 날마다 한 마음으로 성전에 모이기를 힘썼다. 그리고 집집마다 돌아가면서 빵을 떼며 기쁘게 음식을 먹었다. 그러면서 하나님께 찬양을 드렸다. 그들이 사는 모습이 이웃들에게 호감을 샀다. 생명력 있는 초대교회 공동체를 통해 주님께서는 구원 받는 사람들을 날마다 더하여 주셨다(행 2:44-47). 예수님의 부활을 목격하고 오순절 성령을 받은 이후 죄로 인해 파괴되었던 사람들의 관계성과 공동체성이 되살아났다.

사람은 혼자 살지 못한다. 혼자서도 충분히 살 수 있을 것 같다는 느낌은 죄성으로부터 온 착각일 뿐이다. 신앙생활 역시 단독으로만 할 수 없다. 개인적인 신앙생활과 공동체적 신앙생활 간의 균형과 조화가 필요하다. 특히 극단적인 개인주의의 삶을 사는 현대인들은 공동체적 신앙생활에 더 많은 관심과 노력을 기울여야 한다. 그리스도의 보혈로 거듭나고 그 분께서 보내신 성령을 받은 사람은 그리스도를 머리로 한 교회의 일원(지체)으로서 살아야 한다.

바울이 말한 그리스도의 몸 개념은 관계적·공동체적 신앙생활에 대한 내용이다. 초대교회 신자들이 관계적이며 공동체적인 신앙생활의 현상을 보여줬다면, 그리스도의 몸은 그 원리를 우리에게 설명해 준다. 바울은 그리스도의 공동체가 인간의 몸과 같이 작용해야 한다고 가르친다. 이 몸은 획일적이지 않다. 다양한 지체들로 구성되었기 때문이다. 따라서 그리스도의 몸 된 공동체는 다양한 조건을 가진 사람들 모두에게 열려 있다. "우리는 유대 사람이든지 그리스 사람이든지, 종이든지 자유인이든지, 모두 한 성령으로 세례를 받아서 한 몸이 되었고, 또 모두 한 성령을 마시게 되었습니다."(고전 12:13)

또한 이 공동체는 예수님의 십자가 사건에 의해 존재의 근거를 얻는다. 그리고 성령의 사역에 의해 '전적인 타자'(wholly other)들이 '하나 됨'(oneness)을 이루게 된다. 바울의 가르침에 의하면 예수님을 믿는 사람은 필연적으로 그리스도의 몸 된 공동체 안으로 들어가서 지체가 되어야 한다. 그리고 영적, 정신적, 물질적 교제의 삶을 살아야 한다. 공동체로부터 분리된 지체는 생명력을 잃는다. 접붙인 가지는 재배된 나무의 전체 생명을 나누는 것이다(롬 11:17). 또한 주의 만찬은 신자들이 한 몸에 참예함을 상징적으로 보여준다(고린도전서 11:23-26; 마 26:26-29; 막 14:22-25; 눅 22:15-20).

마지막으로 공동체적 유대를 나누는 교제의 가치를 강조한 기독교교육학자들의 주장을 덧붙이고자 한다. 이들의 견해는 공동체적 교제를 위한 교육목회를 중시하는데 도움이 될 것이다. 넬슨(C. Ellis Nelson)은 회중 공동체 자체가 자연스러운 신앙의 전달기관이 된다고 하면서, 회중 안에서 발생하는 우정이 최상의 인간관계라고 하였다. 웨스터호프(John H. Westerhoff III)는 인간을 관계적이며 공동체적 존재로 보았다. 그리고 신앙공동체라는 장(context)에 참여하도록 만드는 것이 교리교수(catechesis)라고 주장하였다. 포스터(Charles R. Foster)는 신앙공동체 안에 공유성(commonality)이 있으며, 그것을 통해 프로그램 이상의 것을 만날 수 있다고 강조했다. 무엇보다도 진젠도르프(Zinzendorf)는 이렇게 말했다. "나는 공동체를 통한 교제가 없는 기독교를 만들지 않는다." 그의 말은 신앙생활의 사적 패러다임에 갇혀 있는 현대 신앙인들에게 경종을 울린다.

(2) '교제'하는 삶을 위한 교육신학

'교제'하는 삶의 교단 신학적 개념 이해, 성경적 근거, 그리고 교육목회를
위한 통찰은 다음과 같다.

① 신학적 개념
〈성결교회 헌법〉 제6조에서는 성결을 "이는 교인이 받을 성령세례를 가
리킴이니"라고 정의한다. 또한 "모든 교인에게 성결의 은혜 즉, 성령세례를
전하여 교회로 하여금 거룩하게"(제1조) 하는 것을 그 목적으로 삼는다. 이
를 위해서 "성결의 체험을 받도록 지도"(제4조)할 뿐만 아니라, "모든 생활
로써 본"(제4조)을 보이기에 힘써야 한다고 가르친다. 중생은 일차적인 회
복이다. 중생을 통해 하나님께로 돌아서는 관계 변화의 현상이 시작된다.
이차적이며 파생적인 회복은 인간과 인간, 인간과 공동체, 인간과 생태계의
회복이다. 중생의 결과로서의 교제의 회복은 급진적으로 발생하게 되고, 삼
위 하나님과의 교제의 회복이 시작된다. 또한 인간관계와 공동체와의 교제
의 회복도 시작된다. 성결교회의 성령론의 특성은, 성령과 인격적으로 친교
하고 그분과 깊은 내적 교류를 함으로써 그리스도인을 훨씬 더 높은 영적
수준에 이르도록 강조하는 데에 있다. 비록 이것이 실천적으로 얼마나 구분
되어 유지되었는지 의심스러운 점이 있다고 할지라도, 성결교회의 성령론
은 성령의 역사, 그리스도인의 완전 즉 성결로 표현되었다는 데에 그 특징
이 있다(성결교회신학(상), 422).

② 성경적 근거
성결은 오순절 마가 다락방에서 승천 때에 약속하신 성령이 임하였던 성

령세례의 사건으로 성령의 충만을 말한다. 오순절 성령세례는 다음과 같이 발생되었다. "오순절이 되어서, 그들은 모두 한 곳에 모여 있었다. 그 때에 갑자기 하늘에서 세찬 바람이 부는 듯한 소리가 나더니, 그들이 앉아 있는 온 집안을 가득 채웠다. 그리고 불길이 솟아오를 때 혓바닥처럼 갈라지는 것 같은 혀들이 그들에게 나타나더니, 각 사람 위에 내려앉았다. 그들은 모두 성령으로 충만하게 되어서, 성령이 시키시는 대로, 각각 방언으로 말하기 시작하였다."(행 2:1-4)

유전죄가 중생한 자들에게도 여전히 남아 있을 수 있기 때문에 이로부터 "잘 분노함"(창 4:5; 눅 15:29-30), "시기함"(창 4:8; 요일 3:12; 삼상 18:7-11), "교만"(약 4:6), "허영심"(갈 5:26), "이기심"(빌 2:21), "거짓말"(마 15:19), "다언(多言)" 또는 "과언"(엡 5:3-4) 등의 행동이 나타나게 된다. 이러한 유전죄로부터의 자유함은 사람의 힘으로 불가능하며 오직 하나님에 의해서만 가능하다. 즉 순간적인 성령세례, 성결의 은혜를 체험할 때에 유전죄의 뿌리가 뽑히게 되는 것이다.

히브리서는 우리에게 성결해야 할 것을 분명히 말씀하고 있다. "모든 사람과 더불어 화평하게 지내고, 거룩하게 살기를 힘쓰십시오. 거룩해지지 않고서는, 아무도 주님을 뵙지 못할 것입니다."(12:14) 죄의 결과 중 하나는 하나님과 인간의 관계의 단절이며 이러한 근본적인 관계의 단절은 다른 여러 가지 종류의 관계 단절을 파생시킨다. 우리가 회개해야 하는 내용 중 하나는 단절되고, 고립되며, 이기적인 삶의 모습이다.

이처럼 성결의 조건은 성령세례이며 성결한 삶은 성령의 사역으로 가능하다. 그리고 성결은 관계적인 특성이 강한 신학적 개념으로 온전한 사랑은 교제의 삶을 살기 위한 필수적인 전제가 된다. 성결한 삶을 산다는 것은 교제의 지속적인 회복을 경험하는 삶을 산다는 것을 의미한다. 성경에 의하면 교제의 삶은 성령에 의한 삶으로 친교, 참여, 나눔이 실현되는 삶이다(고후 13:13).

③ 교육목회를 위한 통찰

　성도는 제2의 은총인 성결을 통해 죄의 뿌리가 뽑혀 하나님과 온전히 의롭게 되며, 의로우신 하나님과의 연합된 관계로 사랑을 실천하고 하나님 나라를 확장한다(요일 2:28-29). 하나님과의 교제는 사람들과의 교제를 가능하게 한다. 세상을 살아갈 때 부가 행복을 보장해 주지 못한다. 부는 오히려 가정이나 공동체에 문제를 야기할 수 있다(전 5:9-19). 그러므로 성도의 삶의 기준은 물질보다는 하나님의 예배하고 서로 돕고 사랑하는 마음에 두어야 한다(잠 15:16-17). 성결한 그리스도인은 불신자들을 신앙적 '교제'의 장으로 초청하는 전도와 선교의 삶을 산다. 복음주의는 영혼의 구원을 중시하여 불신자에 대한 전도와 선교를 강조한다. 그리스도와 교제하는 삶은 능동적인 참여와 실천을 포함하며, 그리스도와의 교제는 그와 함께 살고, 고난받고, 죽으며, 유산을 받고, 다스림을 의미한다. 뿐만 아니라 성령충만한 초대교회의 모습을 통해 보아 알 수 있듯이, '교제'의 삶은 세상을 향해 예수 그리스도의 사랑을 보여줌으로써 전도가 가능하게 한다.

　웨슬리 신학은 복음적 신앙체험을 통한 확신을 강조하였는데, 예수님의 십자가로 인한 하나님과 인간의 '교제'의 체험은 교회나 사회적 차원에서의 체험으로 확대되어야 한다. 뿐만 아니라 웨슬리 신학은 복음의 사회성을 강조한다. 하나님과 인간의 교제는 교회적 교제로 확대되어야 한다. 대 사회적 교제로 확대되어야 하며 생태 환경과의 화해와 교제, 공생을 위한 교육의 필요성도 강조된다. 이와 관련하여 최인식 교수는 『예수의 바람, 성령의 바람』에서 다음과 같이 말하고 있다. "성결의 복음에 기초한 사랑의 윤리는 궁극적으로 사랑의 공동체 윤리로 나아갑니다. 즉, '하나님과 나'의 영성적 관계는 '자연과 나'와의 생태적 관계로, 그리고 '이웃과 나'와의 공동체적 관계로 맺어지게 합니다. 왜냐하면, 하나님의 영적 현존에 사로잡힌 '나'는 더 이상 고립된 자아로 머물 수 없고, 공간적으로는 '자연'과 시간적으로는 '역사' 안에서 모든 생명과 연대함으로써만 존재할 수 있기 때문입니다."

4) 신유: 병든 삶을 벗어나 '건강'한 삶으로

(1) 병듦의 현황과 그 과제인 '건강'

우리는 역기능적인 충동이 지배하는 삶을 살고 있다. 부정적인 충동은 해로운 습관을 형성하고 결국 개인, 사회, 생태계를 병적으로 만들고 있다. 이러한 병적인 삶의 깊은 이유는 무엇인가? 바로 하나님께서 창조하신 유기체들의 온전함과 조화로움을 위협하는 파괴적 경향성이다.

질병은 내적·외적인 원인에 의해 몸에 장애 또는 기능 이상이 생긴 것을 의미하는 것으로서, 서로 연관되는 유기체 간의 관계 즉, 한 유기체가 다른 유기체의 활동으로 인해 표준 상태로부터 구조상 또는 기능상으로 변질됨을 나타내는 관계의 산물이다(성서대백과사전). 성경에서는 약 40가지 이상의 질병들이 발견된다. 예를 들어, 염병(민 25:18), 폐병(신 28:22; 레 26:16), 열병(레 26:16; 신 28:22; 마 8:4-5), 학질(신 28:22), 종기(신 28:27), 정신질환(신 28:28; 단 4:33), 혈루증(마 9:20) 등을 들 수 있다.

또한 성경에서는 개인의 질병뿐만 아니라 공동체의 병적인 모습도 발견된다. 그 예로 고린도교회를 들 수 있다. 바울은 "나의 형제자매 여러분, 글로에의 집 사람들이 여러분의 소식을 전해 주어서 나는 여러분 가운데에 분쟁이 있다는 것을 알게 되었습니다."라는 편지를 보내기도 했다(고전 1:11). 고린도교회의 병적인 모습은 복합적이었다. 고린도교회에는 당시 기독교 지도자들의 이름을 내세워 파당을 짓는 경향이 있었다(고전 1:11-12). 교회의 불일치는 주의 만찬에서도 나타났는데, 빈부의 차이로 인한 것이었다(고전 11:18-22). 성도들 가운데 소송을 거는 일이 있었는가 하면(고전 6:1-8), 우상에게 희생 제물로 바친 음식을 먹는 것의 가부에 대한 논쟁도 심각했었다(고전 8:1-13; 10:14; 11:1). 결혼 예법에 관한 의견이 일치하지 않아 갈등하기도 하였고(고전 7:1-40), 혼외 성관계에 대한 문제가 제기되기도 하였다(고전 6:12-20).

성경이 말하는 질병의 원인은 다양하다. 그런데, 성경이 질병의 원인을 대부분 하나님과 관련해서 설명한다는 점에서 독특하다. 의학적인 관점에서는 질병의 원인을 세균, 물리적인 압력, 대사 이상 등으로 설명할 수 있을 것이다. 그러나 성경은 이 모든 것을 포괄하여 하나님과 인간의 관계에 초점을 두고 설명한다는 점에서 차이가 난다. 다음은 성경이 설명하는 질병의 원인 중 대표적인 것들이다.

첫째, 질병은 징계의 수단으로 생긴다. 하나님은 개인과 공동체가 하나님 앞에서 죄를 범하거나 불순종할 때 징계의 수단으로 질병을 주셨다(왕하 15:5; 대상 21:13-15; 대하 26:19; 시 38:3). 신명기 28장 20-22절에서는 이스라엘 백성들이 악한 일을 하고 주님을 잊으면, 하나님께서 전염병, 폐병, 열병, 염증의 재앙을 내리실 것이라고 경고하였다. 둘째, 질병 중 일부는 초자연적인 악한 세력에 의해 발생한다. 성경에는 악령, 사탄, 마귀, 귀신에 의해 발생된 질병들이 기록되어 있다. "귀신이 들려 말 못하는 한 사람"(마 9:32), "귀신이 들려서 눈이 멀고 말을 못하는 사람"(마 12:22), "열여덟 해 동안이나 병마(by a spirit)에 시달리고 있는 여자"(눅 13:11) 등이 이에 해당된다. 그러나 모든 질병이 악한 영에 의한 것이 아님을 유념해야 한다.

셋째, 질병은 하나님의 특별한 뜻에 의해 생긴다. 욥기, 시편 73편, 이사야서 52-53을 보면 죄와 무관한 질병에 대한 내용이 있다. 이러한 질병은 하나님의 주권적인 섭리와 계획을 이루는 방편이 된다. 하나님의 하시는 일이나(요 9:3), 하나님의 영광을 드러내기 위해서(요 11:1-4), 또 어떤 경우는 하나님의 섭리로 병에 걸리기도 한다(고후 12:7-9). 인간의 편에서는 하나님의 신비스러운 계획을 다 이해할 수 없으나, 질병의 결과 연단을 받아 하나님과 더욱 친밀해지거나 성숙해지게 된다.

넷째, 성경에서 원인이 분명하게 밝혀지지 않은 질병들도 있다. 예를 들어, 수넴 여인의 아들(왕하 4장), 문둥병에 걸린 나아만 장군(왕하 5장)의 이야기에서는 질병의 원인이 발견되지 않는다. 다만, 이 경우들에도 이야기의 관점은 병자와 하나님과의 관계에 중점을 두고 있음은 분명하다.

성경에서 발견하는 질병의 원인은 다양하나 성경은 모든 질병이 하나님의 창조 섭리에 어긋나는 악이며 그 뿌리는 인간의 죄성이라는 이해를 견지한다. 하나님께서는 온전하신 분이시다(마 5:48). 하나님은 그 분의 성품을 따라 피조물들을 온전하게 만드셨다. "하나님이 손수 만드신 모든 것을 보시니, 보시기에 참 좋았다."(it was very good, 창 1:31) 또한 하나님께서는 광활한 우주에 생태계를 만드시고 그 안에 질서와 조화의 법칙을 두셨다. 그러나 인간이 범죄함으로 죄의 파괴성이 발생됨으로써 개인과 공동체가 병들게 되었다. 죄성은 하나님께서 온전하게 조성하신 모든 것을 파괴하는 작용을 한다. 죄의 삯은 사망이다(롬 6:23). 그리고 마귀(the devil)는 죽음의 세력을 쥐고 있다(히 2:14). 악의 목적은 훔치고, 죽이고, 파괴하는 데 있다(요 10:10).

죄의 파괴적 경향성 때문에 모든 유기체의 온전함과 조화로운 질서가 위협받고 있다. 사람들에게 질병이 생긴다. 죄성으로 인한 병적 인자가 주어졌기 때문이기도 하고 파괴적인 생활 방식에 의한 것이기도 하다. 공동체가 병들기도 한다. 갖가지 파괴적 언행과 제도와 방식으로 공동체가 병들어간다. 교회라고 해서 파괴적이고 병적인 성향으로부터 완전히 자유로운 것은 아니다. 생태계도 병들고 있다. "모든 피조물이 이제까지 함께 신음하며, 함께 해산의 고통을 겪고 있다"(롬 8:22). 개인, 공동체, 생태계의 병듦은 전염성이 있어서 서로에게 파괴적인 영향을 미친다. 만물은 함께 병들고 함께 고통을 겪고 있다.

〈건강과 병듦의 방향성〉

　죄에 뿌리를 둔 파괴적 경향으로 인한 병든 삶을 극복하기 위한 방안은 무엇인가? 하나님께서 주시는 치유의 능력을 삶에서 발휘하여 통전적인 건강을 회복해야 한다. 예수 그리스도의 복음은 치유의 은혜와 함께한다. 복음이 전파되는 곳에 전인과 공동체의 회복이 일어난다. 우리가 건강한 삶을 살고 건강한 공동체를 이루기 위해서는 하나님으로부터 신유의 은혜를 공급받아야 한다. 여호와 '라파'(heal), 하나님은 우리를 치유하시는 분이시다 (the LORD who heals you, 출 15:26). 또한 우리 자신들도 청지기로서 건강을 증진하기 위해 노력해야 한다. 이를 위해서는 질병의 원인이 되는 파괴적인 삶의 방식을 멀리하고 치유적인 삶의 방식을 적용하기 위해 힘써야 한다. 이것은 죄로 물든 우리 자신과 공동체에는 결코 쉽지 않은 과제이다. 바울은 이렇게 고백했다. "나는 내 속에 곧 내 육신 속에 선한 것이 깃들여 있지 않다는 것을 압니다. 나는 선을 행하려는 의지는 있으나, 그것을 실행하지는 않으니 말입니다."(롬 7:18) 이 때문에 건강하고 치유적인 삶과 공동체를 이루기 위한 지속적인 노력과 훈련이 필요한 것이다. 결국, 이것이 관건이다. '치유적인 방식으로 살 것인가? 아니면, '파괴적인 방식으로 살 것인가?'

　건강과 병듦에 대해 이해하기 위해서는 인간의 전인성과 삶의 통전적인 체제에 대해 파악할 필요가 있다. 인간의 몸은 유기적이다. 몸의 각 부분은 다른 부분과 긴밀하게 연관되어 상호작용한다. 이 때문에 전인적인 건강을 추구해야 하는 것이다. 건강한 신체에 건강한 정신이 깃든다. 이것은 역으로도 가능한데, 건강한 정신으로 인해 건강한 신체가 형성되기도 한다. 또한 몸은 하나의 독립된 개체로만 존재할 수 없다. 인간의 몸은 언제나 사회 안에서 다른 몸들과 연관을 맺으며 살아간다. 따라서 타인의 건강은 나의 건강과 무관할 수 없다. 한걸음 더 나아가 몸은 생태적 유기체의 일부를 구성하고 있다. 몸의 건강은 생태 환경의 건강과 함께 이해되어야 한다. 우리는 함께 건강해지고, 함께 병들어간다.

하나님은 치유하는 분이시다(출 15:16). 성경은 모든 종류의 치유가 근본적으로 하나님으로부터 온다고 가르친다. 하나님께서는 자신을 치료자라고 말씀하셨다. "너희가, 주 너희 하나님인 나의 말을 잘 듣고, 내가 보기에 옳은 일을 하며, 나의 명령에 순종하고, 나의 규례를 모두 지키면, 내가 이집트 사람에게 내린 어떤 질병도 너희에게는 내리지 않을 것이다. 나는 주 곧 너희를 치료하는 하나님이다."(출 15:26). 또한 하나님께서는 치료의 권한이 전적으로 자신에게 있음을 강조하셨다. "그러나 이제는 알아라. 나, 오직 나만이 하나님이다. 나 외에는 다른 신이 없다. 나는 죽게도 하고 살게도 한다. 나는 상하게도 하고 낫게도 한다. 아무도 내가 하는 일을 막지 못한다."(신 32:39) 치유에 대한 성경의 가르침은 창조질서의 회복으로 귀결된다. 각종 질병, 인간성의 타락, 자연 재앙 등이 창조질서의 파괴에 의한 것이라면, 건강, 평안, 화해 등은 창조질서의 회복에 해당한다.

모든 치유가 하나님으로부터 오기 때문에, 성경은 병든 개인과 공동체가 하나님에게 집중할 것을 요구한다. 무엇보다도 우리는 치유하시는 하나님을 경외해야 한다. 하나님은 하나님만을 섬길 때 질병을 고쳐주시겠다고 말씀하셨다(출 23:25). 질병의 종류가 무엇이든 하나님에게 나아가는 것이 중요하다. 회개는 하나님에게 나아가는 첫걸음이다. "내 이름으로 일컫는 내 백성이 그들의 악한 길에서 떠나 스스로 낮추고 기도하여 내 얼굴을 찾으면 내가 하늘에서 듣고 그들의 죄를 사하고 그들의 땅을 고칠지라."(대하 7:14. 개역개정) 또한 우리는 치유를 위해 기도드려야 한다. 성경에서 치유를 위해 기도드린 많은 예를 발견할 수 있다. 미리암의 문둥병을 위한 모세의 기도(창 20:17), 아비멜렉 가정의 불임에 대한 아브라함의 기도(창 20:17), 불임의 극복을 위한 한나의 기도(삼상 1장), 죽은 아이를 살려달라는 엘리사의 기도(왕하 4장), 치유를 위한 기도의 시들(시 6:2; 30:2; 41:4) 등이 그 예이다. 야고보서 5장 14절에는 "너희 중에 병든 자가 있느냐 저는 교회 장로들을 청할 것이요 그들은 주의 이름으로 기름을 바르며 위하여 기도할지니라. 믿음의 기도는 병든 자를 구원하리니 주께서 저를 일으키시리라 혹시 죄를 범하였을지라도 사하심을 얻으리라 이러므로 너희 죄를 서로 고하며 병 낫기를 위하여 서로 기도하라"고 하였다. 성경에서는 소금을 넣거나(왕하 2:19), 가루를 사용하여 해독하거나(왕하 4:39), 반죽을 사용하는 등(왕하 20:7) 여러 가지 방법을 통해 치유가 이루어졌음을 증거한다. 따라서 우리는 하나님이 다양한 방법을 동원하여 우리를 고치신다는 것을 염두에 두어야 할 것이다.

각 개인은 몸의 건강과 회복을 위해 하나님을 전적으로 의지함과 동시에 파괴적 삶의 방식을 지양하고 치유적인 방식을 추구하려는 노력을 기울여야 한다. 이것은 청지기적인 사명인 동시에 치유자이신 예수님의 사역과 삶을 따르는 제자의 의무이기도 하다. 예수님은 병든 삶의 회복을 위해 이 땅에 오신 분이시다(마 9:12). 사복음서에는 예수님의 치유 사역에 대한 많은 이야기가 실려 있다. 예수님의 십자가 고난은 우리의 치유를 위한 것이었다. "그러나 그가 찔린 것은 우리의 허물 때문이고, 그가 상처를 받은 것은 우리의 악함 때문이다. 그가 징계를 받음으로써 우리가 평화를 누리고, 그가 매를 맞음으로써 우리의 병이 나았다."(사 53:5). 이사야의 예언대로 예수 그리스도께서는 몸소 우리의 병약함을 떠맡으시고, 우리의 질병을 짊어지셨다(마 8:16-17). 예수님의 치유는 하나님 나라의 임재를 가시화한 것이었다. 예수님께서는 하나님 나라를 전파하시고 치유를 통해 사람들에게 확증하신 것이다.

그리스도의 장성한 분량에 이르기를 소망하는 우리는 또한 주님을 닮은 치유적 삶을 사는 사람이 되어야 한다. 이 삶은 강도 만나 죽게 된 사람의 가까이에 가서 그 상처에 올리브 기름과 포도주를 붓고 싸맨 다음에 자기 짐 승에 태워서 여관으로 데려가 돌본 선한 사마리아 사람과 같은 삶이다(눅 10). 성경은 예수 그리스도를 믿는 사람에게 치유적인 능력이 주어질 수 있 다고 가르친다. "믿는 자들에게는 이런 표적이 따르리니 병자에게 손을 얹 은즉 나으리라"(막 16:15-18). 우리는 자신과 이웃들을 건강하게 하기 위 해 노력해야 한다. 이를 위해서는 건강을 지향하는 생각, 치유적인 언어, 치 유적인 표정, 치유적인 행동, 치유적인 태도를 습관화해야 한다. 이를 통하 여 하나님의 치유하심을 위한 통로가 되어야 한다.

우리는 또한 치유적인 공동체를 형성하려고 노력해야 한다. 치유적인 분 위기, 치유적인 문화, 치유적인 제도 등을 통해 사람들을 살리고 건강하게 하는 공동체를 이루어야 한다. 이러한 공동체는 특별한 프로그램이나 활동 을 하지 않아도 이 공동체에 속해있다는 것 자체로도 치유적인 영향을 줄 수 있다. 병든 공동체에 속한 개인은 병들 가능성이 크다. 그러나 건강한 공 동체에 속한 개인은 치유될 가능성이 높다. 우리에게는 치유적이고 건강한 가정, 교회, 학교, 직장, 지역 사회가 필요하다. 어떤 질병은 사적인 차원에 서 해결될 수 없고 공동체의 협력이 필요한 것도 있다. 가버나움 지역에서 중풍병자가 치유 받은 것은 그 대표적인 예가 된다. 그런데 사람들이 중풍 병에 걸린 사람을 침상에 눕힌 채로 데려와서는, 안으로 들여서, 예수 앞에 놓으려고 하였다. 그러나 무리 때문에 그를 안으로 들여놓을 길이 없어서, 지붕으로 올라가서, 기와를 벗겨 그 자리를 뚫고, 그 병자를 침상에 누인 채, 무리 한가운데로 예수님 앞에 달아 내렸다(눅 5). 가버나움의 사람들은 병 든 사람들을 치유하시는 예수님 앞으로 인도하는 치유적 공동체의 노력과 열매를 보여준다. 하나님 나라는 특정한 장소나 지리적인 경계를 의미하지 않는다. 하나님의 나라는 하나님의 위엄, 지배, 권세, 주권이 발휘되는 나라, 즉 하나님께서 임재하시고 다스리시는 나라이다. 하나님은 치유하는 분이 시다. 따라서 하나님의 치유적 사건이 일어나는 공동체는 그 자체가 하나님의 나라인 것이다. 하나님의 나라에서는 하나님의 전인적인 구원이 이루어진다. 그리고 구원받은 사람에게 하나님의 창조세계를 회복시킬 소명이 주어진다.

(2) '건강'한 삶을 위한 교육신학

'건강'한 삶의 교단 신학적 개념 이해, 성경적 근거, 그리고 교육목회를 위한 통찰은 다음과 같다.

① 신학적 개념

사중복음의 전도표제이며 네 가지 진리 중 하나인 신유는 『성결교회 헌법해설집』에 의하면, 두 가지 의미에서 해석될 수 있다. 하나는 우리가 병에 걸리지 않고 건강하게 사는 것이며, 다른 하나는 혹 질병에 걸렸을 때 하나님의 능력으로 고침을 받는 것이다. 이는 전인 구원의 복음이다. 즉 복음은 영혼과 육신으로 구성된 사람을 위한 것이다. 신유는 새교육과정에서 강조되어 교육해야 할 중요한 개념이다. 중생과 성결은 웨슬리가 강조하였지만, 신유와 재림은 웨슬리 시대에는 신학의 중심 주제가 아니었다. 그러나 19세기 후반의 성결-부흥운동은 거의 웨슬리의 운동과 사상 기반 위에서 전개해 나가면서, 특히 신유와 재림을 성결의 복음과 함께 전했는데 이는 이것들이 성서적 복음이라고 믿었기 때문이었다. 사중복음에는 개신교 종교개혁의 주제인 중생과 웨슬리 신학의 요점인 성결과 만국성결교회가 강조하는 교의들-신유와 재림이 탄탄하게 응축되어 있기 때문에, 사중복음에 대한 바른 신학적 이해는 곧바로 성결교회 신학의 정체성을 파악하는 지름길이요, 동시에 개신교복음주의 신학의 보편적 메시지를 듣는 길이라고 할 수 있다(성결교회신학(상), 35).

19세기 후반의 미국 복음주의 운동은 신유와 전천년설적인 재림사상을 강조하였다. 그런데 미국 성결운동 내에는 전통적인 웨슬리안 입장에서 중생과 성결만을 주장하는 단체와, 이것과 더불어 신유와 재림의 복음을 받아들이자는 그룹이 있었다. 전자는 웨슬리안 성결운동의 주류로 에즈베리(Asbury) 신학교와 나사렛교회(Nazarene Church)가 대표적이며, 후자에는 급진파 성결그룹(Radical Holiness Group)으로 불리는 〈하나님의 성서학원〉과 〈만국성결연맹〉이 속한다. 바로 이 만국성결연맹이 한국성결교회에 가장 직접적인 영향을 미친 단체인데, 만국성결교회는 중생, 성결, 신유, 재림을 '온전한 복음'(full gospel), 혹은 '사중복음', '순복음'이라고 부르며 강조하였는데 이것은 냅(Martin Knapp)에 의해 주도되었다

신유운동은 여타의 다른 이론적인 신학 운동에서 시작된 것이 아니었다. 성결운동과 모임이 있는 곳에서 '병 나음'이라는 구체적인 일들이 먼저 발생했다. 그리고 이 '병 나음'을 직접 체험했거나 목격한 사람들에게 있어, 자신들의 체험이 다른 복음이 아니라는 자각과 함께 성경적인 전거(典據)를 찾게 된 것이다. 성경을 통해, '병 나음'의 증인들은 자신들의 체험과 목격이 성서적인 가르침에 따른 것이라는 확신을 얻을 수 있었다. 성서에 나타난 예수 그리스도의 사역의 대부분이 신유와 연관되어 있다는 것을 발견하고, 믿음으로 '지금, 여기서' 다시 신유를 경험케 하는 성령의 사역을 강하게 긍정하는 신학으로 나아갔다. 그리고 구원의 복음이 영혼에만 한정된 복음이 아니라, 통전적이고 포괄적인 전인 구원의 복음이라는 이상(理想)이 성서를 통해 확인되었던 것이다. 성결연맹의 지도자들도 성결체험과 함께 신유의 체험을 했음을 알 수 있다. 리스(Seth Rees), 냅 등도 신유 사역을 열심이었고 신유 기도를 신자의 특권으로 강조하였다(성결교회신학(상), 148).

② 성경적 근거

마태복음 4장에서는 예수님의 사역을 세 가지로 언급하는데 교육, 전도, 치유가 이에 해당한다. "예수께서 온 갈릴리를 두루 다니시면서, 그들의 회

당에서 가르치며, 하늘나라의 복음을 선포하며, 백성 가운데서 모든 질병과 아픔을 고쳐주셨다." 예수의 소문이 온 시리아에 퍼졌다. 그리하여 사람들이, 갖가지 질병과 고통으로 앓는 모든 환자와 귀신 들린 사람과 간질병 환자와 중풍병 환자를 예수님에게 데리고 왔다. 예수님은 그들을 고쳐 주셨다(마 4:23-24).

또 예수님은 부활하신 후 제자들에게 온 세상에 나가서, 만민에게 복음을 전파할 것을 명령하실 때에 믿는 사람들에게 나타날 표징들을 마가복음 16장 17-18절에서 말씀하셨다. "내 이름으로 귀신을 쫓아내며, 새 방언으로 말하며, 손으로 뱀을 집어들며, 독약을 마실지라도 절대로 해를 입지 않으며, 아픈 사람들에게 손을 얹으면 나을 것이다." 그런데 오늘날 많은 성서학자들은 이 치유가 예수시대에 끝났다고 말한다. 오늘날에는 일어나지 않는다고 주장하고 있는데 성경을 보면 '하나님은 치료하는 여호와'라고 분명히 말씀하신다. 하나님의 신유 사역은 현재진행형이다.

박종석은 그의 책 『성결교회교육의 비전과 실천』에서 다음과 같이 지적한다. "오늘날은 신유의 복음이 필요한 시대이며, 사람들의 신체는 너무 잘 먹은 까닭에 갖은 질병에 시달리고, 못 먹은 까닭에 죽어간다. 그와 같은 육체에 일어나는 현상들 사이에 영적인 죄가 스며있다." 또한 현대 사회에는 수많은 육체의 질병뿐만 아니라 정신적인 질병으로 인해 목숨을 끊는 상황이 많아지고 있다. 우리는 다 하나님을 믿고 의지하지만, 우리의 삶을 살펴보면 시공간적으로 일부분만 하나님과 교제하기를 원하고 육체의 문제들은 하나님과 관계없는 것으로 여기는 사람들이 많이 있다. 그러나 우리의 구원은 영혼에만 있는 것이 아니다. 하나님은 우리를 전인적으로 통전적으로 다스리기 원하시고 온전케 하고자 하신다(막 2:17). 구원의 핵심은 예수 그리스도께서 우리의 죄뿐만 아니라 질병까지 짊어지신 일이다. 그리고 치유와 축귀는 하나님 나라의 도래를 알리는 지표이다(눅 9:1-2, 10:9). 예수님께서는 이것들을 제자들에게 명령하셨다(막 6:12-13).

최인식은 『예수의 바람, 성령의 바람』에서 예수님이 처음부터 전하기 시작한 복음은 '하나님의 나라'였으며, 예수님이 하나님의 나라가 완성되는 시기를 그의 재림으로 증거하였고, 하나님의 나라가 현재적으로 이 땅에서 가능하다는 것을 능력 있게 보여준 것이 신유였다고 이야기하고 있다. "예수님께서 많은 병자들을 고치시고, 이적을 통하여 굶주린 자들을 먹이시고, 귀신들을 쫓아내고 심지어는 죽은 자들까지 살리시는 기적을 일으키신 궁극적인 이유는 하나님 나라의 복음을 믿지 않는 사람들에게 하나님의 나라가 멀리 있는 것이 아니라 하나님 중심으로 사는 자들의 삶 속에서 능력으로 나타난다는 것을 보여주기 위함이었다. 그래서 저들이 인간 중심주의에서 벗어나 하나님 중심주의의 삶으로 방향을 전환하도록 하는 것이었다. 즉 회개하도록 함이 신유의 기적을 행하였던 이유였다고 할 수 있다. 다시 말해서 하나님의 나라는 존재한다는 것, 즉 하나님 나라의 임재 신앙을 확신케 해 주기 위해서 많은 기적, 특히 인간에게 가장 피부에 와 닿는 병 고침의 역사를 일으켜 주신 것이다."

③ 교육목회를 위한 통찰

교육목회를 위한 첫 번째 통찰은 '온전함의 회복'이다. 신유(Divine healing)란 인간이 자신의 힘으로써가 아니라 하나님이 그의 능력으로 고치신다는 것이며, 그의 능력 행하심은 하나님의 약속에 대한 믿음과 기도로 이루어진다는 것이다. 그러므로 신유의 복음이란 인류의 '개인적 몸'과 '공동체로서의 몸'에 당한 질병으로부터 놓임을 받아 건강을 회복하게 하시는 하나님의 뜻이며, 하나님의 역사이다. 신유는 사람이 할 수 없는 것을 하나님이 고치고 회복시키신다는 것이다. 살아있는 모든 피조물은 인간의 타락성 때문에 파멸의 위기에 직면해 있다. 그러므로 사중복음 신학은 신유의 신앙과 교리를 질병에 걸린 자들에 대한 신적인 치유뿐만 아니라 생명을 지닌 모든 존재의 생명회복을 추구한다. 그리스도가 우리의 연약한 것을 친히 담당하시고 병을 고쳐주신다는 복음(마 8:16-17)을 믿고 감사할 때 마음에 평안이 찾아온다. 우리는 예수 그리스도의 대속 사역으로 이루어진 신유의 은혜(사 53장)를 믿는다. 뿐만 아니라 하나님 닮은 온전함을 소망하며, 개인뿐 아니라 사회 속에서 온전함을 추구하도록 신유의 영역을 확장해 나가도록 해야 할 것이다.

교육목회를 위한 두 번째 통찰은 '세상의 치유'이다. 개인과 공동체를 병들도록 하는 사회적 정치적 구조의 문제에도 관심을 가지고 사회 참여적 신앙, 공적 신앙으로 한걸음 더 나아가 우리가 사는 이 세상이 하나님의 나라의 온전함으로 치유될 수 있도록 기도하고 개선을 강구해야 할 것이다. 최인식은 『예수의 바람, 성령의 바람』에서 공동체적 몸의 회복의 윤리에 대해 다음과 같이 언급하였다(445-446). "신유의 복음은 교회공동체로 하여금 '몸'의 차원에서 인류를 회복케 하시는 하나님의 역사에 동참하게 합니다. 성결교회는 인류에게 고통을 가져오는 질병마저도 하나님이 영광을 위한 기회로 파악하며, 동시에 질병으로 인해 자신의 '불신(不信)'을 돌이켜 보며, 또한 질병이 '병자의 이익'이 됨을 믿는 전통과 그러한 경험은 회복의 영성신학을 위한 매우 가치 있는 유산입니다. 회복의 윤리는 공동체적 몸이 걸린 병의 치유로 생각하지 않으면 안 되기 때문에 파괴된 공동체의 건강을 회복하기 위한 공동체 신학이 절실히 요청되는 것입니다."

5) 재림 : 불의한 삶을 벗어나 '정의'로운 삶으로

(1) 불의의 현황과 그 과제인 '정의'

불의한 삶의 근본적인 원인은 우리가 하나님 앞에서 살아가고 있음을 망각한 데 있다. 우리는 '코람 데오(Coram Deo)'의 삶을 살고 있다. '코람 데오'란 라틴어로 '하나님 앞에서'(in the presence of God)를 의미하는 용어다. 모든 사람은 하나님 앞에서 살아간다. 인간의 모든 생각, 말, 행동 등은 하나님 앞에서 행해지는 것이다. 따라서 우리는 이 점을 기억하고 늘 근신하며 살아가야 한다. 다윗은 하나님 앞에서의 삶을 다음과 같이 고백했다. "주님, 주님께서 나를 샅샅이 살펴보셨으니, 나를 환히 알고 계십니다. 내가 앉아 있거나 서 있거나 주님께서는 다 아십니다. 멀리서도 내 생각을 다 알고 계십니다. 내가 길을 가거나 누워 있거나, 주님께서는 다 살피고 계시니, 내 모든 행실을 다 알고 계십니다. 내가 혀를 놀려 아무 말 하지 않아도 주님께서는 내가 하려는 말을 이미 다 알고 계십니다...... 내가 주님의 영을 피해서 어디로 가며, 주님의 얼굴을 피해서 어디로 도망치겠습니까? 내가 하늘로 올라가더라도 주님께서는 거기에 계시고, 스올에다 자리를 펴더라도 주님은 거기에도 계십니다."(시 139:1-8) 이렇듯 항상 하나님을 의식하고 사는 것이 코람 데오의 신앙이다.

코람 데오의 삶을 사는 사람은 불의를 경계한다. 내가 언제, 어디에서 무엇을 하든지 늘 의로우신 하나님께서 보고 계시다는 점을 의식하면 불의를 부담스럽게 여기게 된다. "나 주 하나님이 죄 지은 이 나라 이스라엘을 지켜보고 있다."(암 9:8) 하나님은 인간의 죄를 심판하는 분이시며(고전 4:4), 불의함에 대해 진노하는 분이시다(롬 1:18). 이러한 하나님 앞에서 사는 사람은 불의에 대해 불편함을 느끼게 마련이다. 그러나 우리의 실제 삶에는 이러한 불편이 없을 때가 많다. 하나님을 믿는다고 하면서도 하나님을 의식하지 않고 불의를 행하곤 한다. 그 이유는 무엇인가? 입으로는 하나님을 믿는다고 하지만, 실제로는 이 시간도 살아계셔서 나의 삶에 함께하시는 하나님을 확신하지 못하기 때문이다. 그래서 우리는 불의를 행한다. 코람 데오의 신앙이 없기 때문이다. 이 신앙이 있는 사람은 늘 주인을 기다리며 깨어 있는 종과 같이 산다(눅 12;37).

코람 데오의 마음으로 살아갈 때 사람을 귀하게 여기는 삶을 살게 된다. 하나님 앞에서 살아가는 사람은 하나님 뜻과 방식을 따른다. 하나님은 사람을 존귀하게 여기신다. 그래서 하나님을 사랑하고 사람을 사랑하는 것을 가장 귀한 계명으로 삼으신다(막 12:28-32). 하나님을 의식하는 사람은 이러한 하나님의 의지를 따라 사람을 존귀하게 여기며 산다. 이러한 사람은 늘 상대방에게 하나님의 형상이 있음을 기억한다. 그래서 작고, 약하고, 소외된 사람들까지 모두 존중하며 사랑하려고 한다. 예수님은 작은 사람들 가운데 한 사람에게 냉수 한 그릇이라도 주는 사람에게 상을 주는 분이시다(마 10:42).

〈평화를 얻음과 잃음의 방향성〉

하나님을 의식하지 않는 불의한 삶으로부터 돌이키기 위한 방안은 무엇인가? 예수님의 재림을 소망하는 가운데 정의롭게 사는 것이다. 성경에서 정의에 해당하는 용어들은 다음과 같다. 공의를 뜻하는 히브리어 미쉬파트와 정의를 뜻하는 히브리어 체다카가 중언법(hendiadys, 두 단어를 연결하여 하나의 뜻을 나타낸 것)으로 사용되었다. 헬라어로는 의를 의미하는 말은 디카이오쉬네다. 하나님께서는 우리가 그분의 의를 구하는 삶을 살길 원하신다. "너희는 먼저 하나님의 나라와 하나님의 의를 구하여라."(마 6:33) 하나님께서는 겸손하게 하나님과 함께 행하면서 공의를 실천하는 사람을 기뻐하신다(미 6:8). 또한 정의는 평화(샬롬)와 밀접하게 연관된다. 성경적 평화는 정의로운 평화이다. 시편의 기자는 이렇게 고백했다. "사랑과 진실이 만나고, 정의는 평화와 서로 입을 맞춘다."(시 85:10) 불의함이 있는 곳에서는 결코 참된 평화가 없다. 결국, 이것이 관건이다. '정의롭게 살 것인가?' 아니면, '정의롭게 살지 않을 것인가?'

성경은 하나님이 의로운 분이라고 분명하게 가르친다. '의'는 하나님의 본질적인 속성 중 하나이다(사 30:18; 42:1-4). 하나님은 사람을 외모로 취하지 않으시고 의롭게 대하신다(신 32:4; 단 9:14; 습 3:5). 하나님은 공의를 굽게 하지 않으신다(욥 8:3, 34:12). 그분은 늘 공의로 판단하시며(렘 11:20; 시 146:7), 마지막 날에도 공의로 이 세상을 심판하실 것이다(창 18:25; 시 9:8). 이처럼 하나님이 공의를 사랑하시기에(시 37:28; 99:4; 사 61:8; 62:2), 하나님은 통치자들이 이 공의를 따를 것을 원하신다(욥 34:17; 잠 29:4; 렘 5:1; 암 5:15; 미 3:1, 8, 9; 합 1:4; 습 3:5). 물론, 통치자가 아닌 사람들도 의롭게 살아야 한다(렘 7:5; 호 12:6; 암 5:15; 미 6:8).

예수님을 만나고 그분을 따르는 사람은 불의에서 돌이켜 정의로운 삶을 향해 나아간다. 우리는 누가복음 19장에 기록된 삭개오의 이야기에서 이 점을 분명하게 발견할 수 있다. 삭개오의 직업은 세관장이었다. 당시 로마는 여러 식민지의 직접세(인두세, 토지세)는 로마인을 고용해서 거두었다. 하지만 다른 세금들(통행세, 관계, 조세, 사용세)은 입찰제를 시행해서 거두었다. 한 지역에서 가장 높은 금액을 제시한 사람에게 미리 돈을 다 받고 세금 징수권을 부여한 것이다. 이 권한을 부여받은 사람이 세관장(세무서장)이 되었는데, 이들은 로마에 선납한 세금을 만회하고 초과 금액까지도 차지하기 위해 권력 남용과 거짓을 서슴지 않았다. 당시 식민지의 삶을 살던 이스라엘 백성들은 매우 가난해서 세리들에 대한 원성이 드높았다. 따라서 세리들은 멸시와 비난의 대상이 되었고, 사회적 지위도 천민계급으로 분류될 정도였다. 심지어 '민족의 반역자, 로마의 사냥개'로 불릴 정도로 매우 질시를 받았다. 세관장 삭개오의 삶은 부유했으나 의롭지 못했다.

삭개오는 예수님이 그 지역을 지나가신다는 소문을 들었다. 그는 예수님이 어떤 분이신지 보고 싶었다. 그러나 안타깝게도 군중에게 가려서 예수님을 볼 수 없었다. 키가 작았기 때문이다. 그래서 그는 예수님을 보려고 앞서 달려가서 뽕나무에 올라갔다. 예수님이 거기를 지나가실 것이기 때문이었다. 삭개오를 보신 예수님은 그에게 말씀하셨다. "삭개오야, 어서 내려오너라. 오늘은 내가 네 집에서 묵어야 하겠다." 그러자 삭개오는 얼른 내려와서, 기뻐하면서 예수를 모셔 들였다. 그런데 사람들이 이것을 보고서, 모두 수군거리며 말하였다. "그가 죄인의 집에 묵으려고 들어갔다." 예수님의 말씀을 듣고 감동을 받아 회개한 삭개오가 일어서서 주님께 약속했다. "주님, 보십시오. 내 소유의 절반을 가난한 사람들에게 주겠습니다. 또 내가 누구에게서 강제로 빼앗은 것이 있으면, 네 배로 하여 갚아 주겠습니다." 예수님이 그에게 말씀하셨다. "오늘 구원이 이 집에 이르렀다. 이 사람도 아브라함의 자손이다."

불의했던 삭개오의 가치관에 변화가 일어났다. 재물을 끌어 모으기만 했던 그가 재물을 나누는 사람이 되었다. 그리고 남의 것을 강제로 빼앗던 그가 죄를 뉘우치며 보상에 힘쓰는 사람이 되었다. 이러한 윤리적인 결단, 정의로운 결단이 가능했던 원동력은 무엇이었는가? 예수님의 오심에 있다. 예수님을 만나 삶의 주인으로 모신 사람은 불의한 삶을 청산하고 의로운 삶을 향해 나아간다.

정의가 사회적 관계에서 발휘되면 삭개오와 같은 변화가 일어날 수 있다. 일반적으로 이스라엘에서의 의인은 공동체의 평화와 전체성을 위해 기여한 사람이었다. 욥처럼 의인은 동시대인들에 대한 축복이자 자비의 통로였다(호 2:19). 정의로운 사람은 가난한 사람, 고아, 과부를 보살폈으며(욥 29:12-15; 31:16-19; 참조. 신 24:13; 잠 29:7), 심지어는 법정에서 그들을 변호해주기도 하였다(욥 29:16; 31:21; 참조. 잠 31:9). 그는 대범하여 인색하지 않았으며(시 37:21, 25-26; 잠 21:26), 나그네와 손님에게 숙식을 제공하기도 했고(욥 31:31-32), 어떠한 부보다 의를 더 중히 여겼다(욥 31:24-25; 시 37:16; 잠 16:8). 그는 자기 땅의 선한 소유주였고(욥 31:38-40) 일하는 동물들의 착한 주인이었으며(잠 12:10), 그의 하인들은 인간적으로 대우를 받았다(욥 31:13). 그의 이웃들과 평화롭게 살았으며(욥 31:1-

12), 이웃들이 잘되기만을 바랐다(욥 31:29~30; 참조. 29:24). 그가 권세를 잡으면 그의 백성들이 즐거워하였고(잠 29:2), 그는 나라를 영화롭게 하였다(잠 14:34). 그는 가족에게 기쁨이 되었으며(전 23:24), 그의 길은 새벽과 같았고(잠 4:18), 그를 기억하는 것 자체가 축복이 되었다(잠 10:7). 그는 선을 위한 확고한 요소였으며(잠10:25, 30; 12:3, 12), 축복(잠 10:6; 사 3:10)과 장수(시 92:12; 잠 10:16; 11:19; 12:28), 자손(시 37:37-38)과 번영(잠 13:21, 22, 25; 15:6)을 알았으며, 그리고 자신의 욕망의 성취(잠 10:4, 28; 11:23)와 고통으로부터의 구원(잠 11:8; 시 12:21; 24:16)을 알고 있었다. 그는 평화롭고도 부하게 살았다. 왜냐하면 그는 공동체적 계약의 관계가 요구하는 사항들을 수행함으로써 자신의 공동체의 평화와 번영, 간단히 말해서 신체적 심리적 전체성을 견지했기 때문이다(참조. 시 15:2-5; 사 33:15). 이러한 이유로 정의는 때때로 평화(샬롬)와 평행된다(사 48:18; 60:17; 참조. 시72:3, 7; 85:10). 하나님께서는 우리에게 정의롭게 살 것을 명령하신다. "너희는, 다만 공의가 물처럼 흐르게 하고, 정의가 마르지 않는 강처럼 흐르게 하여라"(암 5:24).

우리는 정의를 실천함으로써 평화를 이루는 도구(peace maker)가 되는 삶으로 초청을 받았다. 이 삶은 쉽지 않다. 왜냐하면, 고난과 핍박이 있기 때문이다. 게다가 악으로 악을 갚지 않고 오히려 선으로 악을 이기고자 한다. 스스로 원수를 갚지 않고 그 일은 하나님의 진노하심에 맡긴다(롬 12:17-19). 주님께서도 "원수 갚는 것은 내가 할 일이니, 내가 갚겠다"고 하셨다(신 32:35). 한 걸음 더 나아가 성경은 "네 원수가 주리거든 먹을 것을 주고, 그가 목말라 하거든 마실 것을 주어라. 그렇게 하는 것은, 네가 그의 머리 위에다가 숯불을 쌓는 셈이 될 것이다"고 하였다(잠 25:21-22).

정의를 추구하는 삶에서 잊지 말아야 할 것은 원수를 사랑하고, 우리를 박해하는 사람을 위하여 기도하는 것이다(마 5:44). 이러한 삶을 통해 그 유명한 성 프란치스코(San Francesco d'Assisi)의 기도를 향해 나아가는 삶을 이룰 수 있다. "주여, 나를 평화의 도구로 써주소서. 미움이 있는 곳에 사랑을, 다툼이 있는 곳에 용서를, 분열이 있는 곳에 일치를, 의혹이 있는 곳에 믿음을, 그릇됨이 있는 곳에 진리를, 절망이 있는 곳에 희망을, 어둠이 있는 곳에 광명을, 슬픔이 있는 곳에 기쁨을 심게 하소서. 위로 받기보다는 위로하고, 이해하기보다는 이해하며, 사랑받기보다는 사랑하게 해 주소서. 우리는 줌으로써 받고 용서함으로 용서받으며 자기를 버리고 죽음으로써 영생을 얻기 때문입니다."

평화의 사도가 되어 정의를 실천하는 중에 좌절하거나 흔들리게 될 때 예수님의 재림과 심판을 기억해야 한다. 삭개오를 찾아오셨던 주님은 우리에게도 찾아오신다. 첫째, 이것은 미래적 차원에서 이루어질 것이다. 배종수는 재림을 예언이면서 동시에 약속이라고 하였다. 그는 재림이 구약성경에서는 1,845번, 신약성경에서는 318번 예언되었다고 하였다. 예수님은 "인자가 큰 권능과 영광에 싸여 하늘 구름을 타고 오는 것을 보게 될 것이다"라고 하셨다(마 24:30). 바울 역시 예수께서 호령과 천사장의 소리와 하나님의 나팔 소리와 함께 친히 하늘로부터 내려오실 것이라고 하였다(살전 4:16). 모든 심판의 권세를 받으신 예수님이(요 5:27, 22; 1:51) 죄인들을 심판하러 오실 것이다(계 14:14-16). 그 분은 의로 세상을 심판하시고, 전능하신 하나님의 맹렬하신 진노의 포도주 틀을 밟으실 것이다(19:11-15). 바울은 그리스도의 재림을 하나님의 백성을 박해하는 사람들에 대한 하나님의 복수의 시간으로 표현하였다(살후 1:5-10). 사탄도 이 때 함께 심판을 받을 것이다(계 12:7-12; 20: 11-15). 마지막 날에 주님께서는 성도들의 눈에서 눈물을 말끔히 닦아 주실 것이다(계 21:4).

둘째, 예수님의 심판은 현재적 차원에서도 이루어지고 있다. 주님의 심판은 현재 인간의 역사 속에서도 이루어지고 있다(요 3:19; 8:50; 고전 3:8). 하나님의 진노가 불의한 행동으로 진리를 가로막는 사람의 온갖 불경건함과 불의함을 겨냥하여 하늘로부터 나타나고 있는 중이다(롬 1:18, The wrath of God is being revealed from heaven). 하나님의 방치(내버려둠)도 현재적 심판의 한 종류이다. 하나님은 그분을 인정하기 싫어하는 사람들을 타락한 마음자리에 내버려 두어, 해서는 안 될 일을 하도록 놓아두기도 하신다(롬 1:28). 우리는 두 가지 시점의 심판, 즉 미래적인 심판이나 현재적인 심판을 기억하면서 날마다 심판자이신 예수님 앞에서 살아가고 있음을 염두에 두고 늘 근신하며 살아야 한다. 또한 오늘 여기에서 당하는 어려움이 전부가 아님을 기억해야 한다. 하나님이 기뻐하실 정의로움을 위해 인내하는 자가 소망 가운데 주님과 나눌 대화는 이것이다. "그렇다. 내가 곧 가겠다. 아멘. 오십시오, 주 예수님!"(계 21:20)

(2) '정의'로운 삶을 위한 교육신학

'정의'로운 삶의 교단 신학적 개념 이해, 성경적 근거, 그리고 교육목회를 위한 통찰은 다음과 같다.

① 신학적 개념

재림 신앙은 새 하늘과 새 땅으로 나타날 하나님의 나라에 대한 간절한 소망과 신앙이다. 천년왕국 이전에 예수님이 재림하셔서 성도들과 함께 천년 동안 왕 노릇 하시다가 그 후에 영원한 하나님의 나라가 이루어진다는 전천년설은 오늘을 살아가는 성도의 희망의 원천이며 선교의 동력이 된다. 또한 재림 신앙은 내세에서의 보상에 대한 기대와 함께 현세에서의 성결한 삶에 대한 하나의 동기가 된다.

19세기 후반의 만국성결연맹의 재림운동은 현실에 대한 부정적인 세계인식에서 출발하였다. 그 이유는 19세기 후반의 세계가 성경이 제시하는 말세의 징조와 일치한다고 보았기 때문이다. 인간의 이성으로 이 땅에서 하나님 나라를 이룰 수 있다는 낙관적인 세계관은 이제 이 땅은 하나님의 진노와 심판의 대상으로 부정적으로 해석되었다. 특히 남북전쟁을 통해 드러난 인간에 대한 부정적인 견해, 신신학의 소개와 산업화 및 도시화의 부정적 부산물 등이 요인이 되어, 이른바 주님의 재림으로 심판이 먼저 이루어지고, 후에 천년왕국이 건설된다는 전천년설이 풍미하였다. 특히 선교에 임박한 하나님의 역사 개입을 앞당기기 위한 일로 이해가 되었다. 무디의 부흥운동과 심프슨의 C&MA, 그리고 만국성결연맹과 동양선교회 등을 중심으로 한 19세기 말, 20세기 초의 선교운동은 그리스도의 재림과 그 재림을 위한 지상명령을 수행하는 절대적인 과업이었다. 재림운동은 이렇게 선교운동과 직접적인 연관을 갖게 되었다(성결교회신학(상), 149).

② 성경적 근거

하나님의 의는 인간을 위한 하나님의 구속의 행위들 속에서 가장 분명히 예시되며, 하나님은 그런 구속의 행위들을 통하여 그리스도 안에서 죄지은 인간과의 계약관계를 유지하시고 그에 따라 그 관계를 회복하신다. 반면 인간의 의란 그리스도 안에서 하나님의 구원의 행위를 믿고 받아들임으로써 인간은 하나님과의 회복된 계약관계를 받아들이는 것이다(성결교회신학(상)). 로마서 1장 17절 말씀을 통해서도 이를 확인해 볼 수 있다. "하나님의 의가 복음 속에 나타납니다. 이 일은 오로지 믿음에 근거하여 일어납니다. 이것은 성경에 기록한바 "의인은 믿음으로 살 것이다" 한 것과 같습니다." 성경을 통해 우리는 '정의'로운 하나님의 속성과 의의(그리스도를 통한) 유일한 원천이신 하나님을 알 수 있다. 그리고 정의에 대한 정의(定意)와 하나님의 명령을 배운다(창 18:18-19; 신 16:18-20; 신 32:4; 시 15:1,2; 24편; 33:5; 97:1,2; 89:14; 96:10-13; 98:7-9; 사 1:10-17; 5:7; 11:4-5; 사 32:15-17; 58:2-7; 렘 7:1-11; 암 5:21-24; 미 6:7-8; 말 4:2; 마 5:6, 10, 20, 45; 6:1, 33; 롬 10:3,10; 벧 2:24).

인간은 중생하여 의롭다 인정함을 받아 의인(義認)의 은총을 얻으며 자신의 죄(불의)를 회개하고 의로우신 하나님의 자녀, 백성이 된다(회심 回心). "그러므로 우리는 믿음으로 의롭다 하심을 받았으므로, 우리 주 예수 그리스도로 말미암아 하나님과 더불어 평화를 누리고 있습니다."(롬 5:1) 그리고 제2의 은총인 성결의 은총으로 죄의 뿌리가 뽑혀 하나님과 온전히 의롭게 되며, 의로우신 하나님과의 연합된 관계로 하나님 닮은 정의로운 삶을 통해 사랑을 실천하고 하나님 나라의 확장시킨다(요일 2:28–29). 성령 세례를 통해 의롭지 못한 자신에 대한 통회가 순간적인 은총으로 이루어질 뿐만 아니라, 성령의 도우심으로 하나님께서 원하시는 의인의 삶을 살아가면서 점진적 성결도 함께 동반된다. "우리를 구원하셨습니다. 그분이 그렇게 하신 것은, 우리가 행한 의로운 일 때문이 아니라, 그분의 자비하심을 따라 거듭나게 씻어주심과 성령으로 새롭게 해 주심으로 말미암은 것입니다."(딛 3:5)

③ 교육목회를 위한 통찰

교육목회를 위한 첫 번째 통찰은 '정의로운 삶'에 대한 것이다. 재림을 대망하며 살아갈 때에 정의에 대한 일반적인 정의를 비평하고, 성경적인 정의의 세계관을 형성하고 더 나아가 하나님을 닮은 정의로운 삶을 살 수 있도록 도우시는 성령의 역사를 경험하는 것이 중요하다. 정의로운 삶을 실천하고, 사회 정의, 사회 구원을 이루는 것은 성령의 역사로 가능하다.

교육목회를 위한 두 번째 통찰은 '선교적 비전'에 관한 것이다. 우리는 소망 중에 하나님의 나라를 이루기 위한 책임이 있으며, 그 나라는 예수 그리스도 안에 나타난 사랑과 정의가 넘치는 사회이다. 재림의 때에 공의로운 심판이 있으며, 그 때 공의로우신 하나님 나라가 완성된다는 것을 알고 선교적인 자세를 가지고 하나님의 성품을 따라 정의로운 삶을 살아가야 한다. 또한 교회는 종말론적인 하나님나라 선포에 더욱 관심을 가지고 선교 공동체로서의 사명을 감당해할 것이다. 요한계시록 19장 11절의 말씀을 생각하며 선교에 동참하는 삶을 살아야 할 것이다. "나는 또 하늘이 열려 있는 것을 보았습니다. 거기에 흰 말이 있었는데, '신실하신 분', '참되신 분'이라는 이름을 가지신 분이 그 위에 타고 계셨습니다. 그는 의로 심판하시고 싸우시는 분입니다"

4. 성도는 신앙을 어떻게 배우는가?

1) 성도는 신앙을 온몸을 통해 배운다(Bodily Knowing)

'배움(learning)은 어떻게 발생하는가?' '앎(knowing)은 어떻게 형성되는가?' 이러한 질문들은 교육과 관계된 분야에서 끊임없이 제기된다. 이 질문들의 중심부를 차지하는 것은 바로 인지(認知, cognition)에 대한 관심이다. 인지의 사전적 의미는 "어떤 사실을 인정하여 앎"이다. 인지는 정보를 획득하고 파악하여 활용하는 것과 관련된 행위이다. 그것의 본질은 판단이며, 판단을 통해 대상들을 구별하고 개념화하여 특징을 규정한다. 성결교회 BCM 교육과정을 개발함에 있어서도 인지는 중요한 주제가 된다. 그 이유는 BCM이 신앙적인 앎을 형성하도록 돕기 위한 교육적 사역이기 때문이다.

지금까지 기독교교육학 분야에서 '인지'는 주로 발달심리학적 측면에서 논의되어 왔다. 그 대표적인 예로, 인지를 발생학적 전제에서 동화(assimilation)와 조절(accommodation)의 과정을 중심으로 설명한 피아제(J. Piaget)의 인지발달이론을 들 수 있다. 골드만(Ronald Goldman)의 경우 아동기에서 청소년기까지의 종교적 사고(Religious Thinking)가 어떻게 발달해 가는지를 연구했다. 또한 오저(Fritz K. Oser)는 종교적 판단(Religious Judgement)을 발달적 시각에서 서술했다.

과거 모더니즘(Modernism) 시대에는 인지를 상징적 표상(symbolic representation) 위에서 일어나는 알고리듬 과정(algorithmic Process)으로 이해했다. 표상(representation)이란 원래 존재하는 것을 대신하는 존재를 말한다. 서양의 근대철학에 의하면 외부세계에 대한 지식이란 마음이, 이미 존재하는 외부세계를 대표하는 존재(심적 표상)를 감각지각이나 추상적 사고를 통해 마음속에 적절히 만들어내고 연결 짓는 과정이다. 또한 알고리듬이란 입력 내용이 단계를 따라 차례로 일어나는 변화를 의미한다. 이 개념에 의하면 인지는 입력된 정보가 일련의 단계를 거쳐 내면화되어가는 현상으로 이해된다. 모더니즘 시대에는 행위자의 존재론적 접근, 방법론적 실행, 그리고 기억작용의 임무에 관한 해석을 중심으로 인지과학이 전개된 것이다. 이러한 인지과학은 행위자의 주체와 대상의 이원론적 구조와 마음의 이원론적 구조를 전제하고 있다.

인지를 상징적 표상으로 보는 모더니즘적 입장에서는 인지를 다음과 같이 설명한다. 첫째, 인지현상이란 기호계산 즉, 규칙을 따르는 기호의 조작으로서의 정보처리다. 둘째, 계산의 작동은 분절적인 기능요소(기호)를 지원하고 조작할 수 있는 장치를 통해서 이루어진다. 체계는 기호의 의미가 아니라 형태(기호의 물리적 속성들)에만 작용한다. 셋째, 기호가 실재 세계의 모습을 올바로 표상할 때 그리고 정보처리가 체계에 주어진 문제를 성공적으로 해결할 때 인지체계가 제대로 작동하는지를 알 수 있다.

포스트모더니즘(Postmodernism) 시대에 들어서면서 인간에 대한 관점에 근본적인 변화가 일어났다. 인간에 대한 전일적(holistic) 관점이 우세해진 것이다. 그에 따라 인지에 대한 이해도 전인적이면서도 통합적인 시각이 강화되었다. 이러한 변화를 촉발시킨 대표적인 인물로 메를로-퐁티(Maurice Merleau-Ponty)를 들 수 있다. 그는 '체화'(embodiment)라는 말을 고안했다. 그의 개념은 철학적인 면과 경험적인 면을 함께 반영한 것이다. 체화는 이중적인 의미를 가지고 있는데, 그것들은 경험적인 구조와 인지기계로서의 몸이다. 퐁티에 의하면 인간의 몸은 경험하는 영역과 인지하는 영역의 이중적 영역을 가지고 있다. 체화된 인지를 하는 행위자는 외부의 정보 입력을 단순히 수동적으로 받고 소유하는 것이 아니다. 행위자는 순간적으로 나름대로 견해를 갖고 필요한 행동에 대해서 능동적으로 접근하는 작용을 한다. 퐁티가 말한 인지는 수동적인 주입식 정보의 저장이 아니라 능동적이고 적극적인 행동 과정이다.

인지에 대한 통합적이고 능동적인 관점이 강화됨에 따라 표상론에 대한 불만이 증가하였다. 전통적인 인지론이 오직 인지적 실재론의 한 갈래일 뿐이라는 것이다. 최근 연구되고 있는 두뇌 작용의 속성도 이러한 주장을 뒷받침한다. 근래에는 두뇌 작용의 속성이 창발(創發, Emergence)적이라는 관점이 우세하다. 창발이란 복잡한 체제의 부분들의 단순한 활동이 전혀 예상하지 못한 결과를 체제 전체에 일으키는 것을 의미한다.

두뇌의 해부학적 구조를 살펴보면 위의 내용을 쉽게 수긍할 수 있다. 뉴런(neuron)으로 구성된 연합체에서 협동적 상호작용은 끊임없이 출몰하고 맥락의존적인 방식으로 반응을 증가시킨다. 두뇌는 매우 상호협력적인 체계다. 이러한 상호협력은 국부적으로 그리고 동시에 총체적으로 벌어진다. 상호협력은 두뇌의 부분들뿐만 아니라 이 부분들이 연합된 상위 수준에서도 나타난다. 두뇌 전체는 시상, 해마, 피질 등과 같이 세포의 종류와 지역에 따라서 몇 개의 부분으로 나누어진다. 이 하위 부분들은 복잡한 세포망들의 집합으로 구성되어 있다. 하지만 세포망 자체도 서로 그물망 형식으로 연결되어 있다. 결과적으로 전 체계는 세밀한 패턴의 조화로 구성되어 있는 것이다. 신경망 구조의 특성상 그것과 연결된 모든 뉴런들이 상호충족 상태에 도달하면 전체적인 상호협력이 자발적으로 나타난다. 이런 체계는 자기조직화에 의해 운영되며 전체적인 움직임을 통제할 중앙처리장치를 필요로 하지 않는다. 오늘날 이런 현상은 창발적 또는 총체적 속성, 연결망 동력화, 비선형 연결망, 복합 체계 또는 상호공조체계(synergetics)라 불리고 있다.

이 현상은 주어진 물리적인 조건 아래의 연결망이 예상치 못한 새로운 속성을 만들어냄으로써 이루어진다.

이러한 관점에서 볼 때 인지와 신체는 밀접한 관련성이 있다. 즉, 인지는 단순히 두뇌에 의한 작용만은 아닌 것이다. 오히려 인간의 몸 전체가 인지에 관여한다. 그래서 최근에 인지과학에서는 체화된 마음(embodied mind)라는 개념이 활발하게 논의되고 있는 것이다. 인간의 마음(정신)은 사유작용을 하는 것으로서 몸으로부터 별개의 존재가 아니라 뇌(몸)와 정신과 관계성이 융합되어 있는 것으로 보는 것이다. 체화된 마음 이론을 주장하는 학자로서 시겔(Daniel Siegel)이 있다. 그는 몸과 마음과 관계성의 통합적인 인간이해를 주장했다. 시겔에 의하면 어떤 사실을 인지한다는 것은 마음 작용으로만 하는 것이 아니다. 뇌의 신경 작용과 해석 작용을 하는 마음은 그 외의 것들과의 관계에서 복합적으로 일어나는 것이다. 시겔은 마음의 해석 작용을 자기 조정(self-regulation)이라고 했다.

체화된 인지라는 관점에서 볼 때 배움은 어떻게 발생하는가? 현재 두 개의 중요한 학습 규칙이 연구되고 있다. 첫째는 상호연결(correlation)에 의한 학습이다. 한 체계에 여러 입력이 학습사례로 주어지고, 체계는 그 입력을 통해서 새로운 사례들을 감당할 성향을 습득하게 된다. 둘째는 복사(copying)에 의한 학습이다. 모범적 사례를 모델로서 제공받음으로써 학습하게 되는 방식이다. 이 전략은 예전에 로젠블랫(Frank Rosenblatt)이 그의 퍼셉트론(Perception+tron)을 통해 제창한 것이기도 하다. 이것이 최근에는 역확산(backpropagation)이라는 용어로 알려지고 있다. 이 학습기법에서는 신경망의 내부를 구성하는 신경단위들의 연결의 변화가 신경망 전체의 출력과 우리가 기대하는 출력 사이의 차이가 최소화되도록 조정한다.

그렇다면, 체화된 인지(또는 마음)라는 관점이 신앙적인 부분에도 적용될 수 있는가? 우리는 바버(Ian G. Barbour)의 견해로부터 그 가능성을 엿볼 수 있게 된다. 그는 『과학이 종교를 만날 때』에서 인간 본성에 대한 여러 가지 견해들을 나름의 관점으로 정리했다. 그리고 최근의 신학과 과학 모두 인간은 생물학적 유기체인 동시에 책임지는 자아이면서 여러 수준에 걸쳐 지닌 심신 통일체라는 견해를 지지하고 있다고 했다. 바버가 보기에 인간의 뇌에서 이루어지는 인지가 일종의 정보처리기의 역할을 담당하기도 하지만, 컴퓨터와 달리 자아가 통일된 하나의 실체였던 것이다.

바버의 견해처럼 인간이 심신의 통일체라면, 성결한 그리스도의 몸 교육 목회의 모든 방식들은 '체화'를 염두에 둔 것으로 전환되어야 한다. 학습자의 머리뿐만 아니라 몸 전체를 통해 알도록 돕는 교육사역이 되어야 한다는 의미다. 사실, 지금까지의 교회교육은 많이 알고 이해하면 신앙적인 삶을 잘 살 수 있을 것이라는 전제에 의해 이루어져왔다. 그런데 문제는 그 '많이 알고 이해한다.'는 것의 수준 또는 범위에 관한 것이다. 모더니즘적인 관점에서는 인지를 정보처리의 수준에서만 이해했다. 이 관점에 의한 교회교육에서는 단지 학습자들에게 많은 정보가 뇌에 잘 입력되도록 돕는 일에만 치중한다. 그러나 인간을 분절된 단위로 보는 것은 성경적인 인간이해에 부합되지 않는다.

웹-미첼(Brett P. Webb-Mitchell)은 교회교육에서 학습자들을 분절된 단위로 보는 방식에 대해 비판했다. 그러면서 지금까지 대부분의 교회에서 이루어진 교육방식으로는 전인적이며 관계적인 앎이 형성되기 어렵다고 했다. 그 이유는 이러한 교회교육이 모더니즘적이기 때문이라는 것이다. 그는 모더니즘의 선두에 섰던 데카르트(René Descartes)는 인간의 몸과 영에 대한 이원적인 이해를 했는데, 그의 관점이 오늘날까지 영향을 미치고 있다고 설명했다. 데카르트는 생각하는 고로 존재하는 나를 정신(mind)으로 보았다. 이러한 이원적인 사고에 의하면 정신은 몸과 대치된다. 근대적 사고에 의하면 몸은 단지 하나의 기계에 불과하다. 그러나 웹-미첼은 인간은 유기적인 존재임을 강조했다. 몸은 정신이나 영과 분리될 수 없다. 몸은 생각, 감정, 그리고 하나님의 영에 의해 영향을 받기도 한다. 웹-미첼은 기독교인들을 교육하는데 있어서 몸의 중요성이 강조되어야 한다고 했다. 그리고 그리스도의 몸 안에서 우리의 몸, 정신, 영혼의 풍성한 합일이 주된 관건이 될 것이라고 주장했다.

인간의 몸, 정신, 영은 믿을 수 없을 정도로 결합(union)되어 있어서, 서로로부터 분리될 수 없다. 모더니즘적인 사고에 익숙한 우리는 인간의 몸, 정신, 영을 분리해서 생각하려는 경향이 있다. 그러나 이러한 구분은 몸에 대한 바울의 가르침에 역행하는 것이다. 바울은 인간의 육체(physical body)가 전인을 대표하고, 의지, 마음, 영, 정신 등을 포괄하는 것으로 보았다.

신앙적인 앎의 '체화'는 어떻게 이루어지는가? 김성원은 그 과정을 다음과 같이 설명했다.

체화된 종교성은 내러티브, 상징, 이미지 등의 관계적 지평융합에서 창발적으로 일어난다. 기독교영성은 성경의 지평과 인간의 지평이 대면하면서 지평융합이 일어날 때에 체화된 종교성을 창발시킨다. 지평융합에 의해 생성된 체화된 종교성은 성경정보의 수집이나 성경지식의 축적에만 국한되어 일어나는 것이 아니다. 체화된 영성은 전인적 자아의 봉합적 관계성에서 창발적인 깨달음이 일어나는 것이다. 단순한 감각정보보다 데이터의 축적에 근거해서만 일어나는 것이 아니다. 이전에 가지지 못했던 전반적인 변혁적 현상이 창발적으로 일어나는 것이다.(김성원(2014)의 "체화된 종교성"에 관한 연구." 중에서)

그렇다면, 신앙적 앎이 체화의 수준에 이르도록 돕기 위한 방법은 무엇인가? 우리는 성만찬의 경우에서 이와 관련된 통찰을 얻을 수 있다. 성만찬은 예수님의 마지막 만찬 사건을 기념하면서 전인이 관계적으로 참여하는 것이다. 상징적인 떡과 포도주를 취하면서 몸과 마음과 관계적으로 참여하는 것은 체화된 종교적 행위를 도모하는 것이다.

2) 성도는 신앙을 공동체적 나눔을 통해 배운다(Communal Sharing)

앞에서 논의한 '체화된 인지'에 대한 내용은 주로 각 개인의 배움과 앎의 형성과 관련된다. 교회가 이러한 전인적, 관계적, 창발적인 학습이 발생되도록 돕는 방법은 무엇인가? 지금까지의 교회교육 방식으로 체화된 인지를 촉진할 수 있겠는가?

우리들이 받아온 교육은 소위 웨스터호프(John H. Westerhoff III)가 언급한 학교-수업식 패러다임(Schooling-instruction paradigm)이었다. 웨스터호프는 그의 명저 『Will Our Children Have Faith?』에서 "교회교육의 기초가 흔들리고 있다"는 표현을 통하여 교회교육의 위기를 지적했다. 그러면서 그는 그 문제가 어떤 교회교육 프로그램에 원인이 있는 것이 아니라고 했다. 문제는 교회의 교육적 사역의 근거를 이루고 있는 패러다임 또는 모형(model) 즉, 교육을 안내하는 준거 틀에 있다고 설명했다. 웨스터호프가 지적한 패러다임의 문제는 교회교육을 일반교육의 틀에 넣었다는 점에 있었다. 학교-수업식 패러다임에 의한 교육은 변화되는 삶의 정황을 무시하게 하고, 종교적 사회화(religious socialization)의 잠재적 교육과정(hidden curriculum)을 고려하지 않게 만드는 한계점이 있다.

학교-수업식 교육에서 학습자들은 다른 학습자와의 소통이 없는 상태로 나란히 앉아 있는다. 그리고 인내심 있게 정보를 받아들이면서 뇌에 저장을 한다. 학습자들은 반복되는 훈련을 하고, 기계적인 암기를 하며, 숙제를 한다. 프레이리(Paulo Freire)는 이러한 방식의 교육을 '은행식 개념'(banking concept)이라고 했다. 그러면서 그는 이렇게 비인간화(dehumanizing)된 교육방식으로는 인간의 삶과 지식 사이의 연결이 이루어지지 않는다고 비판했다. 특히 이러한 교육방식은 공동체적 관계성이 철저하게 무시되었다는 점에서 심각한 문제가 있다.

위와 같은 문제점과 관련하여 웹-미첼은 매우 유용한 대안을 제시했다.

그는 교회 자체가 교육이라는 의미에서 "그리스도의 몸인 교회는 학교다." 라고 선언했다. 이 말의 의미는 교회가 학교와 같은 시스템이 되어야 한다는 뜻이 아니다. 이 말은 교회는 지상에 있는 형상화된 그리스도의 몸이고, 모든 그리스도인들을 교육하는 맥락(context)이기에, 따라서 교회는 교육이라는 의미다(the church is education).

위와 같은 관점에서 웹-미첼은 교회교육이 방향전환을 해야 함을 주장했다. 그는 그리스도의 몸이라는 공동체를 가장 우선적인 신앙교육의 맥락으로 여겨야 한다고 했다. 그리고 그리스도의 몸으로서의 교회에 관한 바울서신의 관점에서 보았을 때 우리의 교육은 '나' 대신에 '우리'라는 것으로 변화될 필요가 있다고 했다. 개인은 그리스도의 몸의 지체로서의 '나'로 여겨져야 한다. 현재의 교회교육은 극도의 개인주의 또는 이기주의에 치우쳐 있다. 그는 개인에게 초점을 두는 것으로부터 교회적인 의식(consciousness)으로의 확장을 제안했다.

웹-미첼의 주장에서 각 개인에게 기독교적 지식을 전수하는 교육으로부터 공동체 안에서의 관계적 상호작용을 통한 체화된 앎을 형성하도록 돕는 교육으로 전환되어야 함을 알 수 있다. 이러한 전환은 사실, 예수님께서 하신 공동체적 사역과 맥을 같이한다고 볼 수 있다.

뉴비긴(Lesslie Newbegin)은 교회 자체가 교육적 기능을 가지고 있다는 점과 관하여 매우 명쾌한 설명을 했다.

예수께서는 책을 쓰지 않고 공동체를 형성하셨다. 이 공동체의 중심에는 그분의 말씀과 행위를 기억하고 재연하는 일과 그분이 제정한 성례가 자리 잡고 있는데, 이를 매개로 새로운 신자가 교회에 편입되고, 그분의 부서진 몸과 흘린 피를 통해 부활의 생명에 동참함으로써 생명이 계속 새롭게 되는 일이 일어난다. 이 공동체는 그분 안에서 그리고 그분을 위하여 존재한다. 그분이 그 삶의 중심이다. 교회가 그 본질에 충실할 경우 그분의 성품을 반영하게끔 되어 있다. 교회의 특성은 그 구성원에 의해 만들어지는 것이 아니다. 교회가 자기 소명에 충실할 때에는 남녀노소 모두가 세상을 이해하고 또 세상에 대처할 수 있는 '렌즈', 곧 이해의 틀을 복음 안에서 발견하게 된다(뉴비긴의 『다원주의 사회에서의 복음』 중에서).

웹-미첼이나 뉴비긴의 경우 교회에 내재된 교육적 기능을 성경적·신학적 관점에 근거해서 설명하였다. 그렇다면 기독교교육적인 측면에서 보았을 때, 교회의 공동체적 특성 자체가 지닌 교육적인 영향력이 어떻게 설명될 수 있는가? 코우(George Albert Coe), 넬슨(C. Ellis Nelson), 웨스터호프, 마탈러(Bernard Marthaler) 등의 관점에서 보았을 때, 그리스도의 몸인 교회의 유기적 특성에 의한 영향력은 '사회화'(socialization) 또는 '문화화'(enculturation)라는 용어로 설명될 수 있을 것이다.

웨스터호프는 우리가 신자들에게 종교(religion)와 신앙(faith) 중 무엇을 가르치고자 하는지를 분명히 해야 한다고 지적했다. 그 이유는 성경에 대해 배우는 것과 그리스도의 제자로서 사는 것 사이에 큰 차이가 존재하기 때문이다. 우리는 종교적 지식에 의해 구원을 받지 않는다. 우리는 신앙에 의해 구원을 받는다. 따라서 우리는 교회에서 신앙에 대해 가르쳐야 한다. 그런데 신앙은 어떤 교수방법에 의해 가르쳐질 수 없는 것이다. 신앙은 다만 신앙공동체 안에서만 얻게 될 수 있는 것이다. 웨스터호프는 인간이 본질적으로 공동체적 존재라고 했다. 심지어 웨스터호프는 혼자서는 인간(human)도 기독교인(Christian)도 될 수 없다고 까지 말했다. 그러면서 그는 '공동체의 신앙-문화화 패러다임'(a community of faith enculturation paradigm)을 제시했다. 이러한 패러다임은 잠재적인 교육과정(hidden curriculum), 종교적 사회화, 대화적인 관계, 동등한 상호작용, 공동체 안에서의 나눔을 중시한다. 웨스터호프에 의하면 교회의 모든 생활 자체가 기독교적 학습이 발생하는 시간과 장소를 제공하는 것으로 이해된다.

복음주의 기독교교육학자 리처드(Lawrence O. Richard) 역시 교회의 본질에 기초하여 교회중심의 교육이론을 주장했다. 그는 교회가 조직체(organization)와 구별되는 생명을 지닌 유기체(organism)라고 했다. 유기체로서의 신앙공동체인 교회에는 관계성(relationship)이 존재한다고 하며, 유기적인 관계 속에서의 일치와 나눔과 협력을 통한 성장을 중시했다. 리처드에 의하면 교회교육의 우선적인 과제는 학교식 교육에 의한 단순한 성경적 가르침이나 지식의 습득이 아니다. 하나의 몸(the Body of Christ), 곧 이 세상에서 그리스도의 인격을 닮은 공동체를 형성하는 일이다.

위와 같은 사회화 또는 문화화의 패러다임에서 작용되는 핵심적인 기제는 무엇일까? 리차드의 경우, 그리스도의 몸 된 교회에서의 양육을 위한 중요한 방법으로서 전인격적인 모범을 제안했다. 웹-미첼의 경우도 그리스도를 닮은 행위방식을 배우는 핵심이 모방(imitation)이라고 했다. 그러면서 의도적인 모방이 모든 학습이론의 가장 중요한 기반이 된다고 했다.

신앙공동체 이론이 주는 통찰은 성결교회의 목회적 전통과도 밀접한 관련성이 있는 것으로 여겨진다. 성결교회는 웨슬리안(Wesleyan) 성결운동의 전통에 서 있다. 이명직의 『조선야소교동양선교회성결교회 약사』는 한국성결교회의 역사를 이해하기 위한 주요 자료들 중 하나다. 이명직은 이 책에서 성결교회가 동양선교회의 선교로 시작되었다고 했다. 그리고 동양선교회는 웨슬리(John Wesley)를 이어 일어난 감리교회와 같이 중생, 성결, 신유, 재림을 고조하여 전파하기 위해 생긴 단체라고 설명했다. 본 모형 개발을 위해 고찰해야 내용 가운데 웨슬리안 성결운동의 전통이 있다. 성결교회의 전통 가운데 신앙공동체론과 가장 밀접한 관련성이 있는 것은 공동체를 활용한 목회에 관한 것이다.

소그룹 등의 공동체를 적극적으로 활용하는 것은 성결교회의 주요 역사적 전통 중 하나다. 스나이더(Howard A. Snyder)는 웨슬리가 창안한 메소디즘(Methodism) 제도가 공동체 내에서의 제자 훈련을 위한 시스템(a system of discipline-in-community)이었다고 설명했다. 메소디즘 제도는 다음과 같았다: ① 신도회(The Society)는 기도, 교제, 말씀, 그리고 돌봄을 위한 소그룹 모임으로서 웨슬리의 직접적인 감독 하에 운영되었다. 신도회 안에는 조와 속회가 포함되어 있었다. ② 속회(The Class Meeting)는 원래 브리스톨(Bristol)이라는 지역에 있는 예배당의 빚을 갚기 위한 12명 정도의 후원모임으로 시작되었는데, 후에 이웃들과 함께 하는 가정교회와 같은 모임이 되었다. 속회는 주 1회의 모임을 가졌으며 교제와 훈련을 했다. ③ 조(The Band)는 한 지도자가 돌볼 수 있을 정도의 밀접한 관계를 형성하는 모임으로 새신자의 정착을 도왔다. 조는 속회의 유지를 위해 중요한 기능을 했는데, 연령, 성별, 결혼의 여부에 따라 세분화되었다. 조는 주 1회 모여 기도와 나눔을 했는데, 1880년경 사라졌다.

〈속회 모임 장면〉

위와 같은 웨슬리의 소그룹 활용은 그의 공동체 경험에서 비롯되었다. 웨슬리는 성장과정에서 공동체적 생활과 훈련을 경험했다. 웨슬리는 가정에서 어머니(Susana Wesley)로부터 엄격한 신앙 교육을 받았다. 그리고 그는 옥스퍼드 대학의 신성클럽(Holy Club) 활동에 참여하면서 경건 훈련과 성결의 실천을 강조하는 모임을 경험했다. 특히 모라비안(Moravian) 교도들과의 영적인 사귐을 통해 웨슬리는 구원의 확증을 갖게 되었고, 경건주의 공동체를 깊이 체험하게 되었다.

그러나 모라비안과 웨슬리의 생각이 모두 일치했던 것은 아니다. 스나이더에 의하면, 특히 웨슬리는 모라비안이 교회의 성례전적인 면을 중시하지 않는다는 점을 비판했다. 그리고 모라비안의 내면 지향적인 영성이 기독교인의 윤리적 삶의 영역에까지 확대되지 못하고 있다는 점을 문제시했다. 구원에 관한 협동설(Synergism)에서도 차이가 났다. 웨슬리는 엄격한 칼빈주의적 입장에 반대했고, 보다 알미니안(Arminian)적인 견해를 선택했다. 웨슬리는 매우 분명하게 구원이 은총에 의한 것임을 강조했다. 그러면서도 동시에 하나님께서 인간으로 하여금 구원의 역사 즉, 하나님의 형상을 회복하는 일에 있어서 은혜로 말미암아 성령과 협력할 수 있게 하신다고 주장했다.

왓슨(David L. Watson)은 웨슬리의 소그룹 공동체 활용이 그의 교회관에 기초한 것이라고 설명했다. 웨슬리의 신학적 교회관은 '교회 안의 작은 교회'(ecclesiola in ecclesia)에 기반을 두었다. 웨슬리는 그가 섬기는 공동체들을 영국 국교회로부터 분리하지 않으려고 노력했다. 그는 공동체들을 하나의 종파(sect)나 교회(church)가 아닌 신도회(society)로 불렀다. 이것은 웨슬리가 그 공동체들을 영국 국교회 내의 신앙공동체 모임으로 존재하기 원했음을 보여준다. 웨슬리가 기대한 것은 제도적 교회에 긴장을 불러일으키는 작은 공동체들, 교회를 교회 되게 하는 작은 교회 모임들이었다. 웨슬리의 소그룹 활용은 그가 보여 준 목회의 모범들 가운데서도 많은 주목을 받고 있다. 최근 활발하게 논의되고 있는 소그룹 목회, 가정교회, 그리고 셀교회 등이 '교회 안의 작은 교회'인 소그룹 운동의 연장선에 있는 것으로, 웨슬리안 전통의 영향력을 단적으로 보여주는 예라 할 수 있다.

스나이더는 소그룹 구조가 지닌 장점을 다음과 같이 제시하였다: ① 소그룹은 유연성이 있다. 모임의 규모가 작기 때문에 변화하는 상황이나 상이한 목표를 위해 진행 방향이나 기능을 쉽게 바꿀 수 있다. ② 소그룹은 유동성이 있다. 소그룹은 가정, 사무실, 상점 등 어느 곳에서든지 모임이 가능하다. ③ 소그룹은 포괄적이다. 소그룹은 모든 종류의 사람들에 대한 기꺼운 개방성을 보여준다. ④ 소그룹은 인격적이어서 그 안에서 인격적인 대화가 가능하다. ⑤ 소그룹은 분할에 의해 마치 살아있는 세포처럼 증가할 수 있다. ⑥ 소그룹은 효과적인 전도의 수단이 될 수 있다. 소그룹의 진정한 사귐을 통해 신앙이 빨리 전파될 수 있다. ⑦ 소그룹은 최소한의 전문적인 리더십을 필요로 한다. ⑧ 소그룹은 제도적인 교회에도 적용이 가능하다.

3) 성도는 신앙을 선교적 실천을 통해 배운다(Missional Living)

교회는 그리스도의 몸으로서 그 자체가 지체들을 돌보고 양육하는 기능을 한다는 점을 살펴보았다. 그렇다면, 교회는 구성원들의 신앙 성숙을 돕는 일로 그 사명을 다했다고 볼 수 있는가? 교회가 필수적으로 감당해야 하는 사명은 무엇인가?

하나님께서 교회에 부여하신 사명을 제대로 이해하기 위해서는 교회가 처한 거시적인 맥락으로 시야를 확대해야 한다. 미시적인 관점에서 보았을 때, 교회의 정체성은 구성원들의 구원과 성숙을 위해 일하는 공동체로 이해된다. 반면, 사회 속의 교회라는 거시적인 관점에서 보았을 때, 교회의 정체성은 본향을 향해 걸어가는 나그네들의 모임으로 이해된다. 바울은 그리스도인들의 정체성을 다음과 같이 표현했다. "그러나 우리의 시민권은 하늘에 있습니다. 그곳으로부터 우리는 구주로 오실 주 예수 그리스도를 기다리고 있습니다."(빌 3:20) 바울은 고린도나 로마나 빌립보 등에 사는 성도들이 그 땅의 현실적인 시민권을 가지고 살아감을 인정했다. 그러나 동시에 바울은 그들이 하늘의 시민권을 가진 자로서의 정체성을 잊지 말 것을 당부한 것이다. 이와 유사한 관점에서 프라이센(Duane K. Friesen)은 그리스도인들의 실존을 이중적 시민권(dual citizenship)으로 표현했다. 그는 그리스도인들이 이 땅의 시민이면서 동시에 외국인으로서 살아가고 있다고 했다. 그러한 그리스도인들의 딜레마는 어느 한 시민권을 위해 다른 하나를 포기하기가 매우 어렵다는데 있다는 것이다. 각 시민권은 각기 다른 의무를 부과한다. 그런데 이 의무들은 서로 상충될 때가 많다. 그래서 거류 외국인(resident aliens)으로서 살아가는 그리스도인들에게는 늘 불편함이 있다고 했다. 하우어워스(Stanley Hauerwas)와 윌리몬(William H. Willimon) 역시 그리스도인들을 거류 외국인이라고 했다. 그러면서 나그네 된 거류민들의 모임인 교회가 마치 하늘나라의 식민지(colony of heaven)와 같다고 했다. 그런데 그 식민지는 요새화된 진지가 아니다. 그저 예수를 따라가기 위해 모험하며 애쓰는 나그네들의 공동체인 것이다. 교회는 마치 타문화라는 바다 한가운데 있는 문화의 섬이다.

그렇다면, 교회가 처해 있는 세상은 어떤 곳인가? 그리스도인과 교회는 세상 가운데 존재하며 영향을 주고받는다. 그러나 그리스도인들과 교회에게 세상은 불편한 곳이다. 그 이유는 하나님 나라의 관점과 세상의 관점이 다르기 때문이다. 그래서 신약성경은 사도들의 메시지와 이 세상의 지혜가 서로 근본적으로 상충된다고 거듭해서 강조한다. "그러나 우리는 성숙한 사람들 가운데서는 지혜를 말합니다. 그런데 이 지혜는, 이 세상의 지혜나 멸망하여 버릴 자들인 이 세상 통치자들의 지혜가 아닙니다."(고전 2:6) "이 세상은 그 지혜로 하나님을 알지 못하였습니다. 하나님의 지혜가 그렇게 되도록 한 것입니다."(고전 1:21)

하나님 나라와 세상의 관점은 서로를 향해 침투하여 영향력을 행사하려는 경향이 있다. 이 두 세계관은 명확하게 구분되는 동시에 상대방을 향한 확산력을 지닌다. 이러한 확산력의 근본적인 동력은 세계관이 지닌 공유적 성격에 있다. 왈쉬(Brian J. Walsh)와 미들튼(J. Richard Middleton)은 세계관에 대해 연구한 학자들이다. 그들은 세계관이 개인에게 한정되어 존재할 수 없다고 했다. 마치 문화처럼 세계관은 공유되는(shared) 성향이 있다는 것이다. 이 점에서 보았을 때 세계관은 본질적으로 공동사회의(communal) 것으로 여겨진다. 이처럼 교회는 세상 속에 자리하면서 세상과 긴장적 관계를 유지하고 있다. 거시적인 맥락에서의 교회의 사명은 이러한 긴장적 상황에서 발생된다.

그렇다면, 교회와 세상 간의 긴장적 관계의 핵심은 무엇이겠는가? 이에 대한 단서가 에베소서 6장 12절의 경고문에서 발견된다. "우리의 싸움은 인간을 적대자로 상대하는 것이 아니라, 통치자들과 권세자들과 이 어두운 세계의 지배자들과 하늘에 있는 악한 영들을 상대로 하는 것입니다."(NIV 버전: "For our struggle is not against flesh and blood, but against the rulers, against the authorities, against the powers of this dark world and against the spiritual forces of evil in the heavenly realms.")

교회와 세상 간의 비타협적 갈등의 근원에는 하나님에 대한 인정 여부의 문제가 있다. 하나님을 인정하지 않는다는 것은 곧 우상숭배자가 됨을 의미한다. 라이트(Christopher J. H. Wright)는 하나님의 선교라는 관점으로 성경의 내러티브들을 파악하려는 창의적인 시도를 했다. 그는 성경의 처음 부분에서 모든 실재에 대한 명확한 구분이 나타난다고 했다. 이 세상에는 창조자와 피조물이라는 두 존재가 있다. 라이트는 이러한 본질적인 존재론적 이원성이 성경적 세계관의 기초를 이룬다고 했다. 우상숭배의 뿌리는 하나님의 하나님 되심과 하나님의 도덕적 권위가 최종적임을 거부하는 것이다. 그래서 우상숭배자들은 피조물을 하나님의 자리에 올리고자 한다. 그리고 하나님의 능력을 조정 또는 강요함으로 하나님을 제한하고 축소시키고 통제하려고 한다. 성경에는 다양한 종류의 우상들이 제시되어 있다: ① 우리를 미혹하는 것들, ② 우리가 두려워하는 것들, ③ 우리가 필요로 하는 것들, ④ 우리를 유혹하는 것들.

그렇다면 낯선 거류민들의 공동체인 교회의 사명은 무엇인가? 먼저, 교회는 세상에 대한 사명을 견고히 해야 한다. 교회는 이 세상과 관점을 달리

하는 이질적인 섬과 같은 공동체로 존재한다. 그러나 교회는 이질적으로 고립되기만 할 수 없다. 그 이유는 교회가 하나님의 원대한 계획을 실현하기 위한 에이전트(agent, 대리자)로 이 땅에 존재하기 때문이다. 교회는 하나님은 하늘과 땅에 있는 모든 것들을 화해시키는 사역을 교회에 주셨음을 인식해야 한다. 그리고 역사를 관통하는 하나님의 인격적 행위를 증언해야 한다. 이 때 교회는 자신들이 선교의 주체가 아니라 단지 에이전트일 뿐임을 명확하게 인식할 필요가 있다. 선교는 삼위 하나님의 사역이다. 성령님의 능력으로 행하고, 권능의 사역을 수행하고, 새 시대의 징조를 창조하고, 사람들의 마음속에 은밀하게 역사하셔서 그들을 예수님에게로 인도하는 분은 바로 하나님이시다.

교회는 자신의 관점을 세상에 제시할 때 그들이 이해할 수 있는 형식으로 말해야 한다. 그러나 그 과정에서 원래의 목적을 상실해서는 안 된다. 교회의 궁극적인 사명은 예수를 현대적인 범주로 번역하는(translate) 것이 아니다. 세상으로 하여금 그분을 향하도록 변혁(transform)하는 것이다. 즉, 복음을 이 세상이 믿을 수 있도록 만드는 것이 아니라, 이 세상이 복음의 기준에 합당하도록 만드는 것이 교회의 사명이다. 세상을 향한 우상숭배에 대한 경고와 복음의 선포, 정의의 선포와 실천, 치유와 섬김의 노력 등은 모두 이와 같은 교회의 사명을 다하기 위한 일환인 것이다.

1. 성결교회 '성결한 그리스도의 몸(BCM)' 교육과정이 지향하는 이상적 인간 상은 '성결한 하나님의 사람'(딤전 6:11)이다. 성결교회의 교육이념인 '성결한 하나님의 사람'은 성결교회 '성결한 그리스도의 몸(BCM)' 교육과정의 궁극적인 목적이 된다. 따라서 이를 성취하기 위한 교육목회의 목표와 내용과 방법과 운영방식이 선정된다.

2. 성결교회 '성결한 그리스도의 몸(BCM)' 교육과정은 BCM 교육목회제도에 근거한다. BCM 교육목회제도는 교회를 그리스도의 몸으로 이해하고 그 유기적 특성을 중시한다. BCM 교육목회제도는 개인, 소그룹, 회중, 성경과 전통, 사회의 5가지 요소들이 밀접한 관련을 맺으며 영향을 주고받음에 주목한다. 또한 BCM 교육목회제도는 성결교회의 신학의 교육적 해석인 교단 교육신학을 반영한다. 따라서 성경을 비롯하여 중생, 성결, 신유, 재림의 사중복음과 연관된다.

3. 성결교회 '성결한 그리스도의 몸(BCM)' 교육과정은 현대 성도의 삶의 과제를 반영한다. 교단의 신학적 주제인 성경, 중생, 성결, 신유, 재림과 관련하여 현대 성도의 삶의 현황을 분석하였다. 그 결과 현대인은 무지(교만), 탐욕, 고립, 병듦, 불의의 삶을 살고 있었다. 그 대안으로서 성경과 교단 신학적 주제들에 기초하여 제안한 삶의 과제는 '지혜', '자족', '교제', '건강', '정의'의 삶이다. 새로운 교육과정의 교육 주제는 이러한 분석과 과제를 반영한다.

4. 성결교회 '성결한 그리스도의 몸(BCM)' 교육과정은 온몸으로 배울 수 있는 교육방식(Bodily Knowing)을 지향한다. 이것의 이론적 근거는 체화된 인지론이다. 이 이론은 인지와 신체의 밀접한 관계를 강조한다. 그리고 인간의 몸 전체가 인지에 관여한다고 주장한다. 성결교회 '성결한 그리스도의 몸(BCM)' 교육과정은 학습자들이 몸으로 배우고, 몸으로 알도록 교육내용과 방법을

구성한다.

5. 성결교회 '성결한 그리스도의 몸(BCM)' 교육과정은 신앙공동체 안에서 이루어지는 사회화(socialization)를 통한 교육방식(Communal Sharing)을 지향한다. 이것의 이론적 근거는 신앙공동체 교육론이다. 이 이론은 잠재적 교육과정(hidden curriculum)과 밀접하게 연관된다. 성결교회 '성결한 그리스도의 몸(BCM)' 교육과정은 회중모임이나 소그룹 모임에서 이루어지는 공동체적 나눔을 통해 이루어지는 상호작용과 그 영향력이 적극적으로 활용되도록 교육내용과 방법을 구성한다.

6. 성결교회 '성결한 그리스도의 몸(BCM)' 교육과정은 교회가 감당해야 하는 선교적 실천을 통해 배우는 교육방식(Missional Living)을 지향한다. 이것의 이론적 근거는 선교적 교회론이다. 교회는 사회 속에 존재하면서 본향을 향해 나아가는 나그네들의 모임이다. 동시에 교회는 세상 속에서 하나님의 원대한 계획을 실현하기 위한 에이전트로 이 땅에 존재한다. 성결교회 '성결한 그리스도의 몸(BCM)' 교육과정은 교회와 성도가 세상 가운데 실천하고 실현해야 할 일들을 반영한다.

앞에서는 성결교회 교육과정의 변천과정을 살펴보고 새로운 교육과정의 필요성과 방향에 대해 서술했다(제1부). 그리고 교육과정 개발을 위한 이론적 근거들을 검토했다(제2부). 제3부에서는 교육사역에 구체적으로 적용될 교육과정을 제시하고자 한다. 성결교회 BCM교육과정은 다음의 다섯 가지 요소들로 구성된다: ① 교육목적, 교육을 하는 이유(why), ② 교육내용, 무엇을 교육할 것인지를 선정하고 조직(what), ③ 교수-학습, 어떻게 가르치고 배우게 할 것인지를 묘사(how), ④ 교사와 학습자, 교육에 참여하는 사람들에 대해 설명(who), ⑤ 환경과 교육평가, 교육이 이루어지는 상황을 살피고 목적 달성정도를 확인(situation, evaluation).

제3부에서는 먼저 교육과정의 요소들을 포괄적으로 보여주는 교육과정 모형을 제시할 것이다. 그 후 교육과정의 각 요소에 대해 서술할 것이다.

1. 교육과정 모형

교육과정의 모형(模型, Model)은 교육의 주요 구성요소들과 그것들의 상호작용을 추상적으로 표현한 그림이다. 아래의 그림은 성결교회 '성결한 그리스도의 몸(BCM)' 교육과정의 모형이다. 이 모형을 통해서 우리는 교육목회의 전반적인 틀과 과정을 전체적으로 이해할 수 있게 된다.

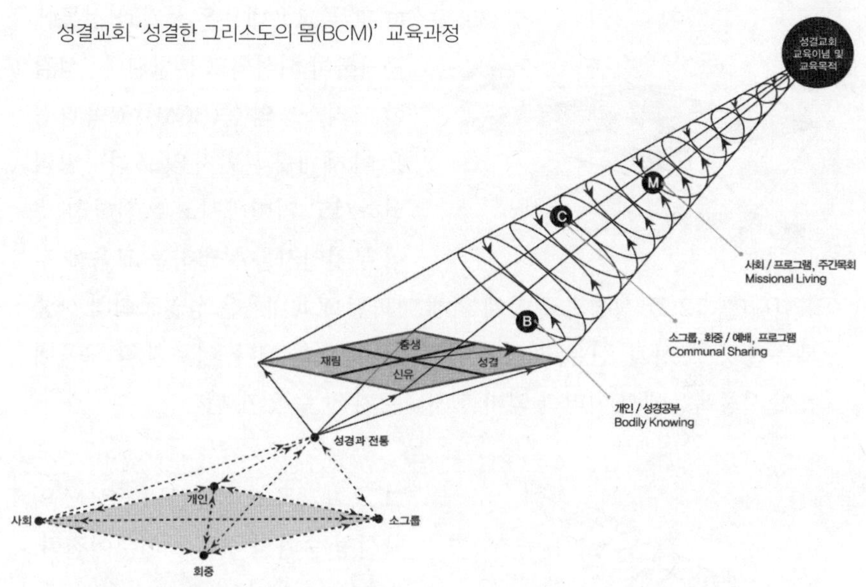

위 모형에 포함된 내용을 상세하게 살펴보면 다음과 같다.

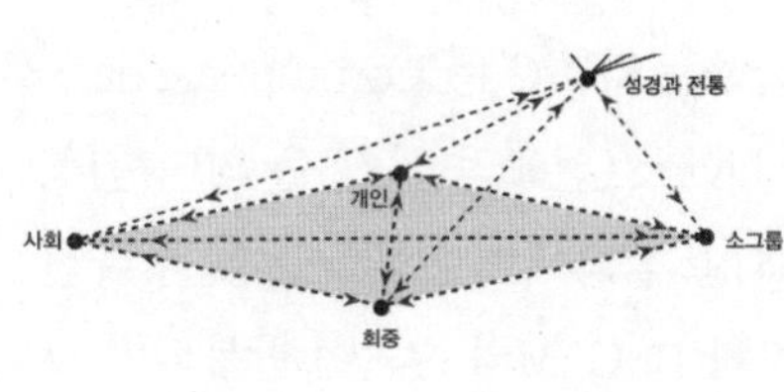

□ 교육과정의 기반은 BCM교육목회제도다. 왼쪽 그림에는 BCM의 유기적이고도 통합적인 관점이 반영되었다. 개인, 소그룹, 회중, 성경과 전통, 사회라는 요소들이 서로 긴밀하게 연관되어 영향력을 주고받는다. 5가지 요소들의 관계선 상에서 교육내용이 선정된다. 그리고 모든 교육내용이 유기적으로 연결되어 하나의 입체 즉, 사각뿔을 형성한다. 그런데, 사각뿔의 윗부분에 성경과 전통이 있다. 성경과 전통은 모든 교육내용에 관여되며 최종적인 권위를 갖는다.

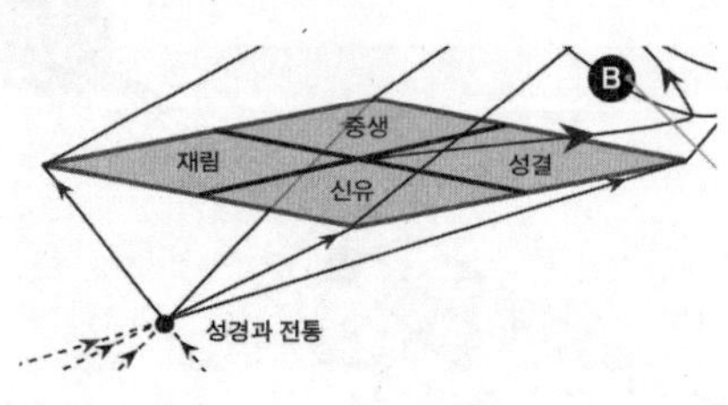

□ 모든 교육내용은 성경과 전통에 근거하여 해석되고 분별된다. '성결한 그리스도의 몸(BCM)' 교육과정은 이 세대를 본받지 않고 하나님의 선하시고 기뻐하시고 온전하신 뜻이 무엇인지를 분별하는 교육을 지향한다(롬 12:2). 성경과 전통에 의해 여과된 교육내용은 성결교회의 사중복음인 중생, 성결, 신유, 재림의 관점에서 영역화 된다. 이로써 각 교육내용이 사중복음에서 어떠한 의미를 지니는지 알 수 있게 된다.

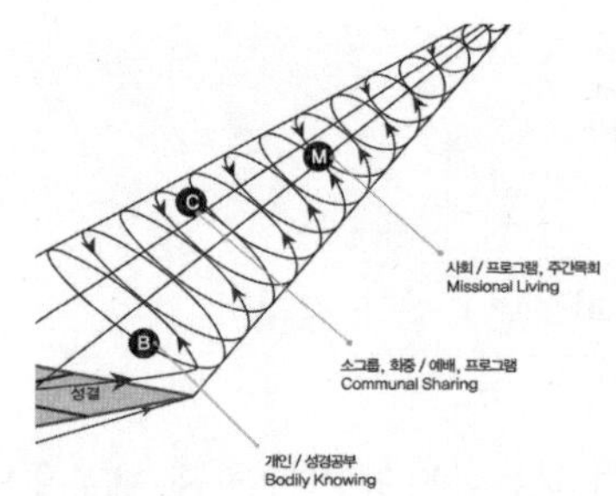

□ 교회교육의 실천은 'B-C-M'의 나선형 순환의 구조로 이루어진다. BCM은 원래 'the Body of Christ Model'의 이니셜로서 그리스도의 몸 모델이라는 뜻을 지닌다. 그런데, 모형에서 BCM은 또 다른 의미를 갖는다. 'B'는 'Bodily Knowing'(체득하는 앎), 'C'는 'Communal Sharing'(공동체적 나눔), 'M'은 'Missional Living'(선교적 실천)을 의미한다. 본 모형에서는 이 세 가지 영역이 반복되고 심화되며 확대되는 것을 나선형의 모양으로 상징화한다. 나선형을 따라 B-C-M의 순환이 반복되며 교육목회의 내용이 심화된다.

B-C-M의 순환은 여러 측면에서 설명될 수 있다. 첫째, B-C-M은 일주일이라는 측면에서의 의미를 지닌다. 개인은 교회에 나와서 성경과 전통을 배우고(B), 소그룹과 회중 공동체의 일원이 되어 교제와 나눔을 통해 주님의 몸 된 교회를 세우고 예배드리며(C), 세상을 변화시키며 하나님의 나라

를 이루어 간다(M). 둘째, B-C-M은 평생에 거친 신앙 여정이라는 차원에서의 의미를 지닌다. 개인은 예수님을 자기 전 존재의 구세주로 영접하고 그 은혜를 경험하여 제자로 살아가기를 결심한다(B). 그리고 그리스도의 몸 된 교회의 구성원이 되어 공동체적 삶을 살며 성장한다(C). 믿음이 성숙하게 된 그는 주님의 일꾼이 되어 세상 가운데서 거룩한 소명을 실천하는 자가 된다(M). 셋째, B-C-M은 교육목회의 과정이라는 차원에서의 의미를 지닌다. 교육목회는 각 개인에게 복음을 전하여 하나님의 자녀가 되게 하는 일로부터 시작된다(B). 그리고 몇 사람이 모이면, 코이노니아를 나누는 소그룹과 회중이 구성된다(C). 건강하게 성숙한 교회는 하나님의 에이전트로서 세상을 향한 선교와 봉사의 소명을 실천한다(M).

□ 왼쪽의 그림은 '성결한 그리스도의 몸(BCM)' 교육과정이 최종적으로 ,지향하는 바를 나타낸다. 이 교육과정이 추구하는 것은 성결교회 교육이념과 그것에 기반을 둔 교육목적의 실현이다.

2. 교육목적

교육의 궁극적인 목적은 사람에게 있다. 즉, 사람이 바람직한 상태로 성장하고 변화되는 것이 교육이 최종적으로 지향하는 바다. 이 때문에 교육과정을 설계함에서 바람직한 상태에 대한 개념 정립과 확인이 중요하다. 그것이 어떻게 규정되는가에 따라 교육의 성격, 내용, 방법, 평가 등이 달라지기 때문이다. 성결교회의 교육이념은 '성결한 하나님의 사람'(딤전 6:11)이다. 지금까지의 교육과정들은 성도들이 성결한 하나님의 사람이 되는 것을 궁극적인 취지로 삼아왔다.

성결교회의 교육이념인 '성결한 하나님의 사람'은 BCM교육목회 교육과정의 목적을 설정한 근거다. '성결한 그리스도의 몸(BCM)' 교육과정의 목적은 교육사역을 통해서 달성하고자 하는 도착점에서의 상태나 수준을 서술한 것이다. 성결교회 '성결한 그리스도의 몸(BCM)' 교육과정의 목적은 다음과 같다.

> "성령의 은혜로 성도가 회개하고 예수 그리스도를 믿어 중생함으로 그리스도의 몸 된 지체가 되어, 상호 교통하는 가운데 성경 말씀과 교회의 전통을 이해한다. 이로써 세상에서 성결하고 건강하게 살면서, 다시 오실 주님을 소망하며 거룩한 선교적 사명을 함께 실천하여 온전함을 이룬다."

"성령의 은혜로 성도가 회개하고 예수 그리스도를 믿어 중생함으로"

성결교회는 인간의 신앙적 변화가 성령의 능력에 의한다고 믿는다. 성령은 모든 것 곧 하나님의 깊은 것까지 통달하시는 분이시다(고전 2:10). 성령은 '개인'을 모든 진리 가운데로 인도하셔서 회개하게 하신다(요 16:13). 개인이 회개하고 예수 그리스도를 믿으면 중생하게 된다(롬 8:3). 성결교회의 사중복음 중 하나인 '중생'은 성령의 역사에 의해 영으로 거듭나서 영원한 새 생명을 얻는 것이다. 중생은 신앙 성장의 첫걸음이다. 중생의 과정에서 인간은 우상숭배적 경향성으로부터 돌이키게 된다. 우상이란 인간이 자기 자신을 구원하기 위해 만든 허망한 도구들이다. 사람은 특정 대상들을 지나치게 탐하고 의지하는 우상숭배적 경향이 있다. 그 대표적인 예로서 현대인들의 배금주의를 들 수 있다. 현대인들은 우상들에서 자기 구원의 방법을 찾는 삶의 방식을 회개해야 한다. 그리고 예수 그리스도를 믿어 중생함으로 예수를 주인과 구원자로 모시는 삶을 살아야 한다.

"그리스도의 몸 된 지체가 되어 상호 교통하는 가운데"

성결한 그리스도의 몸(BCM) 교육과정은 그리스도의 몸이라는 교회 개념을 중심으로 교회, 소그룹, 개인의 관계를 이해한다. BCM의 다섯 가지 요소들에 속하는 교회, 소그룹, 개인은 유기적인 한몸의 각기 다른 차원들로 이해될 수 있다. 각 개인은 예수 그리스도를 믿음으로 '중생' 한 후 성령의 능력으로 그리스도의 몸의 '지체'가 된다. 즉, 각 개인이 교회와 그 안에 있는 다양한 소그룹의 유기적 일원이 되는 것이다. 각 개인은 교회와 소그룹의 지체가 되었기에 생명을 공유하며 상호 교통한다. 이것이 바로 성도간의 교제다. 그리고 그 교제를 통해 성결의 보편적인 가치인 사랑이 공유된다. 그러나 안타깝게도 현대인들은 점차 관계성과 공동체성을 상실해 가고 있다. 마치 죄를 범한 인간이 하나님을 피해 숨었듯이(창 3:8), 현대인들은 서로를 외면한 채 자신에게 몰입하고 있다. 현대인의 고립과 자기중심성은 심각한 신앙적 문제이기도 하다. 지체를 사랑하지 않고 고립된 사람은 아직 사망에 머물러 있는 것이라는 성경 말씀은 현대인에게 엄중한 경고가 된다(요일 3:14). 성결교회 BCM 교육과정은 전적인 타자인 개인들이 한 몸을 이루어가는 것을 중요한 목표 중 하나로 삼는다.

"성경 말씀과 교회의 전통을 이해한다."

성결교회는 개신교회의 복음주의적 입장에 서 있다. 그래서 성결교회는 성경 말씀을 신앙생활의 중요한 표준으로 삼는다. 또한 성결교회는 개신교회의 역사적 흐름 가운데 형성된 복음적 전통을 존중한다. 이러한 전통 역시 신앙생활에 있어 요긴한 길잡이가 된다. 성경 말씀과 교회의 전통은

BCM의 다섯 가지 요소 중 하나다. 중생한 각 사람은 그리스도의 몸 된 지체로서 상호작용하는 가운데 성경 말씀과 교회의 전통을 이해하게 된다. 그런데 여기에서의 '이해'는 단지 수동적으로 답습하는 수준에 그쳐서는 안 된다. 성도들이 성경 말씀과 교회의 전통에 능동적으로 관심을 기울이도록 해야 한다. 그리고 교회와 소그룹 안에서 과거로부터의 연속성을 유지하는 가운데 성경 말씀과 전통이 지닌 현대적인 의미를 반성적으로 성찰하고 이를 통해 삶의 방향을 모색하도록 해야 한다.

"세상에서 성결하고 건강하게 살면서"

'성결한 그리스도의 몸(BCM)' 교육과정은 배움의 장을 가정과 교회에 국한하지 않고 성도의 삶의 현장인 사회와 세계를 포함하여 자연환경까지 확장한다. 오늘날의 복잡하고 다원화된 환경·생태계에서 죄로 인한 미움, 불안, 거짓, 탐욕, 중독, 파괴 및 분쟁에 물들지 않은 성도의 성결한 삶의 방식이 주위 사람들에게 본보기 될 수 있다. 한편, 어두운 세상이 복음의 빛으로 밝게 변화되려면 개인적 차원에서뿐만 아니라 전 교회적 차원에서 성령 충만이 원동력이 되어야 한다. 성결교회 성도는 고립되지 않은 신앙 공동체의 구성원으로서 항상 하나님의 말씀에 따라 몸과 마음을 정결하고 건강하게 유지하면서 복음의 능력으로 타락하고 병든 세상을 치유하고 회복하는 데 앞장선다.

"다시 오실 주님을 소망하며"

성결교회는 예수 그리스도의 재림이 전 성도들이 복음 전파의 사역을 적극적으로 준행함으로 도래한다고 믿는다. 종말의 때에 하나님의 심판은 이 땅에서의 신앙생활의 질과 청지기로서의 충성도에 대한 평가다. 그래서 신자들은 그가 겪는 인생의 위기와 고난의 순간에도 십자가 부활의 소망으로 지혜롭게 처한 상황을 극복하며, 그것을 오히려 전도의 기회로 삼는다. 또한 교회는 예배, 선포, 교육, 친교, 봉사의 각 영역에서의 본질적 사명을 내실화함으로서 신앙공동체를 활성화 할뿐만 아니라 기아, 난민, 소외된 사람, 환경, 전쟁의 문제에 대해 자성하고, 대사회적인 과제에 관심을 기울인다.

"거룩한 선교적 사명을 함께 실천하여"

성결교회의 전 성도는 예수 그리스도가 교회에 부탁하신 선교의 사명에 대해 책임감을 공유한다. 그래서 모두가 제자도 정신으로 세상 안으로 들어가 이웃과 이방인에게 구원의 복음을 전할 뿐 만아니라 중생과 성결의 은혜를 체험하고자 그들과 친밀한 관계를 맺는다. 구체적으로는 그들을 예배에의 참여로 부르고, 사회와 세상의 문제를 신앙의 눈으로 주의 깊게 성찰함으로써 하나님의 정의가 이 땅에 실현될 수 있는 방안을 공동으로 모색한다. 그리스도의 사랑이 온 세상 끝까지 확산되려면 교회 및 소그룹들이 문화적, 인종적, 사회 계급적 차이와 다름에 대한 인식을 바탕으로 배려하고, 격려해야 한다. 이 때 성령 안에서 교제하는 가운데 생기는 신앙의 확신이 서로를 지지해 준다. 이러한 연대하는 실천이 교회를 든든하게 세워 나간다.

"온전함을 이룬다."

'성결한 그리스도의 몸(BCM)' 교육과정의 인간상은 영, 혼, 육이 통전적으로 균형 잡힌 온전한 그리스도인을 상정한다. 또한 중생의 체험으로 인한 구원의 확신에서 시작된 하나님 자녀로서의 삶이 그의 전 생애에 걸쳐서 성결한 가치관과 생활 태도가 내면화 되고 인격화되는 것을 교육목표로 삼는다. 왜냐하면 신앙의 성숙은 순간적인 회심의 경험을 바탕으로 점진적인 성화의 과정을 밟아가는 평생교육을 통해 이루어지기 때문이다. 자연인을 교육함으로 이루는 이 온전성은 성령의 은혜에 기인한 성령 충만의 열매이며, 온전한 복음을 교육내용으로 삼은 전인적 구원의 결과로서 개인을 비롯하여 사회와 자연 세계에 까지 작용한다. 여기에는 그리스도의 몸을 생명력 있게 하는 영성 훈련이 지속적으로 병행되어야 한다.

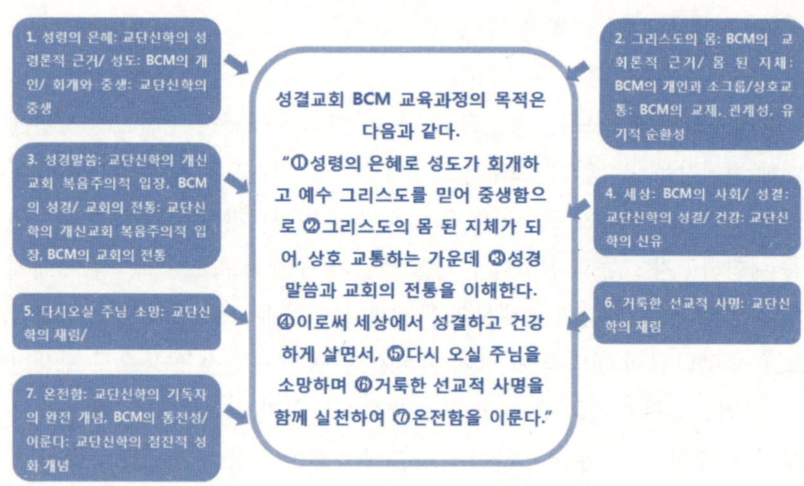

3. 교육내용

　교육내용으로 선정된 것들을 교육주제 부른다. 총 36개의 교육주제들이 교육내용으로서 선정되었다. 각 교육주제는 한 달 동안 적용된다. 교육주제들을 그 성격에 따라 중생, 성결, 신유, 재림의 사중복음 영역 중 하나에 소속된다. 그리고 각 영역을 고려하여 3개 년도에 배치된다.

1) 교육주제

'성결한 그리스도의 몸(BCM)' 교육과정은 BCM교육목회제도에 기반한다. 그래서 개인, 소그룹, 회중, 성경과 전통, 사회라는 다섯 가지 요소들 간의 상호작용을 중시한다. 그리고 어떠한 영향들이 이 상호작용을 통해 발휘되는지를 주목한다. 그 상호작용 속에서 교육목회의 내용으로 우선적으로 활용될 36개의 교육주제를 선정하게 된다. 그 과정을 그림으로 표현하면 다음과 같다.

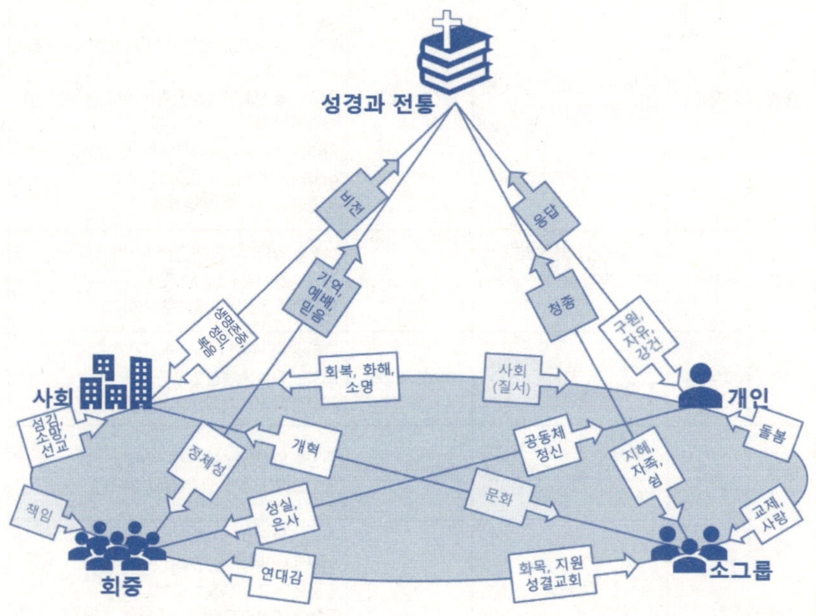

위 그림에서 나타나는 바와 같이 관계선상에서 36개의 교육주제들이 선정된다. 그 내용을 정리하면 아래의 표와 같다. 표에는 교육주제, 교육주제 정의, 관계선, 그리고 교육주제의 근거가 되는 성경말씀이 제시되었다.

영역	주제	주제 정의	관계선	성경말씀
중생	구원	죄를 회개하고 예수 그리스도를 믿음으로 거듭나서 영생을 얻고 하나님의 자녀가 된다.	성/전 ⇒ 개인	예수 그리스도를 믿는 자는 누구나 영생을 얻음(요 3:16) 죄사함(골 1:14), 의롭게 여겨짐(롬 3:24), 하나님의 자녀가 됨(롬 8:15). 죄를 지은 인간(창 3:1~24) 십자가 대속(누가복음 23:26~49⇒ 마 27:32-44, 막 15:21-32, 요 19:17-27) 회개와 영접(눅 19:1~10) 구원과 영생(요 3:16-17) 아담과 그리스도(롬 5:18)
중생	자족	하나님을 신뢰함으로 만족하며 살아간다.	성/전 ⇒ 소그룹	우리의 필요를 성실하게 공급해주시는 하나님(출 16) 하나님의 주권, 만물의 근원 되신 하나님 (대상 29:11-14) 하나님을 신뢰하기에 자족할 수 있음 (시 23:1; 합 3:17-18) 자녀를 먹이시고 입히시는 하나님 (마 6:19-34) 바울의 자족하는 삶 (빌 4:11-12) 경건을 통한 자족 (딤전 6:3-19)
중생	지혜	하나님을 경외함으로써 말씀으로부터 삶의 분별력을 배운다.	성/전 ⇒ 소그룹	여호와 경외가 지혜의 근본(잠 9:10), 계명을 즐거워 함(시 112편), 반석위에 집짓는 지혜로운 자(마7:24)
중생	정체성	기독교의 신념과 삶의 방식을 확고히 한다.	성/전 ⇒ 회중	그리스도인 (행11:25-26) 새로운 정체성(벧전 2:9) 제사장 나라와 거룩한 백성됨(출 19:1-5)
중생	응답	하나님의 뜻을 따르기 위해 신앙으로 결단하고 훈련한다.	개인 ⇒ 성/전	주님을 영접하는 결단(계 3:20), 에디오피아 내시의 세례(행 8:26-36)
중생	청종	하나님의 말씀을 함께 듣고 따른다.	소그룹 ⇒ 성/전	청종의 명령(신 6:1-5; 27:8-10), 회개로서의 청종(신 30:8), 청종의 중요성(삼상 15:22), 율법을 주야로 묵상(시 1:2-3), 진정한 청종(마 21:28-31), 청종하지 못한 부자청년(마 19:16-22; 막 10:17-31; 눅 18:18-30), 온전히 청종하신 예수님(요 5:30; 히 5:7-9; 마 26:36-45; 막 14:32-42; 눅 22:39-46)
중생	예배	성도들이 한 마음으로 창조주 하나님을 경배한다.	회중 ⇒ 성/전	하나님께 예배(시 29:2), 신령과 진정으로 예배함(요 4),

중생	믿음	하나님을 신뢰하여 그의 뜻에 순종할 것을 고백한다.	회중 ⇒ 성/전	하나님을 신뢰함(히 11:1-3, 대하 20:20, 빌 1:14), 믿음으로 의인됨(롬 1:17), 믿음의 법(롬 3:27), 사도행전(기독교 공동의 신앙고백)
중생	기억	하나님의 구원의 사건과 약속을 함께 되새기고 기념한다.	회중 ⇒ 성/전	하나님을 기억하라(신 32:7) 하나님의 구원을 기억하라(출 12:14, 26~27) 잊혀진 유월절을 기념하여 다시 지킨 요시야(왕하 23:21-25; 대하 35:16-19) 성만찬을 기념(마 26:26-28; 눅 22:17~20) 기억하고 전하라(고전 11:23~26) 그리스도를 기억하라(딤후 2:8)
성결	교제	지체들과 친밀하게 지내며 그리스도의 몸을 이룬다.	성/전 / \ 개인 ⇒ 소그룹	하나님의 은혜에 근거한 성도의 교제(시 133; 요일 1:3) 사랑은 하나님 자녀의 특징(요일 3:4-15) 지체들이 그리스도의 몸 안에서 함께 세워져감(엡 2:19-22) 초대교회 성도들의 교제하는 신앙생활(행 2:42-47) 기독교 가정 안에서의 관계들(엡 5:21-33; 6:1-4)
성결	사랑	서로 소중히 여기고 용납한다.	성/전 / \ 개인 ⇒ 소그룹	사랑 가운데 서로 용납함(엡 4:2) 새계명(요 13:34-35) 사랑의 하나님(요 1:8) 가장 큰 계명인 사랑(마 22:37-40; 롬 3:10) 사랑의 특성(고전 13:4-7; 눅 6:23-24)
성결	성실	교회의 모임과 사역에 꾸준하게 참여한다.	성/전 / \ 개인 ⇒ 회중	예배와 모임에 성실하게 참석하기(히 10:25; 행 20:7) 교회의 직분을 성실하게 감당하기(마 10:1; 엡 4:11-12) 자원하여 정성스럽게 헌금하기(고전 16:2; 고후 9:6-11) 성도의 모임에 함께 하시는 예수님(마 18:20)
성결	은사	성령의 은사에 따라 교회를 유익하게 한다.	성/전 / \ 개인 ⇒ 회중	교회의 사명인 예배(요4:23), 교육(마28:20), 교제(행2:42~47), 봉사(막10:45), 선교(막16:15)를 위한 사역들 은사의 원천과 목적(출 31:1-11) 은사의 다양성(고전 12; 롬 12; 엡 4) 은사를 따라 교회를 위해 봉사하기(벧전 4:7-11; 고전 14:26)

성결	연대감	다양한 기독교공동체가(소그룹이) 예수님을 중심으로 연합한다.	성/전 ／＼ 소그룹 ⇒ 회중	회막을 중심으로 모이는 이스라엘 회중 (민 10:1-10) 백성들이 일제히 모여 성전을 재건하고 예배드림 (스 3:1-13) 모든 사회집단(계층)의 하나됨 (갈 3:26-29) 사도들과 바울의 사역자로서의 연대감 (갈 2:9) 이방인의 성령 세례 (행 11:15-18) 지역 교회의 연대 (행 11:26-29 ; 고후 8:1-15)
성결	공동체 정신	교회는 성도에게 신앙공동체의 일원으로서 소속감과 일체감을 부여한다.	성/전 ／＼ 회중 ⇒ 개인	신앙적 단결(에스더 3:13~17) 결속의 힘(사사기 7:4~25) 상호보완(고전 3:6~9)
성결	지원	교회는 소그룹이 온전하게 세워지도록 자원을 공급한다.	성/전 ／＼ 회중 ⇒ 소그룹	베냐민 지파의 회복을 위한 각 지파의 노력(삿21장) 교회 안에서 자라감(엡 4:15-16) 온 몸이 자라남(골 2:19하)
성결	화목	그리스도 안에서 행복한 가정을 이루도록 지원한다.	성/전 ／＼ 회중 ⇒ 소그룹	구원받은 가정(행16:25-34) 행복의 원천(시 128:1-6) 사명 공동체(롬 16:13)
성결	성결교회	성결교회는 고유한 교리와 신앙의 전통을 계승한다.	성/전 ／＼ 회중 ⇒ 소그룹	성결교회의 시작(마 16:13-20) 성결교회의 역사(계 2:8-11) 성결교회의 특징(살전 5:12-23)
신유	강건	말씀과 성령의 치유로 건강한 몸과 마음을 유지한다.	성/전 ⇒ 개인	죄 사함과 치유(시 103:3), 예수님의 치유(마 4:23, 눅 7:21, 행4:9-10) 속 사람이 강건하게 됨(엡3:16)
신유	자유	하나님의 말씀은 우리의 몸과 마음을 자유롭게 한다.	성/전 ⇒ 개인	고난으로 인한 몸과 마음의 부자유함(욥 3:25-26) 그리스도의 대속으로 인한 치유(사 53:4-6) 성령이 마음이 상한 자를 고치심(사 61:1-3) 나아만 장군이 하나님의 말씀대로 행하여 고침 받음(왕하 5:1-19) 제자들(베드로와 요한)이 병든 자를 주의 이름으로 낫게 함(행 3:1-10) 죄에서 자유하게 됨(갈 5:1) 성령으로 자유함(롬 8:1-2) 약한 것으로 인해 자만하지 않도록(고후 12:1-10) 죽일 때가 있고 치료할 때가 있고(전 3:1-3) 겉 사람은 후패하나 속은 날로 새롭도다(고후 4:16)

신유	쉼	일을 멈추고 하나님의 말씀으로 평안함과 건강을 누린다.	성/전 ⇒ 소그룹	하나님의 안식(창 2:1-3) 안식일을 거룩하게 지킴(출 20:8-11) 여호와가 쉼으로 인도하여 소생시키심(시 23:2-3) 병든 양을 치료하고, 좋은 꼴을 먹이며 편히 쉬게 하심(겔 34:4, 13-15) 마르다와 마리아(눅 10:38-42) 사역을 마친 사도들에게 한적한 곳에서 쉬라고 명령하심(막 6:30-31) 수고하고 무거운 짐 진 자들을 쉬게 하시는 예수 그리스도(마 11:28-30)
신유	생명존중	하나님의 창조하신 모든 것을 귀하게 여기고 보호한다. (생명주권, 생명윤리, 생명존중, 돈을 귀하게 여기는 사회 가운데에 생명을 귀하게 여기는 하나님의 뜻을 따름)	성/전 ⇒ 사회	만물을 다스리시는 하나님(엡 4:6) 모태로부터 귀하고 신묘막측한 인간(시 139:13-15) 모든 피조물들의 신음과 구원(롬 8:19-23)
신유	화해	성도는 사회에서 죄로 인한 갈등의 중재자로 산다.	성/전 / 개인 ⇒ 사회	화해의 직분을 받은 우리들(고후 5:18-20) 팔복 중에서 화평케 하는 자(마 5:9) 막힌 담을 허신 화해자 예수 그리스도(엡 2:14-18)
신유	회복	세상이 하나님께서 창조하신 원래의 상태를 되찾도록 일한다.	성/전 / 개인 ⇒ 사회	만물을 회복시키시는 예수님 (사도행전 3:21) 세상이 회복되어 가는 과정(겔 47:6-12) 회복된 세상의 모습(사 11:6-9)
신유	돌봄	지체를 관심과 배려로 보살펴 챙긴다.	성/전 / 소그룹 ⇒ 개인	초대교회의 본(행 2:43-47), 서로 돌봄(마 25:36-46)
신유	개혁	성경에 기초하여 사회를 새롭게 한다.	성/전 / 소그룹 ⇒ 사회	소금과 빛(마 5:13-16) 요시야의 개혁(왕하 23:1-25) 사회의 분배적 정의(레 25:11-13)
신유	문화	사회 문화를 분별하고 기독교 문화를 조성한다.	성/전 / 사회 ⇒ 소그룹	문화 명령(창1:26, 28; 2:15) 하나님의 뜻을 분별함(롬 12:2)
재림	정의	심판하시는 하나님의 말씀으로 세상을 선도한다. (예언자적 선포)	성/전 ⇒ 사회	의로우신 하나님(사 42:1-4; 30:18; 61:8; 62:2; 욥 34:12; 시 37:28; 시 99:4) 정의를 물 같이 공의를 마르지 않는 강 같이(암 5:24) 예언자적 선포(개혁에 대한 촉구, 하나님의 하나님 되심, 심판자 되심에 대한 알림), 아모스 서

재림	복음	예수님은 이 세상을 구원하기 위해 오신 그리스도이시다.	성/전 ⇒ 사회	세상을 구원하기 원하시는 하나님(요 3:16-17) 구원을 위한 복음(롬 1:16-17) 구원하러 오신 예수님(마 1:18-28) 복음이신 예수의 탄생(눅 2:10-11) 복음을 선포하신 예수님(마 4:17) 복음의 내용(롬 1:1-4) 고난받는 종의 예언(사 53:1-12) 예수님을 통해 성취되는 하나님의 나라(사 61:1-2)
재림	소명	하나님께서 명령하여 맡기신 일과 업무를 청지기적으로 감당한다.	성/전 / \ 개인 ⇒ 사회	일하시는 하나님(요 5:17) 노동을 하라는 명령(출 20:9; 34:21, 살후 3:6-12) 직업에 임하는 자세(골 3:23)
재림	비전	사회는 성경과 전통으로부터 세계관을 배운다.	사회 ⇒ 성/전	뛰어나신 하나님의 생각(사 55:9; 시 139:17) 육신의 생각과 영의 생각의 차이(롬 8:6) 모든 이론들과 사상들이 그리스도께 굴복하게 됨(고후 10:4-5) 성경적 세계관: 창조-타락-구속(롬11:33-36)
재림	사회질서	성도는 하나님의 말씀에 따라 사회의 규범을 준수한다.	성/전 / \ 사회 ⇒ 개인	사회 안의 그리스도인(롬 13:1-7) 사회규범에 대한 그리스도인의 태도(마22:15-22) 모든 통치자와 권세의 머리되신 하나님(골2:10) 십계명과 사회규범 : 5-10계명 (출20장)
재림	섬김	교회는 지역사회를 위해 봉사한다.	성/전 / \ 회중 ⇒ 사회	지역사회의 소외된 자(신 14:28-29; 24:17-22) 섬김을 위해 오신 예수님(마 20:26-28) 이웃이 되어 줌(눅 19:29-37) 고통 받는 자들의 삶에 동참(마 25:31-46) 함께 웃고 함께 울라(롬 12:15)
재림	선교	교회는 세상에 복음을 전하고 제자를 삼는다.	성/전 / \ 회중 ⇒ 사회	예수님의 지상명령(마 28:18-20; 행 1:8) 빌립의 선교(행 8:26-40) 이방인을 향한 선교명령(욘 1:2)
재림	소망	교회는 다시 오실 그리스도를 기다리며 세상에 산 소망을 제시한다.	성/전 / \ 회중 ⇒ 사회	여호와의 날(욜3) 환난 중 소망(롬 5:1-5) 소망의 이유(벧전 3:11-17) . 영생의 소망, 산소망(딛 3:7, 벧전 1:3)
재림	책임	교회는 사회에 대한 공적 책임을 다한다.	성/전 / \ 사회 ⇒ 회중	그리스도인의 공적 신앙(사58:6, 61:1, 히13:12-16) 민족의 죄악과 고통을 향한 책임(단 9:8-15; 애 2:19-19)

2) 교육주제와 사중복음 영역

교육내용으로서의 주제를 선정한 다음에는 그 주제를 조직해야 한다. 교육주제의 조직이란 주제를 일정한 원리에 따라 서로 관련지어 배열하는 것이다. 이러한 작업을 통해 교육주제 간의 관계와 순서가 설정된다. 먼저, 교육주제를 사중복음의 각 영역별로 배치했다. 이로써 각 주제가 사중복음을 중심으로 어떠한 의미를 지니는지를 알 수 있다.

교육주제를 사중복음의 영역으로 배치할 때 다음의 기준을 고려했다.

- ☐ 중생 영역에 포함될 내용: 말씀과 응답, 복음 및 기초교리, 거듭남과 새 생명
- ☐ 성결 영역에 포함될 내용: 성령 세례, 거룩함으로의 성장, 사랑과 교제, 공동체성
- ☐ 신유 영역에 포함될 내용: 건강한 생활방식, 개인의 회복, 공동체의 회복
- ☐ 재림 영역에 포함될 내용: 재림에 대한 소망과 준비, 공의, 선교와 봉사

각 영역 마다 9개의 교육주제가 배치되었다. 그 내용을 정리하면 아래와 같다.

중생	성결
구원, 자족, 지혜, 정체성, 응답, 청종, 예배, 믿음, 기억	교제, 사랑, 성실, 은사, 연대감, 공동체정신, 지원, 화목, 성결교회
강건, 자유, 쉼, 생명존중, 화해, 회복, 돌봄, 개혁, 문화	정의, 복음, 소명, 비전, 사회질서, 섬김, 선교, 소망, 책임
신유	재림

3) 교육주제의 3개년도 배치

　36개의 교육주제를 선정하여 그 성격에 따라 중생, 성결, 신유, 재림의 네 개 영역에 배치했다. 이것은 공시적인 조직에 해당된다. 즉, 배울 내용을 성격에 따라 구분하여 한 눈에 보는 것이다. 교육주제들은 또한 시간의 흐름을 따라 조직되어야 한다. 그래야 각 주제가 적용되어야 하는 구체적인 기간을 알 수 있다. 이것은 통시적인 조직에 해당된다. 그렇다면, 36개의 교육주제는 시간의 흐름을 따라 어떻게 조직될 수 있겠는가? 36개의 교육주제를 3개 년도에 배치하면 다음과 같다.

월 년차	중생			성결			신유			재림		
	1월	2월	3월	4월	5월	6월	7월	8월	9월	10월	11월	12월
1년차 (2019년)	신년		0306 사순절	0429 부활절	가정의 달	0609 성령강림	맥추감사 · 여름행사				추수 감사절	1201 대림절 성탄절
	기억	청종	구원	공동체 정신	교제	은사	자유	쉼	화해	소명	선교	복음.
2년차 (2020년)	신년	0226 사순절		0412 부활절	가정의 달 0531 성령강림		맥추감사 · 여름행사			추수 감사절 1129 대림절		성탄절
	예배	믿음	자족	연대감	화목	성결교회	생명존중	회복	문화	사회질서	섬김	비전
3년차 (2021년)	신년	0217 사순절		0404 부활절	가정의 달 0523 성령강림		맥추감사 · 여름행사			추수 감사절 1128 대림절		성탄절
	지혜	응답	정체성	지원	사랑	성실	강건	돌봄	개혁	정의	책임	소망

　36개의 교육주제가 3개년에 배치되었다. 1분기에는 중생영역의 주제가, 2분기에는 성결영역의 주제가, 3분기에는 신유영역의 주제가, 4분기에는 재림영역의 주제가 배치되었다. 각 달에 배치된 주제들은 대부분은 그 때에 해당되는 절기(사순절, 부활절, 성령강림절, 대림절, 성탄절)나 목양의 내용과 연관된다. 통시적으로 구성된 위 표의 내용을 보면, 교육주제가 기초적인 내용에서 심화된 내용으로 그리고 개념적인 내용에서 실천적인 내용으로 점차 심화됨을 알 수 있다.

4. 교수-학습 과정

　　BCM 교수-학습 이론은 '영', '혼', '육'을 분리하지 않는 통전적 인간 이해에 기초한다. 그리스도의 몸을 이루는 이 Body of Christ Model 교수-학습 과정(teaching and learning process)은 복음의 내용을 학습자가 세상과 소통하면서 경험한 바가 그의 몸과 마음을 변화시키고, 다시 몸으로 실천하도록 이끄는 순환의 과정이다. 그런데 그리스도를 닮은(Christly like) 생각과 태도는 결코 쉽게 얻어질 수 없다. 따라서 BCM 교수-학습의 전 과정은 반복적 훈련으로 경건의 습관을 조성하는데 집중한다.

　　그동안 한국 교회교육은 성경적, 신학적 내용의 전달에 치중해 왔기에 아는 만큼 실천이 따르지 않는 성도를 키워왔다는 비판을 받는다. 로고스는 이성으로만 이해되는 것도, 정서적으로만 공감되는 것도, 영성으로만 깨달아지는 것도 아니다. 우리는 그리스도가 그러했던 것처럼 이 땅에서 말씀을 성육신적 차원에서 살아내야 한다. 한 사람을 기독교 신앙으로 양육한다는 것은 기독교 공동체 삶의 전 영역에서 그리스도인다운, 지적이면서 감성적인 의식과 행동을 갖추게 하는 일일 것이다. 이와 같은 맥락에서 새롭게 개발하는 성결한 그리스도의 몸(BCM) 교육과정은 성결교회의 교육목표인 '성결한(온전한) 그리스도인'을 이루기 위해 학습의 대상을 균형 잡힌 전인(全人)으로 전제한다.

　　우리는 사회적 인간이므로 항상 관계를 맺으면서 서로 배운다. 개인은 환경과 상호작용하는 가운데 피드백을 얻으며, 그 감각에 의미를 부여하는 다양한 방식을 통해서 실제적으로 배운다. 한 개인이 경험한 바에 대해 성찰함으로서 경험에 의미를 부여할 때 그의 감정들은 변화되고, 신념이나 태도나 가치관도 영향을 받는다. 자연스럽게 그는 무엇인가를 행하고자 한다. 이렇게 성결교회 신앙공동체를 통해 듣고 나누며 배운 바에 따라 마침내 성

도들은 변화되어 '성화의 존재'가 된다. 이것이 성결교회가 추구하는 학습
의 결과다.

인지력 + 감성 + 활동력

⇓

개 인 ◄────────────────────────────────► 환 경

⇑

통전적 학습 = 체득

성결한 그리스도의 몸(BCM) 교수-학습 과정은 BCM교육목회적 차원에
서 성도 개인의 신앙의 내면화가 신앙공동체와 이방 세계와의 관계망을 통
한 복음전파, 그리고 의식의 변화라는 파급력을 더하는 통전적 패러다임
(Integrated Paradigm)을 근거로 하는 교육선교를 지원한다. 즉, B영역에
서 습득한 말씀은 C영역에서 사고와 태도의 변화를 이룬다. 그렇지만 그것
은 단지 교회 안에서 머물지 않고, 세상 밖으로 열려있는 통로인 M영역으
로 연계된다. 개인적 차원에서 기독교인으로서의 자아정체성을 확립하게
된(되기) 성도는 공동체적 지지에 의해 확신에 서게 된다(서기). 더 나아가
이 배우고 확신한 바에 거하는 소명자 그룹들은 전 교회적으로 집합되어 빛
과 소금의 선교적 사명을 실행하기 위해 세상으로 파송된다. 변화된 성결인
들은 자연스럽게 낯선 사람과 이방 지역을 만나 체득한 복음을 실천하는 삶
을 살게 된다(살기).

<성결한 그리스도의 몸(BCM) 교수-학습과정의 네트워킹>

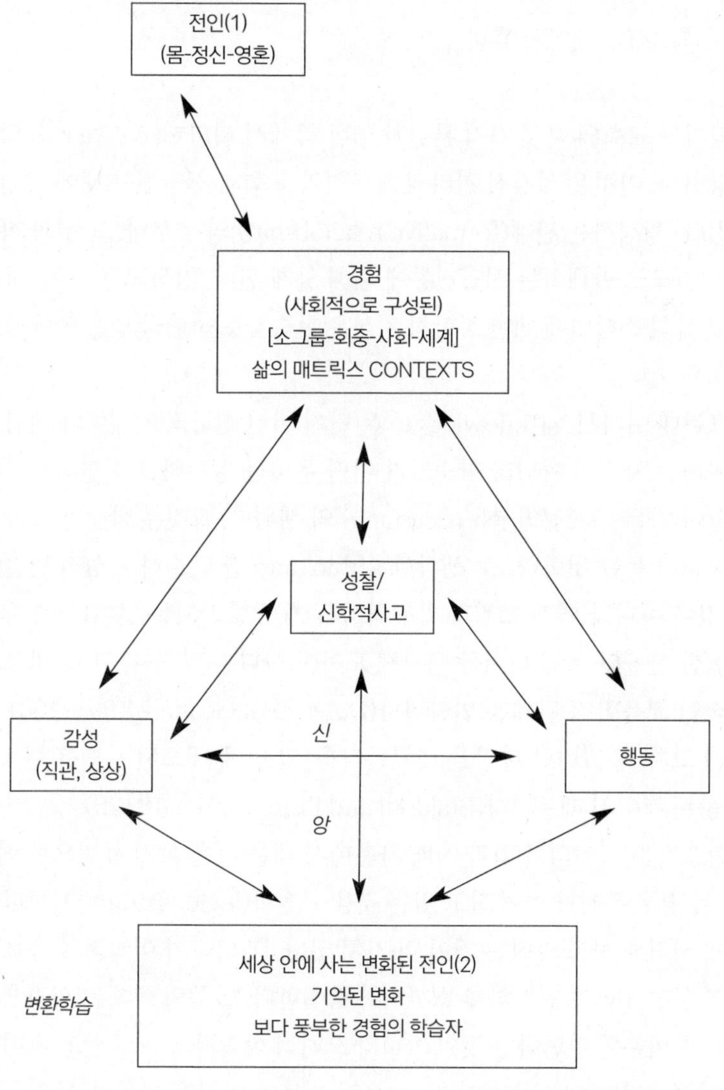

1) 교수-학습의 세 가지 측면 : 되기(B), 서기(C), 살기(M)

(1) 되기(B): 개인적 훈련

되기는 교회의 다섯 가지 본질과 역할 중에서 디다케($\delta\iota\delta\alpha\kappa\eta$) 영역에 해당한다. 이것은 성경적 진리의 가르침과 교회와 신앙전통 내에서 신앙의 실천을 '형성하는 관계(formative relationship)'의 일부다. 그 결과 학습자는 제자도로 안내하는 신앙전통에 대해 알게 된다. 기독교적 가치, 태도 그리고 삶의 스타일에 대한 종합적 지식은 학습자로 하여금 믿음 안에서 성장하도록 한다.

그런데 여기서 '앎(knowledge)'은 단지 어떤 신학적 지식이나 개념을 일반화하는 차원이 아니라 학습자가 어떤 문제를 발견하고 직면하여 진리를 깨달아 가는 주체적인 '학습(learning)'의 행위다. 그것은 학습자 스스로 생각하도록 돕는 것이다. 그 '생각하기(thinking)'란 단순히 이성적 관찰에 의한 것이 아니라 어떤 초월적 차원의 추구에서 발견되는 것이다. 즉 우리가 경험한 한계와 조건 너머를 생각해 보아야 한다는 말이다. 그 때 비로소 전체적인 교육학적 관계는 변환된다(Deleuze et Guattari, 1991, 180). 학습이란 그가 왜 그러한 판단을 내렸는지를, 그 안에 내포된 신념은 무엇인가를 묻는 것이기 때문이다(Braidotti and Pisters, 2012, 18-20).

학습자는 교회의 수업과 예배 가운데서 배운 것을 삶의 규범으로 적용한다. 이 경우 우리가 이미 알고 있는 것을 규범화(legitimizing)하기보다는 다르게 생각해 보도록 하는 것이 더 가치 있다. 더 나아가 이성적 수용을 넘어서서 몸(body)이 민감하게 느끼도록 촉진한다. 말씀의 이해는 성경에 쓰인 원리에 비추어 판단하는 것이 아니라 오히려 학습자 스스로 발견한 데서 오는 확신의 원리에 기초해야 한다. 우리의 몸이 어떻게 행동할 수 있을지 우리는 미리 주어진 텍스트를 통해서는 알 수 없기 때문이다. 한편, 이 자기 주장의 원리는 개인에게서 그것이 어떻게 표현되었나를 검토함으로써 발견될 수 있다. 그것은 진리에 관한 문제를 사유하는 가운데 전개될 수 있다.

성경학습에서 인지는 정서나 행위적 차원과 분리되지 않게 전인적으로, 즉 체화된 인간경험으로 이해되어야 한다. 우리는 학습자의 인지능력으로 지적인 결과물을 산출하지만 막상 질문하는 자가 누구이며, 어떻게 그것이 답해지는가에 대해서는 간과해 왔었다. 그 결과 앎에 대한 질문과 답은 신체로부터 멀어진, 부분적인 반성일 뿐이었다(F. 바렐라 외, 2013, 67-69). BCM 교수-학습에 반영된 '체화된 마음 이론'은 몸과 마음이 함께 반성하는 전인을 상정한다. 이것은 인식주관과 인식객체 그리고 마음과 세계는 의존적인 상호발생을 통해 서로 관계를 맺는다는 점에서 '상호연결'에 의한 학습이다. 또한 이것은 '반복'에 의한 학습이다. 따라서 이 유형의 교육과정은 성경적 지식관과 인간관을 반영하는 학습전략들을 통합해야 한다. 여기에는 학습을 위한 진정한 교실공동체의 형성이 포함된다. 의미 있는 학습은 개방성과 신뢰와 안전이 보장된 분위기의 학습공동체에서 일어나기 때문이다. 이 학습 공동체는 학습자를 책임 있고, 독특한 하나님의 형상으로, 동시에 죄로 인해 인도가 필요한 존재로 인식한다.

(2) 서기(C): 공동체적 나눔

BCM 교육과정은 개인적 차원의 앎의 학습에 머물지 않고 타인을 만나 교제하는 공동체적 차원으로 확대된다. 여기에는 서로를 이어주고, 결속하게 하는 힘이 작용하는데 이것이 곧 '성령'의 역할이다. 더 나아가 성령은 경험을 나누고, 메시지를 경청함을 통해 구성원들을 신학적 통찰로 이끈다. 신학화의 과정 속에서 새로운 해석들이 서로 다른 배경에 의해 창조된다. 마침내 나눔의 과정을 통해 서로는 영적으로 결속된다. 이 때 성령은 공동체 관계 속에서 생길 수 있는 어색함이나 불편함을 깨뜨리고 새로운 비전을 열어준다. 더 나아가 어떤 행동을 '반복'할 수 있게 하고 사회적 행동에로 확장하게 역사한다. 성령의 네트워크적 기능이 성결교회의 신앙공동체를 조정하고 질서 있게 한다(Kaustugkv, 2003, 45).

기독교는 타자와의 소통의 관계 속에서 말씀이 교류되고, 예언적 행동이 실천되는 사회적이며 공동체적 종교다. 이렇게 교회 공동체가 성도의 영적 자원이 되어야 함에도 오늘날 지나친 개인주의로 인한 타자에 대한 무관심과 비관용으로 그리스도의 몸은 온전하지 못하다. 하나의 주체인 개인은 무엇보다도 그리스도의 몸의 지체다. 이에 대해 요더(J. H. Yoder)는 그리스도의 몸에 속한 각 지체는 누구와도 대체 불가능한 고유한 존재로서, 각 지체는 자신이 다른 지체들과 결속되어 있음을 알 때, 그리고 그것이 그리스도라는 끈으로 맺어졌음을 발견할 때, 자신의 사명을 잘 수행할 수 있다고 보았다(Yoder, 1996, 49). 그리스도의 몸 안에서 우리는 '너'와 대조되는 '나' 혹은 '그들'로 존재하지 않는다. 우리는 그리스도 안에서 한 몸, 그리고 개별적으로 서로에게 일원이 된다. 사람들 사이에서 하나님과 그리스도의 현존이 드러날 때 비로소 교회는 교회로서 확증되는 것이다. 신앙 공동체 내에서 어느 한 편이나 연령대에 의해서가 아니라 상호 간에 능동적으로 행동하고 반응할 때 기독교적 사회화가 이루어진다(Westerhoff III, 2000, 80). 이렇게 성결교회는 지상에 있는 형상화된 그리스도의 몸이며, 교육의 장이기에, 사려 깊고 진정한 형제애적인 공동체의 망을 엮어 가는 일에 초점을 맞춰야 한다.

BCM 학습공동체는 공통의 흥미와 신학적, 사회적 관심 주제를 모으고, 역할 분담에 따라 과제를 수행하고 협력하면서 공동의 반응으로 응답한다. 이 때 작은 학습공동체 모델 안에서 신뢰와 헌신이 발생한다. 그룹 구성원들은 간증으로 그들의 경험을 확증하고, 조언이나 대화와 토론으로 성찰하고, 보다 풍부한 역사적 전통에 의해 도전받는다. 이러한 교수-학습의 과정에서 서로의 영적 감각이 결합된다. 말씀과 행동을 통한 신앙적 증언이 이 관계성으로부터 성장한다. 학습자 개인은 유일하고도 특별한 존재와 만나면서, 다시 말해서 나와 다른 타자를 고유한 개체로서 맞이하여 진심으로 환대하고, 나눔을 행동화하면서 '그리스도의 몸 됨'의 비밀을 발견하게 되는 것이다. 학습자들은 또래로, 간세대로, 다문화적으로 상호 교제함으로서 접속의 의미를 확장하고 기독교적 사회화를 배운다.

그런데 기독교 학습 공동체는 교회 구성원들 간의 교류로만 이루어지지 않는다. 말씀의 해석학적 교류는 단지 사회적 차원에서만 발생하지 않는다는 말이다. 신앙의 형성은 무엇보다도 하나님과의 관계성 속에서 깊어진다. 이 수직적 관계를 통해 학습자는 하나님이 창조하신 피조물을 사랑하는 삶을 살게 된다. 교회 공동체는 하나님에 의해 변화된 삶을 위한 기회와 환경을 제공한다. 이것이 예배와 성만찬과 같은 의례(liturgy)다. 의식은 우리가 환영받는 거룩한 장소로서 우리를 항상 하나님의 품으로 초대한다. 성도의 마음과 몸, 그리고 영혼은 예배에 참여함으로써 새로워진다. 세례를 받음으로 그리스도가 물과 성령으로 그들을 의롭게 하심에 감격하고, 그리스도의 몸 안에서 존재감을 발견한다. 또한 성찬과 애찬을 나눔으로써 각자가 그리스도의 몸의 일원이라는 사실을 깨닫고, 사랑의 교제의 의미를 공유한다. 그들은 자신이 누구인지를 매번 다시 배우게 됨으로써 하나님의 자녀로서의 정체성을 재확인하게 된다(Webb-Mitchell, 245-246). 이와 같이 교회의 예전과 절기 예식 및 신앙수련은 성결교회의 공동의 실천 양식이며 교육적 활동이다. 설교를 경청하고, 찬양하며 기도하면서 성도들은 교회론적 실존을 경험한다. 결과적으로 BCM 학습자는 자신의 신앙고백을 다시 그룹의 구성원과 나눔으로서 기독교적 문화(enculturation)를 조성한다.

따라서 성결교회의 교육목회활동은 중생과 성결신학이 발현되는 예식과 설교에의 화답, 간세대 접근(intergenerational approach), 온라인 상의 학습 그룹, 밴드 형성 등으로 구성된다. 우리는 세상에서 겪는 경험들과 다른 사람들과의 상호관계성에서 알아차리지 못할 만큼 미세한 감성의 교류도

놓치지 말아야 한다. 본래의 몸의 감각들을 학습 과정의 단초로 삼아야 한다. BCM 학습 상황에서는 구성원들의 열정이나 호의 같은 정서적 상태나, 그들을 둘러싼 문화적 배경과 물리적 환경, 그리고 공동체 감각에 따른 사회적 조합을 고려한다.

(3) 살기(M): 선교적 실천

개인적인 훈련의 과정을 통해 습득한 통전적 앎은, 공동체적 교류를 통해 신학적 앎으로 변환된다. 이것은 이제 전 교회적 차원에서 세상을 향한 복음 전파의 에너지로 모아진다. B차원과 C차원의 교육활동은 이 세 번째 M 차원에서 종합적으로 가시화된다. 그것은 담임목회자의 지도력 하에 프로젝트로 기획되어 전 교회를 실천으로 이끈다.

기독교교육은 개인적 신앙발달의 차원에 국한되지 않는다. 신앙공동체로서의 대그룹인 교회는 상호 의존하고 있으면서, 하나님 앞에 사명과 책임을 지닌, 성령의 공동체라고 할 수 있다. 배움의 공동체는 성령으로 충만한 공동체이며, 그 공동체에서 발생하는 선교적 비전은 성령의 힘에 의해 성도 개인과 소그룹의 특별한 은사들을 하나로 모은다. 그렇지만 우리는 교회 안에서만 배울 수 없다. 타자와의 만남과 소통을 통해, 그와 이어 주는 접속의 매개를 그리스도로 삼고, 위로부터의 하나님의 은총을 바라며 몸으로 행동할 때 하나님 나라의 비밀을 배울 수 있기 때문이다. 따라서 BCM 학습은 아주 다른 상황들과 연계 속에서, 즉 대사회적 관계에서 정체성의 변화를 기대한다. 러셀이 정의했듯이 선교는 우리를 자신으로부터, 타인으로부터, 하나님으로부터 갈라놓는 죄와 억압의 장벽이 그리스도로 인해 무너졌다고 선포하는(엡 2:13-18) '복음에 대한 봉사'이며, 교육선교는 교회공동체 전체를 이 봉사에 끌어들이고 다른 사람들을 신앙의 여정을 함께 걸어 갈 파트너로서 불러들이는 일이다(Russell, 1982, 90). 이렇게 성결교회 성도들은 전도와 섬김의 다양한 활동들에 참여함으로서 세상에 빛과 소금이 되어 우리 사회의 통합과 변화에 이바지한다.

교회공동체는 그리스도인 개인을 참 그리스도인으로 키워 세상에서 바르게 살도록 지지하는 역할을 감당한다. 그리고 그리스도의 몸을 세우는데 필요한 각자의 은사와 사명을 발견하도록 한다. 교회에 소속된 각 개인과 소그룹들은 하나님 앞에서 사명과 책임을 갖는다. 그래서 거대한 그리스도의 몸의 하나의 세포처럼, 생각의 변화와 태도의 변화를 통해 각자의 은사와 리더십을 개발한다. B차원과 C차원의 교육과정을 통해 청소년과 장년들이 그리스도인으로서의 생각이 형성(formation)되고, 태도가 변화(transformation)되어 가면서, 그것이 응집되어 공통의 목적인 선교적 과제를 구현하고자 하는 비전이 실체화된다. 여기서 개 교회들의 정체성이 드러나고, 기독교적 세계관에 기초하여 설계된 '프로젝트'는 BCM 학습자들을 세상으로 파송하는 통로로서 작용한다. 이 때 교회를 이끄는 목회자는 개인으로서의 교회와 소그룹의 교회, 그리고 대그룹으로서의 교회가 고유한 은사와 리더십으로 건설되도록 설계하고 격려한다. 이 사역을 책임진 목회자는 '목사(pastor)'이면서 동시에 '교사(teacher)'다(엡 4:11). 왜냐하면 목회적 보살핌과 가르치는 일은 하나로 통합된 교육선교의 과제이기 때문이다. 이 사역은 성도를 온전하게 하여 봉사의 일을 하게하며 그리스도의 몸을 세우는 일이다(엡 4:12).

교회가 세상을 향해 전 교회적인 실천 프로젝트를 설계하고 가동할 때 세상은 피하거나 두려워할 곳이 아니라, 하나님이 우리 앞에 펼쳐 놓으신 가능적 미래로 다가 올 것이다. 교회는 자체 운영의 필요를 생각하기에 앞서 사회의 필요가 무엇인지를 찾는다. 그리스도의 마음을 품은 교회라면 목회자와 성도들의 마음속에서 베풀고 나누고 싶은 생각이 '저절로' 일어날 것이다. 성도가 자기를 비울 때 겸손과 존중과 같은 바람직한 태도가 표출될 수 있다. 이와 같은 그리스도를 닮은 성품과 태도는 세상에 그리스도를 증거 하는 선교적 자원이 된다(Webb-Mitchell, 224-225). 그렇지만 이웃에게 그리스도 닮은 몸짓을 시도하는 행위는 누구에게나 쉬운 일이 아니다. 자원하는 헌신은 체험적 신앙과 연륜이 필요하다. 예수 그리스도의 이름으로 행하는 전도와 봉사가 '거룩한 습관'으로 BCM 학습자의 삶 안에 자리 잡으려면 지속적인 연습이 필요하다. 듀이가 지적했듯이 습관은 단지 자동적으로 반응하는 어떤 생물학적인 신경적 기제가 아니다. 생각이 배제된 채 움직이는 신체적 활동이 아니다. 습관이란 물리적인 몸짓과 비판적 성찰이 연결되어 사람의 행동을 수정하는 것이다(Hansen, 2006, 113).

따라서 BCM 학습자는 매일을 살아가면서 하나님 나라를 주변에 전파하기 위해 언제, 어떻게 어떤 실천의 습관을 기를까를 생각해야 한다. 인생의 순례자로서 BCM 학습자는 기독교의 윤리적 명령에 따라 '성결한 삶'을 살아간다. 중생의 체험이후 그는 그리스도의 재림의 날까지 점진적인 성화의 과정을 거치며 '온전한 그리스도인'을 소망한다. 그런데 어느 날 그가 길목에서 굶주리고 좌절한 사람들을 만났다(눅 10:25-37). 이 때 만약 우리가 거룩한 습관을 배웠다면, 그는 즉각적으로 무엇을 어떻게 행해야 할지 알 것이다(마 25:40). 그는 망설이지 않고 말씀을 실천하는 자가 되고 그저 듣는 자가 되지 말라는 규범을 실행할 수 있다(마 7:24). 이러한 즉각적인 몸짓이야 말로 성결교회가 온 세상에 드러내야 할 가르침과 배움의 본질적인 모습이다.

〈 BCM 학습공동체 Flow〉

BCM 학 습 공 동 체 Flow

BCM 교수-학습과정의 통합 구조: 분절(분산)형, 비선형적인 구조, 조합하는 시스템(assembling system: objects-units)

MIGHTY PLANNER

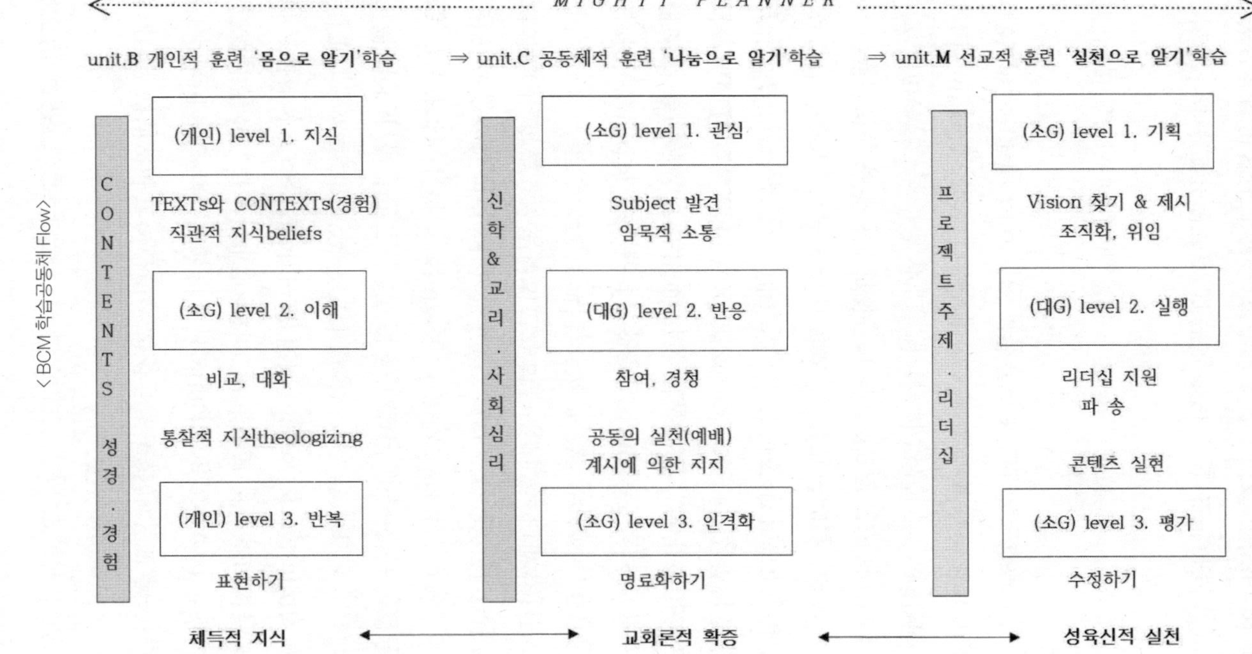

2) 각 측면의 교수-학습 과정

  '학습'의 개념은 광범위하고 복합적인 과정들을 포함한다. 교수-학습 과정을 포괄적으로 이해한다는 것은 학습과정(learning process) 자체의 본질에 관한 문제일 뿐 아니라, 이 과정에 의해 영향 받고 영향을 미치는 모든 조건들 또한 포함해야 한다는 말이다. 왜냐하면 학습에 영향을 미치는 영역들이 상호 연결되면서 학습이론의 구조가 형성되기 때문이다.

  이러한 전제 하에서 '성결한 그리스도의 몸(BCM)' 교수-학습 과정은 기본적으로 ① 학습자의 생물학적, 심리학적, 사회학적 배경을 바탕으로 ② 그 내적 조건인 학습자의 연령(어린이~노년), 그가 처한 위치와 주관적인 상황을 고려하고(즉, 학습자가 공부하고자 하는 동기 등의 내적인 심리적 과정), ③ 외적 조건인 그가 속해 있는 사회와 객관적인 상황, 학습공간을 고려한다(학습자와 그의 사회 문화 물리적 환경들과의 외적인 상호작용).

  이상의 세 가지 측면에서 보았을 때 가장 적합한 학습의 유형(learning type)과 교수법(teaching pedagogy)이 결정된다. 그동안 행동주의 학습이론이나 인지적 학습 이론들은 단지 내적인 심리적 과정에만 초점을 맞추었다. 반면에 사회적 학습이론들은 외적인 상호작용에만 주의를 기울였다. 그러나 학습이 발생되려면 양측면의 과정들이 적극적으로 포함되어야 한다. 인간이 무언가를 학습한다는 것은 생애를 거치는 과정에서 얻은 경험들이 지식, 기술, 태도로 변환되는 것이기 때문에 그의 물리적, 정신적, 사회적·조건들 사이에서 학습이 어떻게 이루어지는 지를 통합적으로 구조화해야 한다.

  (1) '체득하는 앎(Bodily Knowing)'의 교수-학습 과정

  '체득적 앎'이란 지식(교육내용)에 대해 동화와 조절, 모방과 반복, 변환 학습이 조합됨으로서 완성된다. 교수-학습의 흐름은 먼저 학습자들에게 기

독교 교육내용(contents)이 노출(exposure)되고, 또 반복(repetition)됨으로서 이해(understanding)에 이르게 되며, 그것이 사회·공동체적 상호교류를 통해 확증(conviction)될 때 마침내 개인의 삶의 변화라는 응답(response)에 이른다. Bodily Knowing 교수–학습 구조는 지·정·의라는 수준별(level) 단위로 구성된다.

※ Level 1 : 지식(인식수준)은 3항목(objects)으로 구성.

구성주의는 개인학습자는 자신을 둘러싼 환경과 상황을 활용하여, 의미나 지식을 창출한다고 본다. 학습의 첫 단계에서 학습자의 직관적 지식이나 신념(beliefs)은 그의 상황에 편재해 있기에, 내용 모듈(module)에는 관계된 자료와 정보들을 배열해 놓고, 학습자가 그것을 인지하고, 재구성해 봄으로서 자기 것 화하도록 안내한다.

성경공부의 첫 출발단계에서 학습자의 인식의 상태는 성경내용이나 오늘의 주제에 대한 표상적인 의미, 혹은 객관적인 사실을 인지하는 정도일 것이다. 무지 혹은 불확실한 앎의 상태에서 분명한 인지적 앎의 수준으로 초대하는 단계다. 그동안 알지 못했던 미지의 세계가 직관(intuition)과 감각을 통해 그들의 경험과 만나게 될 것이다. 성경본문을 단순하게 읽게 하거나, 귀에 들려주는 방식으로 시각과 청각을 동원하거나, 신체의 움직임이 포함된 역할극 등의 교수법으로 전체적인 내용이 파악되도록 한다. 이 때 교사는 더 많은 어휘를 새롭게 소개하고, 동작 자극(흔들기, 뛰기, 눈과 손의 협응) 활동을 제안하거나 학습자가 선행경험들과 연결하기 용이하도록 '의미 있는 상황'을 연출한다.

object 1-1 배우기: Story(성경본문, 성화, 신학적 핵심 개념이나 명제적 정의 등)

object 1-2 연결하기: 평행적 stories(경험, 비유, 예화, 전래 동화 등)

object 1-3 확인하기: 이해도 점검(질문: 인과 관계, 종합, 분석, 구분, 비

교, 대조하게 하는 '추론적' 발문 및 새로운 사태
에 원칙을 적용, 이론화, 예언하는 반응을 나타내
게 하는 '적용적' 발문)

※ Level 2 : 이해(이해수준)은 3항목(objects)으로 구성.

학습자가 1수준에서 새롭게 인지한 내용에 대해 추론이나 성찰을 통해
의미를 생성하는 단계이다. 학습자의 지식에 대한 질문들이 내적 상호작용
(동화-조절-균형)으로 해석에 이르며, 교사·부모·또래와의 외적 상호작용
(ZPD, 소통)으로 새로운 관점과 대안을 갖게 된다.

교수-학습 방법: 텍스트를 현재의 의미로 변형하기, 정반대 텍스트로 편
집하기, 이야기를 이어가기, 관점 바꿔보기, 새로운 이
야기 창작해보기, 그림 혹은 사진으로 이야기 만들기,
행위자들을 바꿔봄으로서 텍스트를 낮설게 하기

object 2-1 이해하기: 내용을 자신의 경험과 비교하고 선별하면서 주관
적으로 해석

object 2-2 나누기: 소그룹 내 구성원의 관점들로부터 도전받고, 성찰
하는 신학적 이해(theoloziging)

object 2-3 정의하기: 자신의 관점을 어떤 준거(reference: 성경, 기독
교전통, 신학 이론)에 따라 객관적으로 이해

성경으로부터 얻은 통찰들이 학습자들로 하여금 그들의 일상적 삶의 경험의 깊이를 발견하도록 한다. 2-2[나누기]에서 동료와의 만남(encounter)에서 학습자들은 서로로부터 배우면서 삶에 대해 열린 관점을 개발할 수 있다.

※ Level 3 : 반복(습득수준)은 3항목(objects)으로 구성.

배운 내용을 다시 한 번 몸의 감각으로 표현하고, 반복하여 훈련함으로서 가치관이 내재화되고 태도로 드러나는 단계다. 놀이나 게임, 구연 그리고 문학 활동, 창조적이며 표현하는 활동, 실천적 활동들로 구성될 수 있다. 배움의 적용은 인지적 체화(intellectual), 정서적 체화(emotional), 의지적 체화(volitional)로 구별된다. 한편, 이 시점에서 이 과의 학습목표 성취도에 대한 질적 평가가 실시될 수 있다.

object 3-1 훈련하기(지): 언어적 훈련(진): 암송, 쓰기, 찬양하기

object 3-2 표현하기(정): 정서적 훈련(미): 미술, 음악, 몸짓, 연극

object 3-3 실천하기(의): 행위적 훈련(선): 자선활동, 봉사하기

networking

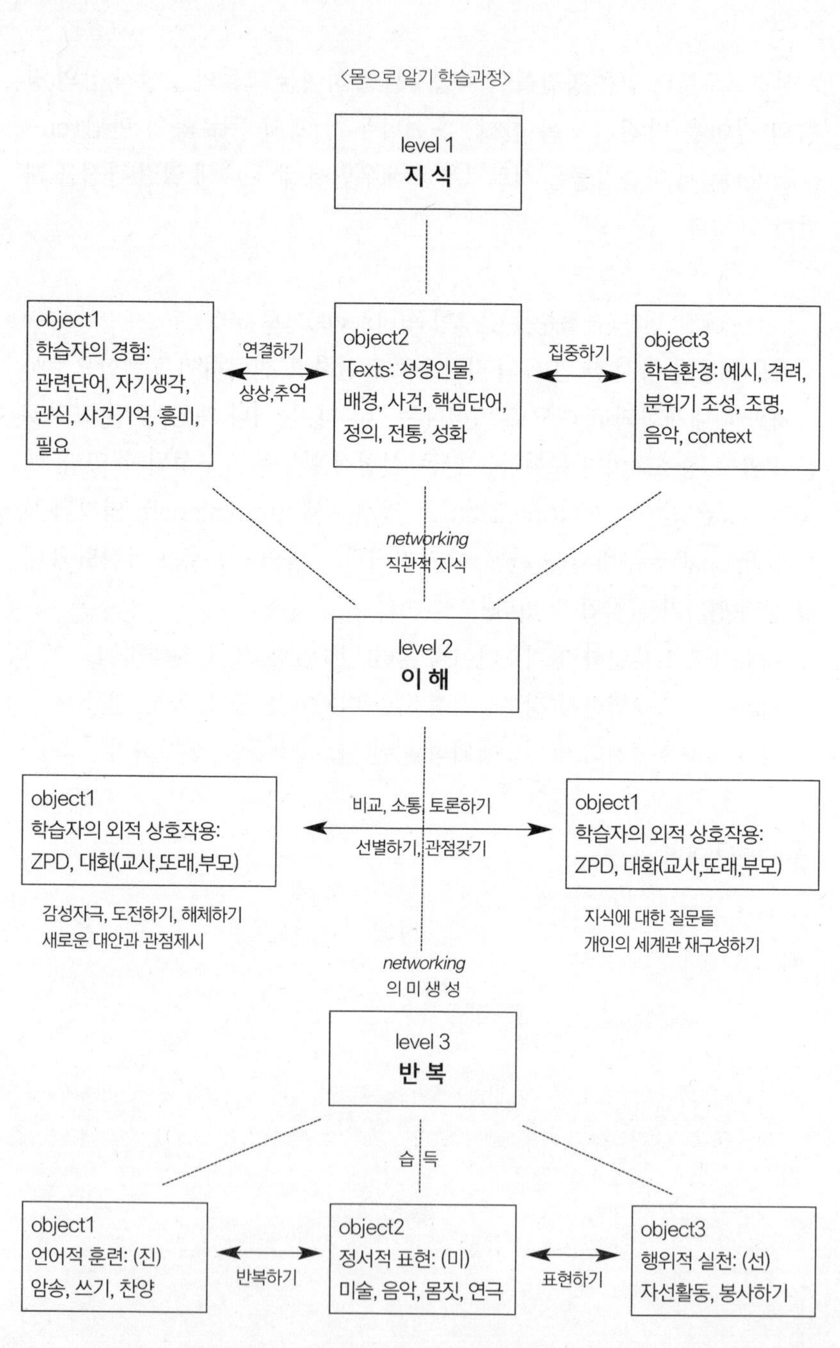
〈몸으로 알기 학습과정〉

level 1
지 식

object1
학습자의 경험:
관련단어, 자기생각,
관심, 사건기억, 흥미,
필요

연결하기
상상,추억

object2
Texts: 성경인물,
배경, 사건, 핵심단어,
정의, 전통, 성화

집중하기

object3
학습환경: 예시, 격려,
분위기 조성, 조명,
음악, context

networking
직관적 지식

level 2
이 해

object1
학습자의 외적 상호작용:
ZPD, 대화(교사,또래,부모)

비교, 소통 토론하기
선별하기, 관점갖기

object1
학습자의 외적 상호작용:
ZPD, 대화(교사,또래,부모)

감성자극, 도전하기, 해체하기
새로운 대안과 관점제시

지식에 대한 질문들
개인의 세계관 재구성하기

networking
의 미 생 성

level 3
반 복

습 득

object1
언어적 훈련: (진)
암송, 쓰기, 찬양

반복하기

object2
정서적 표현: (미)
미술, 음악, 몸짓, 연극

표현하기

object3
행위적 실천: (선)
자선활동, 봉사하기

(2) '공동체적 나눔(Communal Sharing)'의 교수-학습 과정

우리가 그리스도의 몸인 성도들의 구성체를 교실로 삼는다면 그 안에는 고립된 교사나 학습자가 있을 수 없을 것이다. 결국 내용으로서의 신학이나 교리에 갇힌 벽은 무너지고 그 틈 사이로 지체들 사이에서 발생하는 구체적인 삶의 양상들이 교육의 자원이 될 것이다. 종교의 실제 내용은 '계시에 의해 경험되는 삶'이기 때문이다. 이를 위해 교사는 학습자들의 일상의 순간들에 하나님의 영이 자유롭게 임하도록 개방해야 한다(Webb-Mitchell, 33-35).

기독교교육은 개인적 신앙발달의 문제가 아니라, 공동체적 삶에 관한 것이다. 즉 하나님과의 경험에 참여하면서 서로가 그리스도의 몸 됨을 발견하는 것이 목적이다. 기독교 가르침의 내용은 교리나 정보가 아니라, 구체적인 삶에서의 경험이다. 신앙공동체의 본질을 그리스도와의 연합함(com-munion)에 근거한다고 볼 때, 동료 간의 신앙적 교제와 하나님과의 상호관계성을 조성해 주는 차원이다. 여기에서 학습자에게 영향을 주는 공동체 구성원들과 삶을 나눌 수 있는 기회를 제공하여, 피드백을 통한 경험으로부터 배우도록 안내한다. 이에 교회는 학습자들의 일상적인 삶의 태도를 교정하여 그리스도인으로서 바르게 세우기 위해 BCM 사역을 지원한다. 학습자 소그룹을 다양하게 구성하고, 그룹의 지도자를 임명한다. 그리고 대그룹 규모에서 케리그마가 선포되는 예배의 장을 제공함으로서 학습자의 신학적 사고가 인생의 가치관으로 형성되도록 돕는다. 이 과정에서 대그룹의 모임은 다시 몇 몇의 소그룹으로 분산하여 예전에서 경험한 바, 하나님의 뜻에 준하는 공동의 윤리적 기준을 명료화한다. 이 단계에서 학습자가 그룹의 '해석공동체' 내에서 역설(paradox)에 직면했을 때 일반적인 인지적 영역을 벗어나 새로운 관점과 상상력이 발현됨으로서 '확신적 앎'을 얻게 된다.

※ level 1: 관심(이슈화) ← 소그룹 차원

 object 1-1: 역할분담, 학습과제

 object 1-2: 심리·사회적 주제, 역사적 주제, 신학적·교리적 주제

sharing: 암묵적 소통

      [학습자와 교사] 주목하기, 비교하기, 공감하기, 공유하기

      존중하기, 신뢰하기, 교제하기, 협동하기

※ level 2: 반응(적극적 관여) ← 중·대그룹 차원

 object 1-1: 개입, 모방

 object 1-2: 성찰, 비판

sharing: 공동의 실천 양식(예배, 기도회, 세례, 애찬, 절기: 사순 고난 부

      활 성령강림 수련회: 겨울계절 여름계절)

      [학습자와 교사] 참여하기, 대화하기, 단절 잇기, 설교 경청

※ level 3: 인격화(내면화) ← 소그룹 차원

 object 1-1: 공동의 기준 확립

 object 1-2: 신학적 확신과 신앙고백

 object 1-3: 체험

sharing: 교회론적 실존(마음의 습관화)

      [학습자와 교사] 명료화 – 공동체의 윤리적 지침을 공공화 하기

      사회화 – level 2에서 배운 것을 교회내의 다른 구성원과 나누기

〈나눔으로 알기 학습과정〉

level 1
관 심
object 1-1
역할분담, 학습과제
주목, 공유, 공감, 비교하기
존중, 신뢰, 교제, 협동
object 1-2
심리사회적, 역사적,
신학적 교리적 주제
sharing
암묵적 소통
level 2
반 응
object 1-1
개입, 모방
참여하기, 대화하기
단절잇기, 설교경청
object 1-2
성찰, 비판
sharing
공동의 실천양식(예배, 세례, 성찬, 수련회)
level 3
인 격 화
교회론적 실존(마음의 습관)
object 1-1
공동의 기준 확인
명료화
object 1-2
신학적 확신, 고백
사회화
object 1-3
체험

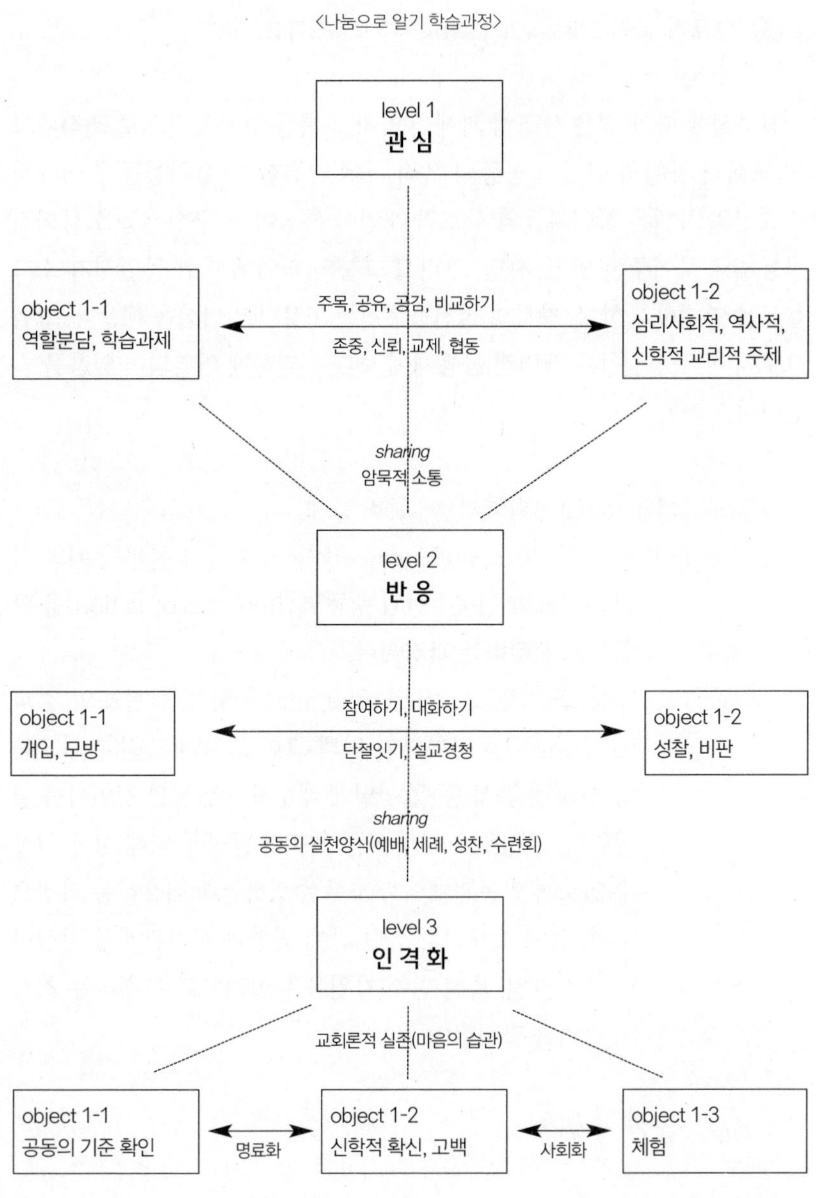

(3) '선교적 실천(Missional Living)'의 교수-학습 과정

전문성에 따라 혹은 선교적 과제에 따라 그룹들은 자체적으로 조직되고
전 교회적 차원의 실천적 공동의 목적 하에 합류한다. 실천공동체 내에서
관계성의 차원은 참여자들의 상호적 개입이 특징이다. 구성원들을 사회적
공동체로 묶어주는 열정, 사명, 그리고 그룹의 과업에 대한 동일시가 소그
룹들을 연대하게 한다. 각각의 실천공동체는 고유한 리더십을 세운다. 그럼
으로써 이 구성원들은 개별적 공동체에 보다 긴밀하게 연결되어 있음을 발
견한다.

※ level 1: Planning(기획하기) ← 준비 단계
object 1-1: 필요 찾기(researching needs) - 목회자가 선교를 위한 적
절한 목표와 행동방안과 행동노선(courses of action)을 확
인하고 선정하는 과정이다.
object 1-2: 그룹 조직화(organize grouping) - 정해진 목표의 결과
(outcomes)를 성취하기 위해 교회 조직의 자원(관심그룹
형성, 재정 편성 등)을 어떻게 배분하고 활용할 것인가를 결
정한다. 구성원으로 하여금 목표의 달성을 위해 함께 일할
수 있도록 활동관계의 구조를 수립하는데 이용하는 과정으
로서, 상이한 개인과 집단 간에 권한과 책임관계를 설정하
며 조직자원, 특히 인적 자원을 통합적으로 조정하는 최선
의 방법을 결정한다.

building: 동기, 상상력

※ level 2: Do, Practicing(실행하기) ← 실행 단계

object 1-1: 지원하기(supporting) – 행동그룹조직의 구성원이 따라야 할 분명한 비전을 명확히 표현하고 그들이 조직의 목표를 달성하는데 있어서 수행해야 할 역할을 이해할 수 있도록, 적절한 조치를 강구하는 리더십 세우기(making leader-ship)의 단계다.

object 1-2: 체험하기(experiencing)

building: 의사소통, 콘텐츠 제공

※ level 3: Reporting(보고, 반성하기) ← 평가 단계

object 1-1: 통제화(controlling) – 목회자가 실천 조직이 얼마나 그 목표를 잘 달성하고 있는가를 평가하고 성과를 유지 혹은 개선하기 위하여 필요한 조치를 취하는 활동.

object 1-2: 비전수정(re-visionning) – 실천 후 자체평가 및 외부(지방자치기구, 시민단체, 타종교)로부터의 피드백을 수렴한다. 또한 계획화, 조직화 및 지휘화라고 하는 다른 3개 분야의 운영기능을 얼마나 잘 수행하고 있는가를 평가하여, 차기 프로젝트를 위한 수정행동(corrective action)을 비전에 반영한다.

building: 변증적 비전 형성, 발전적 제안

3) 각 측면의 목회적 패턴

(1) 단원 B의 목회적 패턴

단원 B의 디다케 교육과정은 연중 주일 성경공부의 성격으로 구성된다. 유념할 점은 이 단원이 지적인 영역에 국한되지 않는다는 사실이다. 그것은 '몸으로 알기'다. 그래서 텍스트와 콘텍스트와의 관계성이 단절되어서는 안 된다. 성경 본문에서 그 당시 사회문화적 배경을 바탕으로 말씀의 의미가 파악되어야 하며, 그것이 오늘날 학습자의 삶의 상황과 경험에 공감되고 적용 가능한 것으로 해석되어야 한다. 그리스도인이 '몸으로 알기' 위해서는 연령대별 심리적 발달에 따라 사실을 알고, 개념화하고, 문제를 해결하고, 분석, 종합, 그리고 평가하는 등 그 '인지적 수준'을 조정한다. 결과적으로 학습자는 진리의 말씀을 옳게 분별한다(딤후 2:15). 그는 정서적 차원에서 말씀을 경청하여 우선적인 가치를 내면화하고, 매일의 삶을 영적으로 성찰함으로써 말씀의 의미를 발견한다(엡 4:15). 학습자는 자기의 생각과 가치를 하나님의 뜻에 맞추면서 순종하는 행동으로 옮긴다(마 7:24). 마침내 우리는 그 열매로 그들이 온전히 알게 되었음을 발견하게 된다(마 7:16-21).

(2) 단원 C의 목회적 패턴

단원 C의 목회적 패턴은 '주간목회' 사역을 포함하여 연중 신앙공동체 안에서 사회화(socialization)를 이루는 교육과정이다. 교회력 상으로는 의례에 참여할 수 있는 주현절부터 성령강림절을 포함하며, 교회학교에서 집중적인 신앙 훈련을 하는 시기에 해당한다. 1월(계절학교), 2월(계절수련회), 3월-4월(사순절~부활절: 부흥회, 세례예식), 5월(어린이·어버이·스승의 주일), 6월(헌신예배), 7월(계절학교), 8월(계절수련회) 등으로 구성된다.

소그룹에서 시작하여 대그룹 예배로, 다시 소그룹 차원의 실행으로 이어지는 교육목회 C패턴의 구체적 예는 다음과 같다.

[예 1] 청·장년 구역모임에서 고난주간 성 금요일 소그룹 모임(나눔) → 부활주일 대예배로(참여, 애찬) → 후속 주일 헌신예배로(고백, 발표) 혹은 주중 직장 전도.

[예 2] 새신자 훈련반 혹은 세례준비반 모임(소그룹) → 세례예식(중·대그룹)으로 → 각 사역부서 봉사(선교회, 교회학교, 성가대 등)로 (소그룹).

(3) 단원 M의 목회적 패턴

단원M의 목회적 패턴은 거시적이며 장기적인 차원에서 교회의 전체적인 교육적 흐름의 물고의 역할을 한다. 즉, B단원과 C단원의 승계가 교회의 목적과 조화롭게 연결되는지를 점검하고, 더 나아가 개인과 그룹의 내적인 변화가 행동으로 표면화되도록 지도한다. 이 단원은 주로 절기 행사와 관계된다. 그것은 성령강림주일 이후로 대강절과 성탄절을 포함하는 교회력을 따르면서, 한 해의 후반부에 해당하는 5~6회의 대사회적인, 전교회의 섬김과 선교에 관한 프로젝트(관계전도, 연말연시 독거노인 돌봄), 단기선교, 지역사회 봉사(자원봉사, 방문, 바자회), 축제 등의 이벤트로 구성된다. 이를 위해 사명은 물론, 전문적인 지식과 재능을 겸비한 '제자단'을 구성할 수 있다.

5. 교사와 학습자 이해

BCM 성결교사의 소명은 예수 그리스도의 사역에 나타난 그의 세 가지 직분의 성격에 기초한다. 교사는 예수 그리스도가 그러했던 것처럼 제사장(히 3:1, 4:14)으로서, 예언자(마 13:57, 21:11, 눅 24:19, 요 6:4)로서, 그리고 왕

(막 15:2, 눅 23:3, 요 18:37, 행 17:7)으로서 학습자를 가르친다. 한편 학습자인 그리스도인의 삶은 심리학적 영역인 생각하기(thinking), 가치화하기(valuing), 그리고 행동하기(doing)의 세 영역과 그것을 잇는 영적인 영역을 기반으로 이 세상을 살아간다. 따라서 BCM 교사는 그리스도의 몸을 이루는 목회자로서 그에게 맡겨진 한 영혼을 지, 정, 의 그리고 영적인 차원에서 통전적으로 파악하며 돌본다("이는 성도를 온전하게 하여 봉사의 일을 하게하며 그리스도의 몸을 세우려 하심이라" 엡 4:12). 이러한 훈련은 학습자를 가르치는 일을 포함한다. 그리고 그를 따르는 자들을 정확하게 알고, 생각을 나누고, 또한 태도와 가치관을 세우는 일을 포함한다. 이를 위해서는 경청하기, 사랑하기, 가치로 삼기, 삶의 우선순위 매기기, 영적인 진리들을 매일의 삶에서 성찰하는 연습을 필요로 한다. 더 나아가 교사의 사역은 봉사하는 가운데서 그리고 하나님이 우리를 부르셔서 행하기를 원하는 것을 행함으로서 온전하게 성취된다.

한편, '성결한 그리스도의 몸(BCM)' 교육목회 커리큘럼을 운영하는 교사와 학습자는 그리스도를 중심으로 성령 안에서 유기적이며 지속적인 관계를 맺으며 성결교회를 온전히 세우고자 노력한다. 왜냐하면 신앙교육은 예수와 제자들이 하나님의 사랑의 끈으로 묶였던 것처럼 상호신뢰의 관계를 바탕으로 형성되기 때문이다.

1) 신뢰로 믿음을 쌓는 관계

기독교교육은 한 자연인이 예수 그리스도에 대한 '신앙'을 품어 교회 공동체 생활을.할 수 있도록 돕는 출발점이 되는 교회의 교육적 활동이다. 그런데 일반적으로 사람에 대한 신뢰감을 상실하는 것과 하나님을 불신하는 것과는 서로 관계가 있다. 그래서 신앙을 잃어버린 사람들에게서 나타나는 양상을 보면 모든 교회 생활과도 단절되어 공동체에서 활동했던 일들과도 멀어지게 된다. 특히 나이가 어렸을 때 겪은 경우 일수록 사람에게서 받은 실망, 즉 신뢰감 상실은 하나님과의 관계로 직결된다. 그래서 이사야 선지자는 '신뢰의 띠'를 강조하며, 우리들에게 어렸을 때의 본래적인 신뢰를 잃지 말 것을 권한다. 이 본문을 보면 인간이 태어났을 때부터 둘러있는 보이지 않는 어떤 띠가 하나님으로부터 주어졌음을 엿볼 수 있다(사 11:1-9). 신뢰란 인간이 결코 없애서는 안 될, 하나님이 세우신 파괴할 수 없는 기초를 의미한다.

반면, 신뢰의 상실은 곧 죄와 타락을 야기하는 경우에서 발견된다. 예수의 말씀에서 찾을 수 있다. "예수께서 제자들에게 이르시되 실족하게 하는 것이 없을 수는 없으나 그렇게 하게 하는 자에게는 화로다(눅 17:1)", "누구든지 나를 믿는 이 작은 자 중 하나를 실족하게 하면(마 18:6상)" 그 책임이 있는 자가 저지르는 타락이란 곧 한 어린아이의 믿음을 파괴하는 것과 같다는 경고이다. 그래서 BCM 교사는 신뢰와 믿음으로 교육해야 한다.

예수님은 제자들과 함께 지냈다(막 3:14). 그리고 자기 제자들과 견고한 신뢰의 관계를 형성하였다. 예수님은 그가 가르친 학습자를 끝까지 신뢰하였다. 비록 유다의 배신을, 베드로의 부인과 다른 제자들이 도망침을 겪었지만 그는 신뢰의 파괴가 인간 삶의 일부를 이룬다는 점을 받아들이는 통찰력이 있었다(요 13:2, 11, 21, 38, 요 18:17, 25, 27, 막 14:50).

나사렛 출신의 '인자'이며, 한 평범한 선생을 신뢰함으로서 제자들은 곧 하나님을 신앙하게 된 것이다. 각자의 궁극적인 가치를 아는 한 분 스승을 믿는 신뢰의 선택이 기독교 신앙의 첫걸음이 되었다. 예수는 하나님이 사람에게 심어주신 신뢰의 본성을 알고, 상호 신뢰 관계 속에서 제자들을 세상으로 보낼 수 있었다(마 10:16).

예수 그리스도를 믿는다는 것은 그와 개인적이며 인격적인 관계를 맺는 일이다. 신앙-신뢰의 태도는 타인을 향하는 가장 작은 걸음이다. BCM 교사와 학습자는 신앙의 긴 여정을 이웃을 향해 전도하면서 함께 걸어간다.

2) 관계 형성을 통한 신앙교육

모든 교육은 적어도 두 사람 사이의 관계로 성립된다. 하나는 가르치는 자이고 다른 하나는 가르침을 받는 자다. 따라서 그것은 '관계적'이다. 그럼에도 불구하고 오늘날 교회의 교육목표는 일반적으로 이 관계를 고려하지 않는 경우가 많다. 오히려 이 관계를 통한 지식의 전수가 우선시 된다. 그러나 예수는 어느 누구도 그의 가르침의 관계에서 배제하지 않았다. 사역 초기부터 바리새인과 서기관과의 갈등도 있었지만(막 2:1-11, 24, 3:6) 예수는 그들과 함께 하며 수용적 관계를 맺었다(눅 7:36, 13:31, 14:1, 막 12:28, 32, 34). 그에게 있어서 전달할 지식은 그와 청중들 사이에 성립된 관계성보다 덜 중요했다. 예수님은 신앙에 관한 어떤 이론적 정보가 아니라, 신앙의 실천을 가르쳤다. '아버지의 뜻을 따르는 자들', '그의 말씀과 명령을 지키는 자들', 그리고 매일 '실존적이며 구체적인 상황에서 그것을 살아내는 자들'이 바로 이 교육자의 바람에 전적으로 부응하는 제자들인 것이다.

모델로서 예수님의 교사상을 본받아 BCM의 신앙교육은 인간관계에 대해, 그리고 세상과의 관계에 대해 역동적이며 개방적인 차원에서 이루어진다. 그리고 교사의 권위는 그가 주님을 의지하는 겸손에서 나온다.

예수는 그의 제자들을 자신의 사역을 위한 단순한 수단으로 여기지 않았다. 그들이 사역의 목적이며 그 자체였다. 예수는 제자들을 많은 군중들과 접촉하는 통로로 이용하지 않았다. 그의 사랑과 정성을 그들에게 온전히 쏟았다. 이 스승은 자기의 능력, 즉 권력을 그들을 사용하는데 쓰지 않았다. 그러므로 예수가 이 땅을 떠난 후에도 제자들이 그의 사역을 자발적으로 감당할 수 있었던 것이다.

영적인 삶은 진리에 대한 추구다. 이 고유한 길을 스스로 선택하는 도전을 통해 '제자'는 필연적으로 자아의 내면을 발견하기에 이른다. 표면적 자아를 벗어버리는 행위 속에서 그는 주체로서 태어나는 것이다. 이 때 비로소 각각 하나님의 형상인 '스승'과 '제자'는 서로를 지지하면서 함께 신앙 순례의 길을 걸어갈 수 있는 것이다.

교사의 권위의 자원은 어디에서 찾아야 할까? 평범한 랍비들 중 한 사람으로 여겨졌던 예수에게서 사람들은 서기관들과는 다른 어떤 인격적인 권위를 느꼈다(막 1:21-22). 이에 대해 요한은 예수가 하나님으로부터 직접 받은 바를 가르쳤기 때문이라고 말한다(요 3:2, 8:28). 예수의 가르침에서 배워야 할, 스스로에게 하늘의 권위가 작용할 수 있도록 하는 태도는 무엇인가? 그것은 무시될 수 있는, 작은 자, 병든 자, 소외자를 섬기신 예수로 부터 배워야 할 진정한 겸손의 자세이며, 권위의 근거다.

3) 말씀에 기초한 관계

예수님은 그의 가르치는 사역을 통해. 그리고 균형 잡힌 삶을 통해 우리에게 규범을 보여주셨다. 그는 우리 교사들의 모델이며, 안내이며 조력자이다. BCM 성결교사는 진리의 말씀을 옳게 분별하여 정확하게 가르침(요일 4:1, 딤후 2:15)으로서 학습자가 세속적 가치관에 물들지 않고 그리스도인으로서의 정체성을 확고히 하도록 한다. 그래서 그는 설교와 성경공부를 통해 학생의 이성과 상상력의 발현되도록 질문하고 함께 성찰한다. 학습자들이 주님 안에서 이성적으로 성장한다면, 그들이 단순한 단어를 넘어서 말씀의 분명한 뜻을 탐구하는 단계로 나아가기 때문이다. 우리들 가운데 누구도 하나님의 말씀이 의미하는 바를 분명하게 이해하지 않고는 머리되신 그리스도 안에서 성장할 수 없을 것이다. "오직 사랑 안에서 참된 것을 하여 범사에 그에게까지 자랄지라 그는 머리니 곧 그리스도라(엡 4:15)"

4) 공동체에서 형성되는 교사와 학습자의 관계

예수님의 지상의 사역은 마태복음 4장 23절에서 보이듯이 세 가지 행동으로 특징 지워 진다. "예수께서 온 갈릴리에 두루 다니사 그들의 회당에서 가르치시며 천국 복음을 전파하시며 백성 중의 모든 병과 모든 약한 것을 고치시니." 그의 가르침, 설교 그리고 치유를 통해 제자들은 점차적으로 그의 공동체의 한 구성원으로 살면서 예수의 삶의 방식을 배웠다.

개인의 학습은 한 공동체의 실천에 참여함이 없이는 완성될 수 없다. 확실히 모든 인간의 삶은 다른 사람들과의 사회적 상호작용을 통해 이루어진다. 사회적 공동체에 참여함으로서 각자의 경험이 다듬어지고, 또한 그가 속한 공동체가 다듬어진다. 즉 양쪽 모두가 변화할 가능성이 있다는 말이다. 그러므로 참여는 효과적인 학습에 필요한 방법이다. 실천적 참여를 통해 인간의 학습은 '통전적(holistic)'이 된다. 우리들의 전인, 즉 신체와 정신, 감정 그리고 사회적 관계들을 포함할 때 비로소 전인적인 학습이 성취된다는 말이다(Csinos, 2010, 47-50). 한 개인이 공동체에 참여함으로서 그는 주변인에서 벗어나 점차적으로 타인들과 인격적이며 사회적인 관계를 형성하게 된다. 이 과정을 거치면서 그는 파편으로서의 자아(fragmented self)가 아니라 온전한 인격체(whole person)로 성숙한다.

복음서는 예수님이 독자적으로 사역을 시작하는 표시를 그 제자들을 부른 것과 연결시킨다(막 1:16-20, 2:13-14). 그가 가르치고자 한 제자 집단의 선발은 곧 '예수와 함께 하나님의 통치에 의한 삶의 공동체에 입회하여 그의 삶의 방식에 참여함'을 뜻했다.

스승과 제자, 제자와 제자간의 상호적인 관계성이 개인과 공동체 모두에게 하나의 '변환적인 과정(a transformative process)'의 학습을 제공한다. 예수가 가르칠 때, 그를 둘러싼 추종자들은 그 곁에 있으면서 어떻게 이 스승이 다른 사람들을 변환시키는 학습이 일어나게 하는가를 관찰했다. 예를 들어 비유를 말할 때 예수는 청취자들을 하나의 이야기로 끌어들여서 그들로 하여금 그것의 의미가 무엇인지, 또 삶에 어떻게 적용할 지에 대해 하나님과의 관계에서 성찰하고, 또 서로 토론하도록 하였다. 신앙공동체는 어느 누구도 제외시키지 않고 그 선교적 사명을 계속한다. 삭개오와 막달라 마리아처럼 예수를 증거한 나중 제자들도 이 예수 공동체 안에 수용되었다. 이렇듯 교회는 각자가 그리스도인으로서의 정체성을 분명히 하도록, 그 실천에 함께 참여할 것을 초청한다.

개별적 존재가 자신의 내부로 돌이킬 뿐만 아니라 외부를 향해 움직일 때 비로소 '교육'이 시작된다. 교육은 자아에 대한 추구이면서 또한 보다 확장된 공동체인 사회와 세상과의 관계성에 대한 탐구라는 뜻이다. 이것은 마치 어린아이가 그들을 안내하는 사람들의 도움으로 보다 나은 삶을 위한 분별력이나 정직성, 책임성 등과 같은 능력을 고양하는 것과 같다. 그러므로 교사의 임무는 교육의 과정에서 학습자들로 하여금 상호의존성(interdependence)을 인식하도록 하는데 있다. 예수와 제자 공동체 교육에서 볼 수 있는 '상호 관계적' 방식은 세계를 관계적으로 바라봄으로서 통합적으로 진리를 인식하게 돕는다.

6. 환경과 교육평가

BCM의 교육환경은 복음에 기초하여 개인-소그룹-회중-사회적 관계가 형성되는 곳이다. 이 관계성의 본질은 거룩성이다. 주님 안에서 거룩한 관계가 창조되려면 교육환경이 학생들에게 생태학적 경험의 장을 제공하는 것으로 계획되어야 한다.

한편, 교육목회 사역에서 '평가(Evaluation)' 시스템은 기독교교육 행정에서 빠져서는 안 될 영역이다. 그렇기 때문에 일 년 사역을 진행하면서도 목회자의 정규적인 개입이 필요하다. 그런데 그가 개입할 때는 한 발 물러서서 교회 안의 교육 사역들 전체를 바라보는, 관점의 객관화 필요하다. 즉, 사역자들이 설계한 바대로 BCM교육목회의 삼중적 패턴이 함께 맞물리면서 공동의 목적을 향해서 나아가고 있는 가 위치를 파악해야 한다. 교회의 모든 성도들이 BCM교육목회의 순환과정에 포함되어 성장하고 있는지 신앙의 '질적평가'를 체크해야 한다.

1) 교육의 장의 확장

교육목회자는 어떤 학습 환경과 방법들이 BCM의 교육목표들을 성취하도록 안내하는 것일까를 질문해야 한다. 교육의 장의 적합성이 각 발달단계에 있는 학습자의 영성을 성장시키기에 충분한가? 가장 편안하게 느끼는 그 자리에서 그들은 감성적 영역에서 관계성을 발전시킬 수 있기 때문이다. 그렇지만 어떠한 학습 환경이라도, 모든 것은 하나님의 백성으로서 교회의 성격을 반영하는 것이어야 한다. 확실히 갇힌 교실 안에서의 예배와 공과공부, 놀이 활동만으로는 한계가 있다. 요즘 여러 교회들이 수련회와 캠핑을 자연 속에서 마련하고 있지만 그것은 교육철학적 설계가 미진한 채 실시되는 경우가 많다. 듀이가 교실은 자연의 연장으로 여겨져야 한다고 주장하였듯이 교실은 거기에서 질문과 탐구가 일어나는 생태학적 공간이 되어야 한다. 여기서 교사의 역할은 교실 환경과 학생의 경험의 상호연결을 촉진하는 일이다. 학습자가 자연과 세계, 그리고 지역사회의 교회라는 전체적 환경의 일부임을 느끼고 자신과 그룹이 속한 삶의 장을 향한 기독교적 책임성을 발견할 수 있게 도와야 한다. 따라서 제한된 시·공간의 벽을 넘어 세대와 인종, 성별을 초월하고 국경을 넘나드는, 확장된 교육의 장을 마련해야 한다. 신앙공동체 안에서 주제별 관심사에 대한 탐구의 즐거움을 서로 나누고 공감할 수 있도록 소그룹 밴딩을 다양화할 때 구성원들 간에 연대와 세상과의 연합이 이루어 질 수 있다.

친환경적 교실환경 조성과 친근한 교사의 이미지와 같은 긍정적인 환경은 두뇌발달을 촉진시켜 창의적 통찰을 촉진한다. 학습자에게 영향을 주는 타인이나, 관심을 공유하는 공동체 구성원들과 학습목표를 중심으로 상호작용할 수 있는 기회를 마련한다. 이 때 교사는 학습환경에 부정적인 요소를 제거해야 한다(예: 지적하기 등). 교회교육 현장 밖에서 배우고 전할 수 있는 매체(TV, 정보)와 기관(학교, 타종교, 시민단체, 복지시설) 그리고 지역사회 행사 등으로 학습 환경을 확장한다. 교사는 학습자들이 영적인 성숙의 균형을 이루도록 복합적 학습환경을 마련해야 한다. 학습목표와 학습자를 지원하기 위해서. 예를 들자면, 교실은 가장 편안한, 거기에서 가정과 같이 감성적 영역에서 관계성을 발전시키기에 적합해야 한다. 어떠한 학습 환경이라도, 모든 것은 하나님의 백성으로서 교회의 성격을 반영하는 것이어야 한다(Estep, 2008, 289).

이 과정은 학습자의 생애를 통해 접촉점을 만들어 변환의 가능성을 열어줄 수 있다. 교육자는 학습자가 갖고 있는 긴장과 두려움과 같은 환경 요인들을 감소시켜서 감성적 분위기를 창출해야 한다. 덧붙여서 교사들은 학습자들과 변증법적으로 풍성하며, 감성적으로 의미 있는 관계성으로 개입함으로서 공감적인 '조율'을 할 수 있다. 기독교교육자는 소그룹과 공동체를 통해 명확한 사회적 관계성을 제공함으로서, 포괄적인 사회적 환경들의 영향을 깨달아야 한다. 바로 이 공동체가 학생들로 하여금 '믿음'을 '실천'하게 하며, 보다 심오한 변화로 이끌기 때문이다. 이 모든 정황들 안에서 우리들의 사역은 창조와 구속의 하나님의 성령을 신뢰하는 가운데 발생한다.

아이즈너는 '교육적 상상력'으로 학습자들이 보다 풍성한 학습 경험을 가질 수 있도록 하기 위하여 교육목표와 교육내용을 의미 있게 변형할 수 있는 능력을 개발해야 한다고 말한다. 이것이 객관적이거나 수치적인 기준으로 판단할 수 없는 수업의 질적 차원이다. 예를 들어 학습자들의 다양한 특성과 그에 따른 다양한 학업 성취의 정도, 교사와 학습자의 상호작용이 만들어내는 역동성과 변수들, 수업의 분위기나 흐름들과 같은 것들이다. 이러한 요소들에 의해 학습 과정은 획일적으로 계획될 수 없고, 그 결과 역시 양적으로 다 파악될 수 없다. 이렇게 질적인 특징을 가지는 학습 과정에 의해 얻어지는 앎은 학습자로부터 분리된 객관적인 차원을 넘어서서, 학습자 스스로의 것으로 내면화된다(아이즈너, 2004, 15). 더 나아가 그는 행동주의 심리학에 기초한 전통적 커리큘럼 이론에서는 교수-학습의 과정 중에서 발생할 수 있는 경이로움, 새로운 호기심, 신비한 깨달음과 같은 학습자에 내재되어 있는 내면적이고 심미적인 차원을 간과하는 경향이 있다고 비판한다(Eisner, 1994, 114-115). BCM 교수-학습이 지향하는 바는 학습자가 지식을 객관적으로 습득하는 것을 넘어서서 스스로의 것으로 획득하는 것이다. 따라서 우리는 아이즈너의 견해를 따라 통전적 앎을 위한 BCM 교수법으로 '예술적 접근'을 지향한다. 예술은 교육의 '질적인 특성'을 잘 반영하는 예이기 때문이다. 예술 활동은 참여자의 감각적, 감정적 개입에 의해 일어난다. 또한 단계적이거나 기계적이지 않고, 예측 불가능한 상호작용의 과정에 의해 진행된다. 예술 활동은 기계적으로 표현되는 것이 아니라 참여자와 밀접한 관련을 가진다.

　수업 활동은 단조롭거나 간단한 것이 아니다. 수업의 활동 속에는 수업의 분위기나 목소리, 속도 등과 같은 여러 가지 요소들이 있다. 수업은 이렇게 복잡한 요소들의 상호작용을 통해 일어나는 것이기 때문에 객관적이거나 획일적으로 예측할 수 없는 복잡하고 미묘한 활동이다. 마치 예술 활동과 같이 미묘한 질적인 특성을 지니는 것이 수업인 것이다. 때문에 수업은 복잡하고 예측 불가능한 우연성을 가지게 된다. 이렇게 수업은 가르치는 자의 계획성에 감성적 차원과 상상력이 더해져 복합적으로 만들어져가는 창조적인 활동으로 구성될 수 있다.

2) 질적평가

교육목회 사역에 대한 평가는 처음의 기획단계로 되돌아가는 일부터 시작되어야 한다. 평가란 사역자가 계획했던 바대로 열매가 있었는지, 진행과정 중에 방해는 없었는지 등을 점검하는 일이기 때문이다. 따라서 평가는 처음의 계획과 분리시켜 이야기 할 수 없다. 특히 일반 교육과는 달리 교회의 신앙교육을 책임지는 사역자는 처음부터 마치는 시점까지 전반적인 교회교육의 과정에 관여한 성령의 인도에 주목해야 한다. 교회를 향한 하나님의 계획이 교육 비전에 반영되었는가? "우리는 이것을 잘 수행하고 있는가?" 특히 교회사역의 평가는 여러 차원에서 발생해야 한다. 이때 어떤 지식적 내용의 이해를 총괄적으로 점검하는 양적인 평가보다는 질적인 평가의 도구를 사용해야 한다.

지금까지의 대부분의 평가는 성경내용의 지식이나 정보를 얼마나 기억하고 이해하였는가를 확인하는 차원에 머물러 있었다. 신앙교육이 '전인적인' 것이 되기 위해서는 학습자의 인지적인 수준뿐 아니라 그의 흥미나 태도, 행동 등 정의적인 측면을 고려한 것으로 그 평가 영역의 확대가 요구된다. 오늘날의 교육평가는 양적평가에서 질적평가로, 결과중심 평가에서 과정중심 평가로, 지식평가에서 전인평가로 전환되고 있다. BCM 교수-학습과정의 질적인 측면을 평가하고 그 과정의 개선을 도모함으로서 학습자 개인의 신앙 성장과 발달을 도울 수 있어야 한다. 평가란 일종의 판단이 아니라 학습자 개인이 바람직한 방향으로 변화될 수 있도록 돕는 활동이라는 시각에서 실시되어야 한다.

BCM 교수-학습과정에서 교육평가는 지적 측면에 정의적, 행동발달 측면까지 포괄하는 전인적 평가다. 교육평가는 교육목표가 어느 정도 성취되었는가를 알 수 있는 진단도구다. 교육목표가 학습자의 수준에 적합한 것이었는가? 사용한 자료와 교재, 교육방법은 적절했는가? 교수-학습과정에서 어떠한 변화들이 일어났는가? 등이 교육평가를 통해 밝혀질 수 있다. 또한 학습경험들이 교육목표를 달성하는데 얼마나 효과적이었는지를 평가해 봄으로서 차시의 학습목표를 조정할 수 있다.

통전적 인간이해에 기초한 신앙교육에서 간과할 수 없는 정서적 차원은 내면적이고 감정적인 것으로서 질적인 특성을 가지는 지적 차원과 서로 긴밀하게 연결되어 인지를 구성한다. 지적인 차원과 정서적 차원은 모두 인간의 경험 안에 동일하게 존재하는 실재의 부분들이다(아이즈너, 2003, 74). 이와 같은 맥락에서 해리스도 신앙교육은 "신비의 영역이며 종교적 상상력이 개입하여"라고 보았다. 가르침이란 궁극적인 가치와 의미를 발견하고 실천하도록 하는 것이기 때문에 학습자들이 단편적으로 지식을 습득하는 것으로는 불가능하다고 하면서 교육평가는 객관적인 차원으로 다 측정될 수 없다는 것이다(해리스, 2003, 34).

전통적인 평가유형인 양적 평가의 도구인 객관적인 방법으로는 신앙의 성숙도가 다 평가될 수 없다. 질적 평가는 교수학습과정에 존재하는 다양한 상호작용, 상황의 맥락들과 같은 현장성에 초점을 맞춘다. 질적 평가 유형은 학습자마다의 개별적인 평가를 중요하게 여기며, 소규모를 대상으로 한다. 때문에 양적 평가 방식보다 깊이 있는 평가가 가능하다는 장점이 있다. 또한 질적 평가는 사실적이고 종합적이다. 전통적 평가가 학습의 결과, 수량화할 수 있는 학업성취도를 평가의 기준으로 삼는다면, 질적 평가는 교수학습의 과정과 결과가 모두 평가의 자료가 되며, 수량화될 수 없는 학습자의 태도의 변화나 정의적인 영역들을 파악할 수 있는 장점이 있다. 때문에 계획적으로 설계된 상황과 평가도구로가 아니라 자연스러운 환경에서의 관찰이나 사례연구의 방법을 통해 교수학습과정에 존재하는 내면적이고 질적인 요소들을 평가하고자 한다. 전통적 평가 유형이 객관적이고 계획적인 방식이라면 상대적으로 이것은 주관적이고 자연적인 방식이라고 할 수 있다.

　'성결한 그리스도의 몸(BCM)' 교육과정은 학습자들의 지적인 측면과 더불어 정의적이며 영적인 영역을 통전적으로 평가함을 지향한다. 또한 학습자가 외현적으로 보이는 행동뿐 아니라 잠재적 영역을 파악한다. 학습의 결과를 중심으로 측정하는 것이 아니라 과정상의 변화를 관찰한다. 아이즈너가 제안하는 질적 평가 방법으로 교육적 감식안, 혹은 예술적 감식안과 교육비평이 있는데 이것은 수업의 미묘한 질적인 차이들을 분별할 수 있는 전문가적인 능력을 말한다(아이즈너, 2004, 117-118). 질적 평가 유형의 대표적인 것은 면접법, 관찰법, 자기평가 보고서로 대표되는 수행평가이다.

　BCM 평가의 영역에는 교회의 교육환경, 예배의 경건성, 학습 분위기, 목회자와 교사와의 관계, 친구들과의 신앙생활의 즐거움 등 수업 외의 주변환경도 포함되어야 한다. 또한 은연중에 보이는 교회 안의 부정의한 사례나 교사의 비도덕적인 언행이 학습자에게 부정적 영향으로 작용할 수 있음을 간과하지 말아야 한다. 한편 의도적으로 배제된 신학적, 사회적 주제들을 없는지 영 교육과정(null curriculum)의 시각에서 점검할 필요가 있다. BCM 교육목회는 예배와 설교, 다양한 교육사역 및 선교 프로그램을 아우르는 집결체이기 때문이다.

참고문헌

강희천. 『기독교교육의 비판적 성찰』. 서울: 대한기독교서회, 1999.

김성원. "체화된 종교성"에 관한 연구." 「組織神學論叢」. 40 (2014): 87-127.

박종석. 『현대 기독교교육사상』. 서울: 만남과 나눔, 2003.

______. 『성결교회 교육의 비전과 실천』. 서울: 기독교대한성결교회, 2008.

배 민. 『(우리 안의) 개인주의와 집단주의』. 서울: 책과나무, 2013.

서울신학대학교 기독교교육연구소. 『BCM 교육목회』. 서울: 기독교대한성결교회
　　　　출판부, 2007.

서울신학대학교 성결교회신학연구위원회. 『성결교회신학 (상)』. 서울: 기독교대한
　　　　성결교회 출판부, 2007.

______________________________. 『성결교회신학개요』. 서울: 기독교대한
　　　　성결교회출판부, 2007.

서울신학대학교 현대기독교역사연구소. 『한국성결교회 100년사』. 서울: 기독교대
　　　　한성결교회출판부, 2012.

유재덕. "인지과학적 관점에서 본 기독교교육의 과제와 전망." 「기독교교육정보」.
　　　　23 (2009): 327-356.

임영택. "웨슬리 초기 공동체형성과 성격에 관한 연구." 「기독교교육정보」. 38
　　　　(2013): 39-65.

정대현. 『다원주의 시대와 대안적 가치: 한 인간론의 여성주의적 기초』. 서울: 이화
　　　　여자대학교출판부, 2006.

최윤식. 『2020 2040 한국교회 미래지도』. 서울: 생명의말씀사, 2013.

최인식. 『예수의 바람 성령의 바람: 사중복음 정신과 21세기 교회혁신』. 서울: 사랑
　　　　마루, 2014.

하영선 편. 『21세기 평화학』. 서울: 풀빛, 2002.(강순원 글 "한반도 평화실현을 위
　　　　한 사회문화적 재구성")

한병철. 『피로사회』. 서울: 문학과지성사, 2012.

Breger, Louis. 『인간발달의 통합적 이해』. 홍강의, 이영식 역. 서울: 이화여자대학
　　　교출판부, 1998.

Freire, Paulo. Pedagogy of the Oppressed. Middlesex : Penguin Education, 1972.

Friesen, Duane K. Artists, Citizens, Philosophers: Seeking the Peace of the City.
　　　Canada : Herald Press, 2000.

Goldman, Ronald. Religious Thinking from Childhood to Adolescence. New
　　　York: Seabury Paperback, 1964.

Groome, Thomas H. Christian Religious Education: sharing our story and vision.
　　　San Francisco : Harper & Row Pub., 1980.

______________. Sharing faith: a comprehensive approach to religious ed-
　　　ucation and pastoral ministry. San Francisco: Harper & Row Pub.,
　　　c1991.

Grenz, Stanley J. 『포스트모더니즘의 이해: 포스트모던 시대와 기독교의 복음』. 서
　　　울: 예배와 설교아카데미, 2010.

Hauerwas, Stanley and Willimon, William H. 『하나님의 나그네된 백성』. 서울: 복
　　　있는사람, 2014.

Moore, Mary E. 『기독교 교육의 새로운 모형: 연속성과 변화성을 위한 교육』. 이정
　　　근 외 역. 서울: 대한기독교교육협회, 1991.

Newbigin, Lesslie. 『다원주의 사회에서의 복음』. 홍병룡 역. 서울: IVP, 2007.

Oser. Fritz K. and Gmuender, Paul. Religious Judgement: A Developmental Per-
　　　spective. Birmingham, Ala. : Religious Education Press, 1991.

Richard, Lawrence O. A Theology of Christian Education. Michgan: Zondervan,
　　　1975.

Rifkin, Jeremy. 『소유의 종말』. 서울: 민음사, 2001.

Snyder, Howard A. 『혁신적 교회갱신과 웨슬레: 교회갱신의 한 패턴』. 조종남 역.

서울: 대한기독교출판사, 1986.

__________. The Community of the King. Illinois: IVP, 2004.

__________.『새 포도주는 새 부대에』. 이강천 역. 서울: 생명의말씀사, 2006.

Taylor, Charles,『불안한 현대사회: 자기 중심적인 현대 문화의 곤경과 이상』. 송영배 역. 서울: 이학사, 2001.

Varela, Francisco J. 외.『몸의 인지과학』. 석봉래, 이인식 역. 서울: 김영사, 2013.

Walsh, Brian J. and Middleton, J. Richard. The Transforming Vision. Illinois: IVP Academic, 1984.

Webb-Mitchell, Brett P. Christly Gestures: Learning to Be Members of the Body of Christ. Michigan: Wm. B. Eerdmans, 2003.

Westerhoff III, John H. Will Our Children Have Faith? New York: The Seabury Press,1976.

__________.『내적 성장, 외적 변화』. 홍철화 역. 서울: 대한기독교출판사, 1984.

Wright, Christopher J. H.『하나님의 선교』. 정옥배, 한화룡 역. 서울: IVP, 2010.

"모형" 항목.『사회복지학 辭典』. 이철수 외. 서울: Blue Fish, 2009.

"모형" 항목.『TTA용어사전』(http://word.tta.or.kr/terms/terms.jsp. 2015년 4월 3일 접속).

"인지" 항목.『특수교육학 용어사전』. 국립특수교육원. 서울: 하우, 2009.

"인지" 항목.『표준국어대사전』. 국립국어연구원. 서울: 두산동아, 1999.

속회모임장면 그림 http://www.greenumc.org/node/1354 (2015년 4월 19일 접속)

교육내용을 위한 자원(resource)

교육내용의 범위(Scope)는 성도들이 배우게 될 내용의 폭과 깊이를 가리킨다. 이 한정된 범위 안에서 성도들에게 제시된 교육내용들이 선정된다. 교육내용의 범위는 내용선정을 위한 자원들의 창고(warehouse) 또는 시장으로 이해될 수 있다. 이것으로부터 교육내용을 위한 자원을 발췌할 수 있다. 교육내용의 범위를 설정할 때 기본적으로 고려되어야 하는 것은 성결교회의 신학이다. 성결교회의 신학에 위배되는 내용들은 교육목회내용의 범위에서 제외된다. 성결교회의 신학은 개신교, 웨슬리안, 사중복음을 근간으로 한다. 따라서 모든 교육내용들은 개신교적이고, 웨슬리안적이고, 사중복음적인 내용들로 한정된다.

교육내용의 범위는 성경, 교리, 기독교전통과 역사, 현대인의 삶의 주요 이슈들을 중심으로 한다. 성경과 교리는 지금까지의 성결교회 교육과정에 지속적으로 반영되어 온 것들이다. 이와 함께 본 교육과정에서는 기독교전통과 역사, 그리고 현대인의 삶의 주요이슈들을 교육내용으로 추가했다. 이는 교육내용을 다양화하고 신앙생활과의 연관성과 유용성을 높이기 위해서다. 또한 성경, 교리, 기독교전통과 역사, 현대인의 삶의 주요 이슈는 웨슬리가 제시한 4대 표준과도 연관된다. 웨슬리는 성경, 이성, 전통, 경험을 중요한 표준으로 삼았다. 즉, 그는 모든 진리가 성경적이어야 하고, 이치적으로도 맞으며, 전통에 비추어 어긋나지 않아야 하고 경험의 확증을 받아야 한다고 했다. 성경은 웨슬리가 표준으로 삼은 성경, 교리는 웨슬리가 표준으로 삼은 이성, 기독교전통과 역사는 웨슬리가 표준으로 삼은 전통, 현대인의 삶의 주요 이슈는 웨슬리가 표준으로 삼은 경험과 연관된다.

1. 성경

성경에 해당되는 교육내용의 범위는 복음주의–구속적 관점을 중심하여 구성된다. 즉, 구약과 신약을 주요 영역으로 한 책별 파노라마식(panoramic) 제시가 아니다. 이러한 방식은 성경 각 권의 배경, 특징, 내용을 세부적으로 파악하도록 돕는 이점이 있다. 그러나 본 교육과정이 수행될 한정된 시간 안에 이 모든 내용들을 반영하기 어렵다. 그리고 책별 파노라마식 선정으로는 성경의 전반적인 흐름을 깨닫기 어렵다는 단점이 있다. 책별 파노라마식 각 권을 개별적으로 다룬 별도의 특별 교재로 구성됨이 바람직하다. 교육과정에서는 성경에 해당되는 교회내용의 범위를 복음주의–구속적 관점에 따라 창조, 범죄와 타락, 구원, 거룩한 삶, 종말적 하나님 나라를 중심으로 제시한다.

대주제	중간주제	소주제(컨텐츠에 직접 적용되는 부분)
하나님은 창조주이시다.	하나님은 태초에 모든 것을 창조하셨다. (창조시대)	창조주 하나님 (창1) 혼돈과 공허로부터 말씀으로 세상을 만드신 하나님 (창1) 6일 동안 세상을 만드신 하나님 (창1) 인간을 만드신 하나님 (창1,2)
	하나님은 만물을 주관하고 계신다.	만물을 다스리고 계시는 하나님 (시8, 욥38)
	하나님은 새 하늘과 새 땅을 우리에게 주실 것이다.(재림시대)	성도에게 주어질 새 하늘과 새 땅 (벧후 3, 계 21) 해 됨도 없고 상함도 없는 거룩한 땅 (사 11)
인간은 교만하여 불순종한 죄인이다.	인간은 교만하여 불순종했다.(죄의성격)	아담과 하와의 범죄와 타락 (창 2-3) 세상에 죄와 죄의 형벌인 사망이 들어오게 됨 (롬 5, 6) 성경이 말하는 3 가지의 죽음 ① 육신의 죽음(창 2:17, 창 3:19, 시 90:7-11, 사 38:17-18, 히 9:27) ② 영의 죽음– 하나님과의 교제 상실(엡 2:3) ③ 영원한 죽음– 최후의 심판에 의함 　(마 25:34-40, 마 25:41-46, 마 10:28, 계 20)

	인간은 교만하여 불순종했다.(죄의 성격)	아담과 하와의 범죄와 타락 (창 2-3) 세상에 죄와 죄의 형벌인 사망이 들어오게 됨 (롬 5, 6) 성경이 말하는 3 가지의 죽음 ① 육신의 죽음(창 2:17, 창 3:19, 시 90:7-11, 사 38:17-18, 히 9:27) ② 영의 죽음- 하나님과의 교제 상실(엡 2:3) ③ 영원한 죽음- 최후의 심판에 의함 　(마 25:34-40, 마 25:41-46, 마 10:28, 계 20)
	인간의 죄성은 확대·증폭된다. (죄의 유전성)	모든 사람이 죄를 범함 (롬 3) 가인이 아우 아벨을 살해함 (창 4, 요일 3) 라멕의 검가(劍歌)에 나타난 죄에 대한 경향성: 　　　　　　　　　　폭력, 살인, 방종(창 4) 노아 시대에 인간의 죄가 세상에 가득하게 됨 (창 6) * 하나님의 아들들, 세상의 딸들, 네피림에 대해서 반영 세상을 홍수로 심판하심 (창 6-8) 홍수 심판에서 구원받은 노아와 그의 가족들 (창 6-8)
	인간의 범죄는 반복된다.(죄의 보편성)	하나님께서 시날에 바벨탑을 쌓은 사람들을 흩으심(창 9-11) 우상숭배가 성했던 갈대아 우르 vs. 우상숭배의 땅을 떠난 아브라함 (창 11-12) ⇨ 우상숭배의 땅으로부터 아브라함을 이끌어내신 하나님 롯이 거주하기로 선택한 소돔과 고모라 vs. 아브라함이 거주한 가나안 (창 11-14, 18-19) ⇨ 죄악으로 타락한 소돔과 고모라를 심판하신 하나님 요셉이 노예로 팔려간 시련의 땅 애굽 vs. 구원의 섭리를 위해 선발된 요셉 (창 37-50) ⇨ 구원의 섭리를 위해 요셉을 선발하시고 인도하신 하나님 바로의 핍박과 열 가지 재앙 vs. 민족 해방의 지도자 모세 (출, 민, 신) ⇨ 모세를 통해 이스라엘 민족을 구원하신 하나님 아합과 바알 숭배자들 vs. 신앙을 고수한 엘리야 (왕상) ⇨ 엘리야를 통해 왕과 백성의 바알과 아세라 우상 숭배를 견책하신 하나님 아람의 침입과 북이스라엘 우상숭배 vs. 갑절의 능력으로 임무를 수행한 엘리사(왕상/하) ⇨ 엘리사를 통해 하나님의 구원의 능력을 보여주신 하나님 신앙, 정치, 도덕적으로 부패한 유다 vs. 하나님의 징계와 회복을 선포한 이사야 (사) ⇨ 이사야의 예언을 통해 유다백성들에게 징계와 회복에 대해 알려주신 하나님

		타락, 예루살렘 함락, 바벨론 포로 vs. 눈물의 선지자 예레미야 (렘)
		⇨ 수난과 눈물의 선지자 예레미야를 통해 심판의 필연성과 회복에 대해 알려주신 하나님
		범죄한 이스라엘 국가의 몰락 vs. 환상과 소망의 선지자 에스겔 (겔, 렘)
		⇨ 에스겔을 통해 국가적인 멸망의 이유와 앞으로의 회복에 대해 알려주신 하나님
		바벨론과 페르시아의 우상숭배적 문화 vs. 신앙의 절개를 지킨 다니엘과 친구들 (단)
		유대인을 멸절시키려는 페르시아의 권력층 vs. 목숨을 걸고 동족을 지킨 에스더(에)
		⇨ 에스더를 통해 유대인들을 하만의 음모로부터 구원하신 하나님
		패역하여 멸망이 예고된 앗수르의 수도 니느웨 vs. 니느웨에 파송된 민족주의자 요나 (욘)
		⇨ 요나를 통해 니느웨의 멸망과 니느웨를 향한 하나님의 사랑을 보여주신 하나님
		에서의 후손으로서 이스라엘을 괴롭힌 에돔에 대한 심판을 예언한 오바댜 (옵)
		멸망하게 될 앗시리아 vs. 나훔이 하나님의 백성에게 전한 위로와 희망의 메시지 (나)
		⇨ 나훔을 통해 하나님의 백성을 향한 위로와 희망의 메시지를 주신 하나님
		사악하고 부패한 강대국 바벨론 vs. 불평과 두려움을 믿음으로 극복한 하박국 (합)
		⇨ 하박국을 통해 의인은 오직 믿음으로 말미암아 살게 됨을 알려주신 하나님
		유다의 우상숭배 허용과 패역함 vs. 메뚜기 심판과 여호와의 날을 선포한 요엘 (욜)
		⇨ 요엘을 통해 메뚜기 심판과 여호와의 날에 대한 메시지를 주신 하나님
		유다의 부도덕함과 우상숭배 vs. 주의 날 심판과 남은자의 구원을 선포한 스바냐 (습)
		⇨ 스바냐를 통해 주의 날 심판과 남은자의 구원에 대해 알려주신 하나님
		유다를 향한 에돔의 교만과 악행 vs. 에돔 심판과 이스라엘 회복을 선포한 오바댜 (옵)
		⇨ 오바댜를 통해 에돔에 대한 심판과 이스라엘의 회복을 알려주신 하나님
		예수님의 탄생 소식을 듣고 왕권을 지키기 위해 유아살해를 명한 헤롯 (마 2)
		조카 헤로디아와 결혼한 헤롯 안디바 vs. 헤롯을 책망한 세례

		요한(눅,3 막 6) 바울을 핍박한 유대인들과 로마 vs. 복음전도자 바울 (행) 요한을 박해한 로마 vs. 예수님의 환난과 나라와 참음에 동참한 요한 (계)

	인간과 만물은 죄로 인한 고통 가운데서 구원을 필요로 한다.	죄로 인한 인간의 상태
		 ① 머리는 병듦 (사 1:5)
		 ② 음심이 가득한 눈 (벧후 2:14)
		 ③ 입에는 저주와 악독이 가득함 (롬 3:14)
		 ④ 혀로는 속임을 베풂 (롬 3:13)
		 ⑤ 패역하고 목이 곧음 (신 31:27)
		 ⑥ 귀는 듣기에 둔함 (마 13:15)
		 ⑦ 손을 펼 때에 하나님께서 눈을 가리심,
		    기도를 드려도 듣지 않으심 (사 1:15)
		 ⑧ 발은 악으로 달려가고 피를 흘리는데 빠름 (잠 1:16)
		 ⑨ 발바닥에서 머리까지 성한 곳이 없음 (사 1:6)
		 ⑩ 그 기골이 청년같이 건장하나
		    그 기세가 그와 함께 흙에 누울 것임 (욥 20:11)
		 ⑪ 마음에 하나님 두기를 싫어함 (롬 1:28)
		 ⑫ 마음의 생각의 모든 계획이 항상 악할 따름임 (창 6:5).
		 ⑬ 총명이 어두워짐. 무지함. 마음이 굳어짐.
		    하나님의 생명에서 떠남(엡 4:18)
		
		구원을 위한 간구: 박해를 받을 때 또는 죽음이나 질병 같은 심각한 고통이 있을 때 하나님께 자신의 처지를 호소하며 구원해 주시기를 탄원함(대표적인 탄원시들의 예: 시 3, 5, 22, 25, 28, 38, 44, 55, 60, 74, 78-80, 83, 85, 90, 94, 102, 123, 137편 등)
		
		피조물의 탄식과 고통 (롬 8)
		 뱀은 저주를 받아 배로 다니고 종신토록 흙을 먹음(창 3:4)
		 땅이 저주를 받음 (창 3)

하나님은 은혜로 구원을 베푸신다.	하나님은 백성들을 약속과 믿음의 삶으로 부르셨다.	*하나님의 언약들 하나님은 인간과 언약을 맺으시고 자신의 뜻을 이행하심 아담과의 언약(창 3) 무지개와 관련한 언약(창 9) 아브라함과의 언약(창 12) 다윗 언약(삼하 7, 시 88 등) *원역사(Primeval History)와 족장사(Patriarchal History)의 인물들 위주 살해된 아벨 대신 거룩한 족보를 이어간 셋 (창 4-5, 대상 1, 눅 3) 하나님의 이름을 부르며 예배한 에노스 (창 4-5)

		하나님과 동행하며 하나님을 기쁘시게 한 에녹 (창 5, 히 11)
		다가올 심판을 기억하며 종말을 예비한 므두셀라 (창 5)
		홍수 심판으로부터 구원받은 노아와 가족들 (창 6-9)
		복의 근원, 믿음의 조상, 열국의 아비가 된 아브라함 (창)
		언약을 상속받고 12 지파를 산출한 야곱 (창)
		구원을 위해 준비되고 세워진 요셉 (창)
	하나님은 노예의 삶에서 이스라엘 백성들을 구원하셨다.	애굽의 압제로부터 이스라엘을 이끌어낸 모세 (출, 민, 신)
		이스라엘 백성이 가나안에 정착하도록 이끈 여호수아 (수)
		미스바에서 민족적인 회개기도와 신앙 개혁을 이끈 사무엘 (삼상, 삿)
		유다지파 언약의 왕 다윗 (삼하 7)
	하나님은 우상숭배의 죄를 징계하시고 회복시키신다.	경솔한 제사, 전리품을 남기는 불순종을 한 사울에 대한 사무엘의 책망 (삼상 13, 15)
		우리아의 아내와 간통하고 우리아를 죽인 다윗에 대한 나단의 책망 (삼하 12)
		정략결혼으로 우상숭배를 만연하게 한 솔로몬의 왕권에 대한 아히야의 책망(왕상 11)
		이스라엘 전체를 바알 숭배로 오염시킨 아합에 대한 엘리야의 책망 (왕상)
		남유다와 사마리아의 사회악과 배교에 대한 미가의 책망(미 2)
		이스라엘의 영적 간음과 악에 대해 호세아가 회개 요청 (호)
		공의를 상실하고 빈자를 억압하는 북이스라엘 지도층에 대한 심판을 예언한 아모스 (암)
		바벨론을 의지한 히스기야의 영적 교만에 대한 이사야의 책망 (사 39)
		남유다의 마지막 왕들을 향해 남유다가 멸망할 것을 예언한 예레미야의 수난 (렘)
		바벨론에서 귀환한 유대인들에게 성전재건, 순종, 정결한 생활을 강조한 학개 (학)
		바벨론에서 귀환한 유대인들에게 성전재건과 메시아 왕국의 도래를 예언한 스가랴 (슥)
		언약에 충실한 백성으로 거듭나도록 선포한 선지자 (말)
	하나님의 은혜로운 구원은 열방으로 확대된다.	아브라함의 씨로 인해 만민이 복을 받게 될 것을 말씀하신 하나님 (창 22)
		모든 나라들이 하나님을 찬양할 것을 선포 (시 117)
		요나에게 나타내신 니느웨에 대한 하나님의 연민- 온 세상의 하나님 되심 (욘)
		역사의 주관자이신 하나님의 영원한 왕국 (단)
		이방 민족이 하나님께 제물 드릴 것을 예언한 말라기 선지자 (말 1)
		열방을 부르심, 열방이 드리는 예배 (사 66)

		구약에 예언된 메시아가 세상에 오셨다. ① 예수 그리스도에 대한 예언이 구약에 있다: 여자의 후손(창 3), 아브라함의 씨(창 22), 야곱의 아들 (민 24), 이새의 줄기에서 나는 한 싹(사 11), 다윗의 집(렘 23), 동정녀 탄생, 임마누엘(사 7), 베들레헴 탄생(미 5), 헤롯의 유아 살해(렘 31), 나귀를 타고 예수살렘 입성(슥 9), 거치는 모퉁이 돌(시 118), 대신 고난을 받으심(사 53), 유월절 어린양 ② 예수 그리스도의 탄생이 예언되었다: 예수 탄생을 예언받은 마리아(마 1), 천사가 요셉에게 마리아의 잉태를 알림(마 1), 마리아의 찬송(눅 1) ③ 예수 그리스도께서 탄생하셨다: 예수 그리스도의 탄생(마1-2, 눅 1), 요한의 예수 그리스도의 성육신에 대한 선언(요 1), 유아 살해를 명한 헤롯과 애굽으로의 피신(마 2), 천사 찬양과 목자의 방문(요2), 동방박사의 방문(마 2), 예수님의 성장과 어린 시절(눅 2)
	예수 그리스도는 구주이시다.	나사렛 예수는 하나님의 아들이신 메시아이시다. 예수께서 아들과 아버지의 동등성을 증거하심(요 5) 메시야이신 예수님에 대한 세례요한의 묘사(마3, 막 1, 눅 3) 메시야이신 예수님께서 요한에게 세례를 받으심 (마 3, 막 1, 눅 3) 메시야이신 예수님께서 광야에서 시험 받으심 (마 4, 막 1, 눅 4) 예수께서 메시야이심을 믿은 백부장의 믿음(마 8, 눅 7) 베드로의 그리스도 신앙 고백(마 16, 막 8, 눅 9) 변화산 사건(마 17, 막 9, 눅 9) 예수께서 하나님 나라의 교훈을 말씀하시고 보이셨다. 하나님 & 예수님 & 성령님 & 하나님 나라에 대하여 　성전을 정결케 하심(마 21, 막 11, 눅, 요 2) 　율법, 의, 하나님 나라(마 5) 　씨뿌리는 자의 비유(마 13, 막 3, 눅 8) 　가라지 비유(마 13) 　누룩 비유(마 13, 막 4) 　감추인 보화와 값진 진주(마 13) 　선한 목자의 비유(요 10) 　어린이와 하나님 나라 (마 19, 막 10, 눅 18) 　포도원 품꾼의 비유(마 20) 　성령의 오심과 사역(요 16) 하나님 나라의 백성 됨에 관하여 　하나님 나라가 가까웠으니 회개하고 복음을 믿으라 　(마 4, 막 1, 눅 4)

		거듭남에 대한 니고데모와 예수님의 대화(요 3) 사마리아 여인과의 대화(요 4) 진정한 생명의 떡에 관한 교훈(요 6) 하나님 나라 백성이 사는 방식에 대하여 　산상수훈: 복이 있는 사람(마 5, 눅 6) 　하나님 나라에서 큰 자에 대한 교훈(마 18, 막 9, 눅 9) 　실족케 하는 죄에 대한 경고(마 18, 막 9, 요 9) 　범죄한 형제를 용서하는 법(마 18) 　선한 사마리아인의 비유(눅 10) 　강청하는 기도의 교훈(눅 11) 　재산을 의지하는 것에 대한 경고(눅 12) 　부자와 하나님 나라(마 19, 막 10, 눅 18) 　제자들의 발을 씻기심(요 13) 　성찬식 제정(마 26, 막 14, 눅 22) 　포도나무 가지 비유(요 15) 하나님 나라를 기다리며 준비함에 대하여 　하나님 나라를 기다리는 자의 책임: 빛과 소금(마 5) 　인자의 오심을 예비하지 못하는 것에 대한 경고(눅 12) 　깨어있음과 충성에 대한 다섯 가지 비유 　(마 24, 막 13, 눅 21) 메시아이신 예수님께는 권세가 있다. 　가나 혼인잔치의 기적(요 2) 　가버나움에서 아이를 고치심(요 4) 　베드로의 장모를 치유하심(마 8, 막 1, 눅 4) 　갈릴리를 방문하여 치유하심(마 4, 막 1, 눅 4) 　문둥병자를 치유하심(마 8, 막, 1, 눅 5) 　호수를 건너시다 풍랑을 잔잔케 하심(마 8, 막 4, 눅 8) 　거라사의 귀신 들린 자를 고치심(마 8, 막 5, 눅 8) 　여인과 야이로의 딸을 고치심(마 9, 막 5, 눅 8) 　오천 명을 먹이심(마 14, 막 6, 눅 9, 요 6) 　풍랑 가운데 물 위를 걸으심(마 14, 막 6, 요 6) 　죽은 나사로를 다시 살리심(요 11) 　바디메오를 고치심(마 20, 막 10, 눅 18) 세상은 이 땅에 오신 메시야를 지속적으로 대적했다. 왕이신 예수를 견제하기 위한 베들레헴 유아살해사건(마 2) 유대인들이 나사렛 회당에서의 예수님의 가르치심에 대해 대적(눅 4) 유대인들은 안식일에 병자를 치유하신 예수님을 죽이려 함 (요 5) 유대인들은 안식일에 이삭 자른 일로 예수님과 논쟁함

		(마 12, 막 2, 눅 6) 귀신을 쫓아낸다고 비난을 받으신 예수님(마 12, 막 3) 소경과 벙어리를 고치신 예수님을 비난한 바리새인들(마 9) 예수님의 교훈과 이적에 대한 반대, 예수님을 체포하려 함(요 7) 산해드린이 예수님을 죽이려 함(요 11) 가이사에게 세금 내는 문제로 올무를 놓음 (마 22, 막, 12, 눅 20) 예수님의 제자 가룟 유다가 예수님을 배반함 (마 26, 막 14, 요 22) 예수님의 제자 베드로는 예수님을 부인함 (마 26, 막 14, 눅 22, 요 18) 예수께서 십자가와 부활로 구원을 이루셨다. 이 예수님을 믿으면 구원을 받는다. * 수난, 십자가의 죽음, 부활, 믿음에 관한 내용 예루살렘에 승리의 입성(마 21, 막 11) 겟세마네의 고뇌와 기도(마 26, 막 14, 눅 22, 요 18) 배신과 체포(마 26, 막, 14, 눅 22, 요 18) 심문 당하심(마 26-27, 막 14-15, 눅 22-23, 요 18-19) 십자가에 못 박히심(마 27, 막 15, 눅 23-24, 요 19) 예수님을 장사지냄(마 27, 막 15, 눅 23, 요 19) 그리스도의 부활(마 28, 막 16, 눅, 26, 요 20) 인자의 심판- 예수님의 재림에 이루어지는 심판(마 25) 삭개오의 구원(눅 19) 죄인을 향한 연민과 사랑- 예루살렘을 향해 우심(눅 19)
부르심을 받은 하나님나라 백성들은 거룩한 삶을 살아야 한다.	성도는 거듭난 사람이다.	〈개인적인 측면〉 예수님은 니고데모에게 거듭남의 원리를 설명하셨다.(요 3)/ 모세가 광야에서 들어 올린 뱀을 믿는 마음으로 본 사람은 구원받았다(요 3). / 밧세바와 간음한 다윗은 죄를 뉘우치고 하나님께 용서를 구했다(시 51). / 솔로몬은 인간의 업적과 소유가 헛됨을 고백하고 창조주를 경외해야 함을 고백했다(전). / 삭개오는 예수님을 만난 후 철저하게 회개하고 부정 축제한 재산을 갚았다(눅 19). / 예수님을 배신하고 저주한 베드로는 회개하고 돌이켜 순교자가 되었다./ 바울은 다메섹 도상에서 예수님을 만난 후 거듭났다./ 예수님을 만난 사마리아 여인은 확신을 가지고 복음을 전했다(요 4). / 에디오피아의 내시는 빌립의 전도를 통해 개종했다(행 8). / 백부장 고넬료는 회심하고 이방인 최초로 세례를 받았다(행 10). / 주인의 재물을 훔쳐 달아났던 오네시모는 바울이 복음으로 낳은 아들이 되었다(몬). / 빌립보의 루디아는 바울로부터 복음을 듣고 예수님을 영접했다(행 16).

		<공동체적 측면> 율법책을 읽고 회개한 요시아에 의해 공동체적 돌이킴이 일어났다(왕하 22, 대하 34). / 에스라에 의해 연혼한 죄에 대한 공동체의 회개와 돌이킴이 일어났다(스 9-10). / 베드로의 설교를 듣고 3000명이 회개했다(행 2). / 에베소 사람들은 바울과 함께하시는 하나님의 권능을 보고 회개했다(행 19).
	성도는 거룩한 삶을 산다.	* 참고: 이 부분은 성도의 구별된 삶에 초점을 둠 성도는 안식일을 지킨다(창 1-2). / 하나님과 동행한 에녹은 믿음으로 죽임을 보지 않고 승천했다(창 5, 히 11). / 하나님과 동행한 노아는 의인이면서 당대에 완전한 자로 살았다(창 6). / 롯이 소돔과 고모라를 선택할 때 아브라함은 가나안을 선택했다(창 11-14, 18-19). / 아브라함은 여호와를 위해 제단을 쌓는 예배의 삶을 살았다(창 12-). / 하나님은 십계명과 율례를 주시면서 이스라엘을 언약 백성으로 삼으셨다(출 24). / 여리고성을 앞둔 이스라엘 백성들에게 하나님은 할례를 회복하라고 명하심으로 언약의 관계를 생신하고자 하셨다(수 5). / 아이성 패전과 아간 사건은 하나님의 거룩한 뜻을 분별하여 순종하지 않았기 때문이다./ 에벤에셀 전투에서 회개하지 않음으로 블레셋에게 법궤를 빼앗기고 패배했다(삼상 4). / 사무엘은 미스바에 모여 우상숭배를 회개하고 믿음을 회복하도록 했다(삼상 7.)/ 여호사밧 왕은 하나님 앞에 정직했지만, 산당을 제거하지 않는 잘못을 했다(대하). / 예루살렘의 수문 앞 광장에서는 에스라를 위시한 말씀과 회개 운동이 일어났다(느 8). / 세례요한은 요단강 동편에 머무는 상징적 행위를 통해 회개와 임박한 심판을 보여주었다. <성령과 함께하는 삶> 요엘은 하나님께서 모든 육체에게 성령을 부어주실 것을 예언했다(욜 2). / 예수님은 제자들에게 성령을 받으라고 하셨다.(요 20)/ 바울은 성령으로 살면서 성령을 소멸하지 말아야 한다고 가르쳤다(살전, 갈).
	성도는 말씀대로 산다.	* 참고: 이 부분은 구약의 율법, 신약에서 예수님의 말씀과 서신서의 내용에 초점을 둠 개인적인 삶의 영역 하나님께서 물질의 주인되심과 하나님으로부터 받은 은혜에 대한 표현(십일조에 담긴 의미) 하나님의 시간, 쉼의 필요성, 주일성수에 대하여(안식일, 안식년에 담긴 의미) 가정의 영역

		예수님께서 가르치신 결혼과 가정에 대한 교훈 바울이 가르친 결혼과 가정에 대한 교훈 베드로가 가르친 결혼과 가정에 대한 교훈 사회적 삶의 영역 이웃에 대한 책임과 돌봄(율법의 구제에 담긴 의미) 쉼, 회복, 자유, 축제(율법의 희년 제도에 담긴 의미) 죄의 의도성, 은혜의 속죄에 대한 고려 (도피성 제도에 담긴 의미) 이웃에 대한 태도, 배려(출 20, 신 23) 외국인에 대한 환대 (율법의 외국인에 대한 내용에 담긴 의미) 선한 사마리아 이야기에 나타난 이웃 개념 이웃에 대한 태도(레 19) 정직함, 정직한 말(신 5)
	성도는 하나님을 찬양하고, 하나님께 기도드린다.	* 참고: 이 부분은 성문서에 초점을 둠 성도는 창조주 하나님을 찬양한다(찬양시- 시편 8; 19; 29; 33; 67; 95-100; 103-106; 111; 113-114; 134; 136; 145-150 편 등). 성도는 하나님께 자신의 처지를 호소하는 노래를 부른다(탄원시- 시편 3; 5; 22; 25; 28; 44; 60; 74; 78-80; 83; 85; 90; 94; 102; 123; 137편 등). 성도는 구원의 하나님께 감사드리는 노래를 한다(감사시- 시편 18; 30; 32; 34; 40; 66; 92; 116; 118; 124; 129; 138편 등). 성도는 지혜와 교훈을 내용으로 한 노래를 부른다(지혜시·교훈시- 시편 1; 9-10; 14; 19; 37; 73; 112; 119; 127-128; 133편 등). 예레미야는 죄로 인한 예루살렘의 운명에 대한 탄식의 노래를 불렀다(예레미야 애가). 아가서가 한 남자와 여자 사이의 사랑을 찬양하고 있는 시들의 모음집이다(아가서). 잠언, 전도서, 욥기는 신앙적 관점에서의 지혜로운 삶에 대해 말한다.
	성도는 예수님의 제자로서 훈련된다.	제자들을 부르신 예수님(요 1, 마 4, 막, 1, 3, 눅 5, 6) 영적 추수에 대한 도전(요 4) 열 두 제자들을 선교에 파송하심(마 10, 막 6, 눅 9) 제자들에게 완전한 헌신을 요구하심(마 8, 눅 9) 칠십인 전도대 파송과 보고(눅 10) 제자들이 치러야 하는 댓가(눅 14) 야망에 대한 경고, 섬기는 사람이 되어야 함(마 20, 막 10) 산상수훈의 제자도(마 5, 눅 6)

		하나님 나라를 기다리는 자의 책임: 빛과 소금(마 5) 하나님 나라에서 큰 자에 대한 교훈(마 18, 막 9, 눅 9) 범죄한 형제를 용서하는 법(마 18) 제자들의 발을 씻기심(요 13)
	성도는 하나님의 나라를 전한다.	제사장의 나라(출 19) 요나의 전도와 니느웨의 회개(욘) 예루살렘에서 시작되어 온 세계로 흘러갈 복음(겔) 사도행전의 선교/전도에 관한 내용들 바울의 전도여행
성도는 종말적 하나님 나라를 소망해야 한다.	하나님 나라는 하나님의 통치가 이루어지는 곳이다.	하나님의 나라는 하나님의 통치를 의미한다(마 12). 하나님의 나라는 볼 수 있게 임하는 나라가 아니다(눅 17). 하나님의 나라는 말에 있지 않고 능력에 있다(고전 4). 하나님의 나라는 성령 안에 있는 의와 평강과 희락이다(롬 14).
	하나님 나라는 현재성과 미래성이 있다.	하나님의 나라는 현재적이다(눅 17). 성도는 이미 하나님 나라의 백성이 되었다(벧전 2:9). 예수님의 권능 있는 사역이 하나님 나라의 임함을 암시한다(눅 7:22, 마 11:4-5). 예수님과 제자들이 귀신을 내쫓음 이미 하나님 나라가 임했음을 입증한다(마 12:28, 눅 10, 눅 11, 막 3). 하나님의 통치에 관한 비유들에 하나님 나라의 현재성이 전제되어 있다(마 13, 눅 14, 16). 씨앗의 비유, 가라지의 비유, 겨자씨의 비유, 누룩의 비유에서 이미 시작되어 진행 중에 있는 하나님의 나라를 표현한다(막 4:26, 마 13:24, 있고, 눅 13:18-19, 눅 13:20-21). 하나님의 나라는 미래적이다(막 1, 9). '인자 같은 이'는 오실 메시아에 대한 호칭이다(막 8, 14, 마 24, 27, 눅 12, 17 등). 구약 '여호와의 날'과 신약 '주의 날'은 종말론적 하나님 나라와 관련 있다.

	구약에서의 여호와의 날	신약에서의 주의 날
1	캄캄하고 빽빽히 구름이 낀 흑암의 날 (욜 2:1-2)	하늘은 큰 소리로 떠나감 (벧후 3:10)
2	해가 없어지고 달이 핏빛으로 변하는 날 (욜 2:31)	체질이 뜨거운 불에 풀어짐 (벧후 3:10)
3	환난과 고통의 날이요 황무와 패괴의 날 (습 1:15)	땅의 모든 일이 드러남 (벧후 3:10)
4	하늘이 진동되고 땅을 흔들어 그 자리에서 떠나게 하는 날 (사 13:13)	땅에선 최악의 지진발생 (계 11:13)
5	여호와의 분냄으로 죄인이 멸망되는 날 (사 13:9)	하늘에선 불과 유황이 비오듯함 (눅 17:29-30)
6	극렬한 풀무불 같은 날 (말 4:1)	도적같이 임함 (살전 5:2)
7	구원을 얻는 날 (욜 2:32)	호령과 나팔소리로 주의 공중재림 (살전 4:16)
8	성령의 부음을 받음 (욜 2:28)	죽은 자들이 부활함 (살전 4:16)
9	평화와 번영을 누림 (슥 8:12)	신자들은 휴거됨 (살전 4:17)
10	기쁨과 즐거움이 회복됨 (욜 2:23)	영광의 몸의 형체로 변함 (빌 3:21)

(출처: 그랜드주석 아모스서/ http://ephphatha.co.nz/774에서 재인용)

	성도는 하나님 나라를 기대하며, 하나님 나라를 위하여 산다.	성도는 하나님의 날을 바라보고 간절히 사모해야 한다(벧후 3). 성도는 먼저 하나님의 나라와 의를 구하는 삶을 살아야 한다(마 6, 갈 5). 성도는 하나님의 나라를 위해 고난을 받는다(살후 1). 성도는 주님의 날을 온전함으로 기다려야 한다(살전 5).

2. 교리[1]

교리에 해당되는 교육내용은 사도신경과 사중복음을 중심으로 선정된다. 사도신경은 성도가 믿어야 할 핵심적인 교의(敎義)를 간결하게 요약한 것이다. 사도신경을 중심으로 교육내용을 선정함으로써 기독교의 중심이 되는 교리를 반영할 수 있게 된다. 또한 사중복음은 성결교회 창립당시부터 강조되어온 표제다. 사중복음을 중심으로 교육내용을 선정함으로써 성결교단의 교리를 반영할 수 있게 된다. 본 교육과정에서는 교리에 해당되는 교육내용을 성경, 삼위일체 하나님, 인간창조와 타락, 중생, 성결, 신유, 재림, 교회를 중심으로 제시한다.

대주제	중간주제	소주제(컨텐츠에 직접 적용되는 부분)
성결인은 성경이 하나님의 말씀임을 믿는다.	성경은 하나님의 영감으로 기록된 무오한 말씀이다.	성경은 하나님의 말씀이다. 성경은 축자영감에 의해 기록되었다. 성경은 무오하다. 정경은 유일하고 규범적인 66권의 성경목록으로 한정한다. 성경은 구약 39권과 신약 27권으로 총 66권이다. 구약은 율법서, 역사서, 시가서, 예언서로 구성된다. 신약은 복음서, 역사서, 서신서, 예언서로 구성된다.

---

1) 성례론, 윤리론, 종말론이 빠지거나 약하다는 한계가 있음. 선행은총, 성결의 점진적요소와 순간적 요소에·대한 내용, 예정에 대한 주제가 빠져있음– 예정은 장로교회만의 것이 아님./ 성결교회는 예지예정임/ 장로교회는 이중예정임.

		성경에는 인생과 역사에 대한 내용도 포함되어 있다. 성경은 하나님의 섭리와 보호에 의해 보전되어왔다.
	성경에는 예수 그리스도의 구원에 관한 내용이 기록되어 있다.	성경은 하나님의 구원 이야기다. 하나님의 구원 이야기의 절정은 예수 그리스도의 구속이다. 구약과 신약의 내용들이 예수 그리스도의 구속을 중심으로 상통한다. 성경은 구원의 길을 제시한다.
	성경은 성령의 조명에 의해 이해된다.	성경은 모든 사람들이 이해할 수 있는 책이다. 성경은 성령의 조명에 의해 이해된다.(자의적 해석 유의) 성경은 사람의 자유의지를 향해 명령한다.
	성경은 신앙생활과 교회치리를 위한 규준이다.	성경은 신앙생활을 위한 규범을 담고 있다. 성경은 교회치리를 위한 규범을 담고 있다. 성경은 교회(공동체) 안에서 해석됨이 바람직하다.
성결인은 삼위일체 하나님을 믿는다.	우리는 삼위일체 하나님을 믿는다.	우리는 성삼위 하나님을 믿는다. 　하나의 실체(實體) 안에 세 위격(位格)으로서 존재하는 신비 　증거본문: "주 예수 그리스도의 은혜와 하나님의 사랑과 성령의 교통하심이 너희 무리와 함께 있을지어다"(고후 13:13) 　"그러므로 너희는 가서 모든 민족을 제자로 삼아 아버지와 아들과 성령의 이름으로 세례를 베풀고"(마 28:19) 삼위일체 하나님은 유일신이시다. 삼위일체 하나님은 창조주이시다. 하나님의 속성 　삼위일체 하나님은 거룩하시다. 　삼위일체 하나님은 자존하신다. 　삼위일체 하나님은 보호자이시다. 　삼위일체 하나님은 진실하시다. 　삼위일체 하나님은 영원하시다. 　삼위일체 하나님은 전능하시다. 　삼위일체 하나님은 전지하시다. 　삼위일체 하나님은 인자하심이 영원하다. 　삼위일체 하나님은 진리이시다. 　삼위일체 하나님은 사랑이시다.
	우리는 창조주 하나님을 믿는다.	창조 하나님은 만물의 창조주이시다. (=만물은 하나님의 피조물이다.) 하나님은 무(無)에서 창조하셨다. 하나님은 세상을 선하게 창조하셨다.

		창조론은 엄밀한 의미에서 과학과 일치한다. 창조론은 믿음에 의해 인간에게 수용된다. 하나님은 인간을 피조물을 관리하는 청지기로 삼으셨다. 보전과 섭리 하나님은 만물을 섭리(攝理)하신다. 하나님은 일정한 뜻과 의지를 따라서 인간과 만물을 이끄신다. 하나님은 정의와 자비로 만물을 다스리신다. 하나님의 다스리심의 결과는 의와 평강과 희락이다. 재창조 하나님은 새 하늘과 새 땅을 재창조하실 것이다. 하나님의 나라는 이미 이루어졌지만 우주적으로는 아직 이뤄지지 않고 있다. 성도는 만물을 회복하시는 하나님의 사역에 은혜로 참여한다.
	우리는 구세주 예수 그리스도를 믿는다.	예수 그리스도의 칭호 ① 예수 ② 그리스도 ③ 주 ④ 하나님의 아들 ⑤ 인자 예수 그리스도의 인성과 신성 ① 그리스도는 신성(Divine Nature)을 지니셨다. (사 9:6, 요 3:13, 요 10:30, 요 14:9하) 사도들도 그리스도를 '하나님'이라고 고백하고 있다(빌 2:6상, 롬 9:5, 요일 5:20). ② 그리스도는 인성(Human Nature)을 지니셨다. 예수 그리스도는 여인의 후손이요, 다윗의 자손이셨다. 자신을 '사람(man)'이라고 부르셨다(요일 8:40). 인간의 정상적인 과정 곧 영아기, 유아기, 청소년기를 두루 거치셨다(눅 2:20, 52). 인간들과 같이 기갈, 피곤, 수면, 사랑, 긍휼, 고민, 슬픔, 시험, 죽음 등을 겪으셨다.(히 4:15, 5:7). 그러나 예수 그리스도는 죄가 전혀 없는 의인이시다(벧전 2:22, 요일 3:5). ③ 그리스도는 단일 인격(Unity of the Person)이시다. 예수 그리스도는 완전한 하나님이시오, 완전한 사람이다. 신인(God-man)이시다. 예수 그리스도의 사역(중보와 대속)

		예수 그리스도는 십자가에서 인류의 죄를 대속하셨다. 예수 그리스도는 십자가에서 공의와 사랑을 실현하셨다. 예수 그리스도는 부활 승천하셨다. 예수 그리스도는 재림과 심판의 주이시다. 예수 그리스도의 삼중직 　예수 그리스도는 제사장으로서 죄인을 위해 중보하신다. 　예수 그리스도는 선지자로서 진리를 전하시고 불순종의 죄를 깨닫게 하신다. 　예수 그리스도는 왕으로서 성도의 생활을 다스리신다. 예수 그리스도의 신분(비하와 승귀) 　① 예수 그리스도의 비하: 　　하늘의 영광을 버리고 이 땅에 내려오신 것 　　율법아래 복종과 금생의 비참함 　　하나님의 진노와 십자가의 죽음 　　무덤에 내려가 장사되심 　② 예수 그리스도의 승귀 　　사흘 만에 무덤 문을 여시고 부활하신 것 　　부활 후 40일 만에 하늘로 승천하신 것 　　승천 후 하나님의 보좌 우편에 앉아 계신 것 　　세상 끝 날에 심판주로 이 땅에 재림하시는 것
	우리는 보혜사 성령님을 믿는다.	성령의 본질(+ 특성) 　성령님은 본질상 하나님이시다. 　성령님은 구원을 이루시는 아버지와 아들의 영이시다. 　성령님은 하나님의 은혜의 현존이시다. 　성경에서 성령 하나님 자체를 나타내는 이름들은 다음과 같다. 　　① 아버지의 영 　　② 하나님의 영 　　③ 그리스도의 영 　　④ 보혜사 　　⑤ 하나님의 신 　하나님의 속성을 공유하신다: 영원성, 전지전능성, 편재성 　성령님은 인격적이시다. 　성령님은 영적인 존재로서 지/정/의적인 측면을 가진다. 　성령님에 대한 상징적인 표현들은 그분의 특성을 나타낸다: 　물, 불, 바람, 기름, 비둘기, 새 술, 인 등 성령의 사역

		보혜사(保惠師) 성령님에 의해 인간이 회심하고 중생하게 된다. 성령님에 의해 성결(성화)이 가능해져서 구원이 완성된다. 성령께서 하시는 일에 따라 붙여진 이름들은 다음과 같다. 　① 양자의 영 　② 진리의 영 　③ 성결의 영 　④ 대언의 영 　⑤ 심판과 소멸의 영 　⑥ 영광의 영 성령 체험(세례/내주/충만) 　성령 세례는 오순절에 제자들이 받은 세례(물세례와 대비됨)로서 성결의 은혜를 체험하는 것이다. 　성령의 내주는 성령님께서 신자의 안에 거하심이다(요 14:17과 롬 8:9-10). 　성령 충만은 예수 그리스도의 영으로 지배를 받아 온전히 복종하는 상태다. 성령의 은사 　은사는 성령님의 선물이다. 　은사는 그리스도의 몸인 교회를 세우기 위해 주어졌다. 　은사의 종류는 다양하다. 　은사는 교회와 세상을 위해 활용되어야 한다. 성령의 열매 　성령의 열매는 성령 충만한 삶의 결과가 나타나는 것이다. 　바울이 말한 9가지 성령의 열매는 열매의 속성을 나타낸 다. 　신자의 영성은 그가 성령의 열매를 맺음으로써 나타내는 예수를 닮음에 있다. 성령님과 관련하여 성도가 기억할 일들 　성도는 성령세례를 받기 위해 회개하고, 믿고, 순종하고, 간구해야 한다. 　성도는 성령을 소멸하지 말아야 한다. 　성도는 성령을 근심하게 하지 말아야 한다. 　성도는 성령을 좇아 행해야 한다.
	인간은 하나님의 형상을 따라 창조되었다.	하나님은 흙과 생기로 사람을 만드셨다. 하나님은 남자와 여자를 만드셨다. 하나님은 하나님의 형상을 닮은 인간을 선하게 만드셨다.

성결인은 하나님의 형상을 따라 창조된 인간이 전적으로 타락함을 믿는다.		하나님의 형상은 하나님과의 관계에 의존하는 기능이다. 하나님의 형상은 하나님과의 끊임없는 관계를 통해 유지된다. 인간은 하나님의 형상을 통해 창조주를 반사하고 반영한다. 인간은 하나님의 형상을 통해 다른 피조물들에게 하나님의 사랑과 축복을 중재한다. 인간이 지닌 하나님의 형상 중에 자연적 형상이 있다. 인간이 지닌 하나님의 형상 중에 정치적 형상이 있다. 인간이 지닌 하나님의 형상 중에 도덕적 형상이 있다.
	인간은 죄를 지어 타락하고 사망에 이르게 되었다.	죄는 하나님께 대한 불신앙, 통치를 거부하는 불순종, 하나님이 되려는 교만이다. 성경에서 언급된 죄에 대한 정의 옳지 못한 것을 행하는 것 (요일 5:17) 하나님의 율법에 불순종하는 것 (요일 3:4) 마땅히 해야 할 일을 하지 않는 것 (약 4:17) 그리스도를 믿지 않거나 신뢰하지 않는 것이다 (요 16:8-9) 마귀의 유혹을 받은 인간은 자유의지를 남용하여 악을 선택했다. 모든 인간은 죄인이며 전적으로 타락했다. ① 모든 인간은 원죄의 유전으로 이해 죄의 부패성을 가지고 태어난다(원죄). 　원죄는 아담의 불순종 행위와 아담의 죄가 전 인류에게 유전된 것 　원죄의 두 가지 요소: 죄책과 전적 부패 ② 모든 인간은 유전된 죄의 부패성으로 인해 구체적인 죄를 짓게 된다(자범죄) 　원죄로부터 나오는 모든 의식적 사고와 의지 죄의 결과는 사망, 심판, 관계의 단절(하나님, 타인, 생태계), 하나님의 형상 상실이다. 죄는 다양한 공동체와 생태계에 반영된다.
성결인은 예수 그리스도를 믿음으로 거듭남을 믿는다. * 사중복음- 중생	죄인은 은혜의 언약아래 있다.	성결교회 사중복음의 내용은 중생, 성결, 신유, 재림이다. 죄인은 은혜의 언약아래 있다. 　언약신학: 행위언약, 구속언약, 은혜언약 ① 행위언약: 아담이 범죄하기 이전에 아담과 맺은 순종과 불순종에 대한 언약 ② 구속언약: 하나님께서 예수 그리스도와 맺은 언약 ③ 은혜언약: 하나님께서 죄인인 인간과 맺으신 구원에 관한 언약 　구원은 하나님의 은총, 즉 공로 없이 얻는 하나님의 호의

		에 의한다. 구원의 내용은 칭의(죄용서), 중생(거듭남), 성화(성결), 영화이다. 선행은총에 의해 원죄의 죄책이 제거되었다. 선행은총으로 자유의지가 부분적으로 회복되어 구원의 은총에 협력할 수 있게 된다.(⇨ 복음적 신인협동설) * 구원의 완성 단계로서의 영화(glorification)에 관하여 구원의 마지막 단계 하나님의 거룩하심과 영화로우신 상태처럼 되는 것, 인격의 완성 내지는 성취 최종적인 완전(final stage of perfection) 웨슬리는 죽음과 함께 영화에 이른다고 함 온전함 & 영화와 관련된 성경말씀: 마태 5:48, 딤후 3:16-17, 약 2:22, 엡 4:13, 히 6:2, 골 1:28, 고후 13:9, 골 2:10, 고후 7:1, 벧전 1:16, 로마서 8:29-30 "그분께서는 미리 아신 자들을 자기 아들의 형상과 일치하게 하시려고 또한 예정하셨으니 이는 그를 많은 형제들 가운데서 첫 태생이 되게 하려 하심이니라. 그리하여 예정하신 이들을 또한 부르시고 부르신 이들을 또한 의롭게 하시고, 의롭게 하신 이들을 또한 영화롭게 하셨느니라."
	죄인은 죄를 고백하고 회개하여 용서를 받는다.	죄인은 죄를 고백하고 회개하여 용서를 받는다. 회개는 죄에 대하여 지적, 정적, 의지적인 면에서 철저하게 변화하는 것이다. 죄인이 구원을 얻기 위해서는 믿기 전에 먼저 회개해야 한다.
	죄인이 예수 그리스도를 믿으면 구원을 받는다.	죄인이 예수 그리스도를 믿으면 구원을 받는다. 믿음은 하나님의 계시에 대한 긍정적이며 호의적인 응답이다. 칭의, 중생, 양자(養子)는 하나의 구원 사건으로서 동시에 발생된다. 칭의는 그리스도를 믿는 자를 의롭다고 하시는 하나님의 사법적 행위다. 중생은 새 생명을 얻고 새로운 내적 본성을 갖게 되는 것이다. 양자는 하나님의 가족으로 받아들여져서 자녀로서의 특권을 회복하는 것이다.

성결인은 성령으로 세례 받아 온전케 됨을 믿는다. * 사중복음- 성결	거듭난 후에는 상대적이며 제한적인 성결을 누린다.	중생한 신자에게 부패성, 즉 내면에 남아 있는 옛 본성이 있다. 신자들이 신앙적 갈등을 느끼는 것은 원죄로 인한 본성의 부패 때문이다.
	성결은 성령세례를 받음으로써 이루어진다.	성화는 중생에서 영화(glorification)에 이르는 전 과정이다. 점진적인 성화의 과정 가운데 순간적인 완전 성화의 은혜사건이 있다. 성결은 초자연적이고 순간적으로 이루어지는 성령세례다. 제2의 축복인 성결은 부패성을 제거한다. (설명: 선행은총에 의해 원죄의 죄책이 해결됨, 중생할 때 그 시점까지의 자범죄가 해결됨, 원죄로 인한 본성의 부패는 성령세례를 통해 해결됨, 성결교단에는 칭의 후의 범죄에 대한 교리가 있음. 칭의 후의 범죄는 신자가 계속해서 그리스도의 보혈을 힘입음으로 해결됨) 신자는 성결의 은혜인 성령세례를 받기 위해 노력해야 한다.
	성결의 은혜로 원죄로부터 깨끗해지고 성령 충만한 삶을 산다.	성결은 순간적인 측면이 강조되나 점진적인 측면도 포함한다. 성결한 삶은 성령 충만이 유지되어야 가능해진다.
성결인은 하나님에 의한 치유와 건강한 삶을 믿는다. * 사중복음- 신유	인간은 전인적이고 공동체적인 존재다.	하나님은 인간을 전인적인 존재로 만드셨다. 하나님은 인간을 공동체적 존재로 만드셨다. 하나님은 인간을 생태적 존재로 만드셨다.
	범죄한 인간은 전인적이고 공동체적인 질병을 앓는다.	죄를 범한 인간은 전인적인 차원에서 병들게 되었다. 죄인인 인간이 모인 공동체는 병리적이 되었다. 죄로 인해 생태계가 고통하며 신음하게 되었다.
	병든 개인과 공동체는 하나님의 능력으로 치유된다.	신유는 구원의 현실이며 신자가 온전히 회복되는 것에 관한 복음이다. 신유는 신자가 온전히 회복되는 것에 관한 복음이다. 　① 신유는 신자가 하나님의 보호로 항상 건강하게 지내는 것이다. 　② 신유는 병들었을 때에 하나님께 기도함으로 회복되는 것이다. 신유는 인간의 전인적인 차원에서 이루어진다. 신유는 공동체적 병폐를 향해 이루어진다. 신유는 생태계적 오염을 향해 이루어진다. 신유를 위해 기도하는 것은 신자의 특권이다(의약을 부인하는 것은 아님).

성결인은 예수님의 다시 오심을 믿는다. * 사중복음- 재림	예수님은 다시 오실 것이다.	* 참고: 공중 재림과 성도의 휴거 ⇨ 7년 대 환란 ⇨ 지상 재림과 심판 ⇨ 천년 왕국 ⇨ 천국 예수님의 재림은 하나님의 구원 계획이 실현되는 복음이다. 예수님의 재림은 이중적이다: 공중 재림, 지상 재림 예수께서 공중 재림 하실 때 살아있는 성도와 죽은 성도는 휴거될 것이다. 휴거되는 성도들은 신령한 몸으로 변화될 것이다. 예수께서 공중 재림 하실 때 지상에서 7년의 대 환란이 일어날 것이다. 예수님의 재림은 천년왕국 이전에 이루어질 것이다(전천년설). 천년 왕국은 성결이 실현된 세상이다.
	예수님은 공의로 심판하실 것이다.	인간 부활의 두 종류: 공중 재림 시 성도의 부활, 지상 재림 시 심판 받을 죄인 부활 지상 재림 후 사단과 적그리스도는 결박될 것이다. 지상 재림 후 예수께서 세상 만국에 대한 심판을 하실 것이다. 심판에 의해 정죄 받은 사람들은 영벌을 받아 지옥에 갈 것이다.
	성도는 다시 오실 예수님을 기다리며 준비한다.	재림은 성도의 최후의 최고의 소망이다. 회개하고, 중생하고, 성결한 성도는 천국에서 영생을 누리게 될 것이다.
성결인은 거룩한 공교회를 믿는다.	교회는 하나님의 백성들로 구성된 그리스도의 몸이다.	교회는 부르심을 받은 하나님의 백성들의 모임이다. 교회는 그리스도의 몸이다. 교회의 권세(권위)는 교회를 세우신 예수 그리스도로부터 부여받았다.
	교회는 하나이며 거룩하고 보편적이며 사도적이다.	교회는 하나이다. 교회는 거룩하다. 교회는 보편적이다. 교회는 사도적이다.
	교회는 하나님을 섬기고 세상에 봉사한다.	교회는 하나님을 섬기는 공동체다. 교회는 하나님께 예배한다. 교회는 성찬을 통해 하나님-성도, 성도-성도 간에 교제한다. 교회는 하나님의 선교를 실천하는 공동체다. 교회는 말씀을 선포하고 복음을 전한다. 교회는 사회에 참여하며 봉사한다.

	교회는 이단을 경계한다.	이단은 성경과 역사적 교회가 믿는 교리를 변질시킨 다른 복음이다. 성결교회와 성도는 이단을 경계한다. ① 신론을 중심으로 본 이단의 특징 삼위 하나님을 각각 별개의 신으로 봄(삼신론) 삼위 하나님을 모두 성부의 가시적 현현으로만 봄(양태론) 삼위 하나님이 나오시는 순서대로 우열관계로 종속(종속설) 로고스를 하나님이 아닌 하나님의 이성으로 이해 구약에서 하나님이 인간의 모습으로 나타났음을 빙자하여 인간이 본래 신이었다고 주장 성자의 이름이 곧 근본 하나님이라고 함 (예수님의 인성을 강조) 성자를 천사의 하나로 봄 한 분 하나님을 남성과 여성으로 분리하여 상대화 하나님이 아닌 피조물을 삼위 하나님과 동격으로 삼으려는 일체의 시도 뉴에이지 사상(범신론) ② 인간론을 중심으로 본 이단의 특징 인간이 아담의 원죄와는 상관없이 완전하다고 이해 (펠라기우스주의) 원죄는 인간과 천사와의 성적타락을 의미한다고 주장 인간을 영·혼·육으로 분리된 주체로 이해 육체를 지나치게 죄악시하고 영혼만 중시 (금욕적 영지주의) 사람이 죽으면 영혼은 소멸한다고 함 인간의 육체에 순교자의 영혼이 내려와 합일된다고 함 인간이 지상에서 죽지않는다고 주장 사람을 피조물이 아닌 신으로 높이거나, 신이 되려고 시도, 도덕적으로 선한 존재로 설명 인간은 이미 죄인이 아닌 의인이라고 주장(구원파) 인간을 하나님의 창조가 아닌 진화의 결과로 주장하는(진화론)

3. 기독교 전통과 역사

기독교 전통과 역사에 해당되는 교육내용은 주간 교회전통, 연간 교회전통, 그리고 기독교 역사를 중심으로 선정된다. 주간 교회전통이란 성도가 주일을 포함한 일 주일 동안 경험하게 되는 교회전통을 의미한다. 이것은 교회의 주요 실천인 예배, 교육, 교제, 전도와 선포, 봉사를 핵심내용으로 한다. 연간 교회전통이란 그리스도의 사건을 중심으로 한 교회 절기들을 의미한다. 성도는 주간 교회전통과 연간 교회전통을 배움으로써 교회의 실천에 대한 의미와 방법을 파악하게 된다. 또한 기독교 역사는 신앙의 선조들이 신앙의 내용을 이해하고, 이해한 바를 견고하게 지키고, 세상에 전하기 위해 노력해 온 사실들을 의미한다. 여기에는 기독교회사 뿐 만 아니라 성결교회사도 포함된다. 성도는 기독교 역사를 배움으로써 역사적 견지에서 자신의 신앙을 이해하고 반성하며 개선하게 된다.

대주제	중간주제	소주제(컨텐츠에 직접 적용되는 부분)
성결교회는 일상의 삶에서 믿음을 실천해왔다.	교회는 예배와 예전을 실천해왔다.	교회는 회중예배를 실천해왔다. 교회는 기도(기도회)를 실천해왔다. 교회는 세례를 실천해왔다. 교회는 성만찬을 실천해왔다.
	교회는 신앙과 경건한 삶에 대한 가르침을 실천해왔다.	교회는 말씀에 순종하는 삶을 가르쳐왔다. 교회는 경건한 삶을 가르쳐왔다. 교회는 교회 중심의 삶을 가르쳐왔다.
	교회는 주님 안에서의 교제를 실천해왔다.	교회는 그리스도의 몸이다. 그리스도의 몸을 이루는 지체들은 다양하다. 그리스도의 몸의 지체들은 성령으로 연합한다. 그리스도의 몸의 지체들은 서로 사랑한다.(돌봄과 배려)
	교회는 선포와 전도를 실천해왔다.	교회는 세상 속에서 선교한다. 세상에는 복음을 필요로 하는 사람들이 있다. 복음을 전하기 위한 다양한 방법들이 있다. 복음전도는 영적전쟁을 수반한다.

	교회는 대사회적 봉사를 해왔다.	교회는 세상 속에서 봉사한다. 세상에는 하나님의 사랑이 필요한 사람들이 있다. 교회와 성도는 구제와 참여를 실천한다.
성결교회는 매 년 교회력을 통해 예수 그리스도의 구속을 기억해왔다.	교회는 대림절을 통해 예수님의 오심을 기다려 왔다.	교회가 지켜온 대림절의 메시지는 예수님의 오심을 기다림이다. 교회는 대림절의 메시지를 공유하기 위한 전통들을 행해왔다.
	교회는 성탄절을 통해 예수님의 오심을 축하해 왔다.	교회가 지켜온 대림절의 메시지는 예수님의 오심을 축하함이다. 교회는 대림절의 메시지를 공유하기 위한 전통들을 행해왔다.
	교회는 사순절을 통해 예수님의 대속을 기념해 왔다.	교회가 지켜온 사순절의 메시지는 예수님의 대속을 기념함이다. 교회는 사순절의 메시지를 공유하기 위한 전통들을 행해왔다.
	교회는 부활절을 통해 예수님으로 인한 영생을 소망해왔다.	교회가 지켜온 부활절의 메시지는 예수님으로 인한 영생을 확신함이다. 교회는 부활절의 메시지를 공유하기 위한 전통들을 행해왔다.
	교회는 성령강림절을 통해 성령의 임자와 역사를 경험해왔다.	교회가 지켜온 성령강림절의 메시지는 성령의 임재와 역사하심이다. 교회는 성령강림절의 메시지를 공유하기 위한 전통들을 행해왔다.
성결교회는 각 시대마다 믿음을 지키고 전하기 위해 노력해왔다. (세계 교회사)	교회는 교리를 정립하기 위해 노력해왔다 (믿는 바에 대한 바른 이해).	예루살렘 교회는 안디옥 교회의 신자들을 지도하기 위해 바나바를 파송했다(⇨ 안디옥 신자들은 최초로 그리스도인이라고 불렸다). 예루살렘 공의회는 신학적 논쟁을 통해 교리를 정립하기 위해 노력했다. 교회는 정경화를 통해 그리스도인의 삶을 위한 규범을 정립하려 했다. 얌니아 회의에서 39권이 구약으로서 정경화 되었다. 카르타고 회의에서 27권이 신약으로서 정경화 되었다. 신학연구와 예배를 위한 통일된 본문일 필요하게 되어 벌게이트역이 만들어졌다.
	교회는 믿음을 지키기 위해 노력해왔다.	교회는 바른 믿음을 세우기 위해 노력했다. 어거스틴은 은총에 의한 구원 개념을 확립했다. 알렉산드리아 학파는 예수님의 한 인격 속에서 신성과 인성이 교류함을 주장했다. 카파도키아 학파는 성령도 성부와 동일한 신성을 지니셨음을 주장했다.

		교회는 박해 가운데서 순교의 정신으로 믿음을 지켜왔다. 폴리캅은 예수 그리스도에 대한 믿음을 지키다가 순교했다. 크리소스톰은 예수 그리스도에 대한 믿음을 지키다가 순교했다. 이그나티우스는 예수 그리스도에 대한 믿음을 지키다가 순교했다. 교회는 믿음의 순수성을 지켜왔다. 사막의 교부들은 믿음의 순수성을 지키기 위해 스스로 부와 명예를 포기했다. 도시 수도원은 믿음의 순수성을 지키기 위한 공동체였다. 수도원에서는 성경묵상과 성경필사를 통해 믿음의 순수성을 지키고자 했다.
	교회는 끊임없이 자신을 갱신해왔다.	종교개혁은 교회의 자기 갱신이었다. ① 종교개혁은 성경에 관한 교회의 자기 갱신이었다. (Sola Scriptura) ② 종교개혁은 그리스도의 공로로 인한 구원에 관한 교회의 자기 갱신이었다. (Solus Christus) ③ 종교개혁은 구원의 은혜에 관한 교회의 자기 갱신이었다. (Sola Gratia) ④ 종교개혁은 이신득의에 관한 교회의 자기 갱신이었다. (Sola Fide) ⑤ 종교개혁은 하나님의 영광과 권위에 관한 교회의 자기 갱신이었다. (Soli Deo Gloria) 웨슬리의 메소디즘 운동은 기독자의 완전을 향한 교회의 자기 갱신이었다. 회개와 영적부흥을 외친 대각성 운동은 교회의 자기 갱신이었다.(심슨, 무디, 피니, 냅)
	교회는 온전한 믿음을 지키기 위해 노력해왔다.	교회의 역사 속에는 예수 그리스도의 인성만 인정하는 이단들이 있었다. 교회의 역사 속에는 예수 그리스도의 신성만 인정하는 이단들이 있었다. 교회는 예수 그리스도의 신성과 인성 모두를 인정한다(아타나시우스).
	교회는 성경을 번역하기 위해 노력해왔다.	성경의 번역과 보급은 평신도들이 모국어 성경을 통해 진리에 굳게 서게 하기 위함이다. 종교개혁자 존 위클리프는 성경을 영어로 번역하고 보급했다. * 윌리엄 틴데일은 성경을 영어로 번역했다는 명목으로 화형당했다. 종교개혁자 마틴 루터는 성경을 독일어로 번역하고 보급했다. 서상륜, 백홍준 이래 한국교회는 성경을 번역하고 보급해왔다.

	교회는 전도와 선교를 해 왔다.	모라비안들은 복음주의자로서 개신교 선교, 세계 선교 운동을 시작했다. 19세기에 허드슨 테일러는 체계적인 계획 하여 광대한 지역에서 선교했다. 한국에 온 초기 선교사로서 알렌, 언더우드, 아펜젤러가 있다. 캐나다인 맥켄지 선교사는 한반도에서 복음을 전하다 순교했다.
성결교회는 성결의 복음을 세상에 전해왔다.	성결교회는 구령과 성별의 사역을 위해 시작되었다.	동양선교회 복음전도관은 성결운동을 위해 노력했다(카우만, 길보른). 동양선교회는 복음에서 소외된 오지에 복음을 전하기 위해 노력했다. 경성성서학원은 구령과 성별을 할 수 있는 성결한 지도자를 양성하기 위해 노력했다(카우만, 정빈, 김상준). 복음전도관은 구령과 성별의 사역을 위해 노력했다. 1908년 성결의 은혜를 체험한 성도들이 기뻐하고 감격했다: '뜀패들' 성결교회는 구령회를 통해 복음을 선포했다. 성결교회는 성별회를 통해 성별의 사역을 하고 성도들의 영적 갈증을 해소했다.
	성결교회는 20세기 민족적 고난의 역사 가운데서 순수한 복음신앙의 모범이 되었다.	성결교회의 사중복음이 일본국체에 위배된다는 이유로 교단이 강제해산 되었다. 성결교회의 사중복음이 일본국체에 위배된다는 이유로 다수의 교역자와 평신도가 순교당하고 옥고를 치뤘다. 강경성결교회의 주일학교 교사와 학생들은 신사참배를 거부했다(1924)./ 경성성서학원의 천세봉은 십자가를 들고 만세를 외쳤다(1926)./ 정태희 장로는 천황 모독 이유로 고초를 당하고 33세에 순교했다(1943. 8. 5)./ 박봉진 목사는 신사참배 문제로 일제에 항거하여 모진 고문을 받고 순교했다(1943. 8. 15). 이판일 장로는 6.25전쟁 중 신앙을 지키다 임자진리교회 교인 등과 순교했다. /문준경 전도사는 '새끼 많이 깐 씨암탉' 죄명으로 몽둥이와 총을 맞아 순교했다./ 윤임례 집사는 공산주의자 위협에도 담대히 순교의 길을 선택했다./ 교회를 지키기 위해 피난을 가지 않고 사역하다 납북된 서울신학교 교수 김유연 목사(이건 목사, 최석모 목사, 박형규 목사 등 포함)
	성결교회는 성결체험을 강조함으로써 부흥하는 한국교회의 견인차가 되었다.	초기 성결교회 지도자들(김상준, 정빈, 이명헌 등)은 모두 성결의 체험을 열망하고, 경험했으며, 그 복음을 간증하고 설교했다. 이명직 목사는 국내와 만주지역을 순회한 전도자이며 성결의 부흥사였다.

		이성봉 복사는 임마누엘 특공대를 조직하여 순회 사역하면서 부흥운동에 앞장섰다. 서울신학대학교는 경성성서학원의 정신을 이어받은 성결 지도자를 양성의 요람이다.

4. 현대 성결인의 삶의 주요 이슈들

현대 성결인의 삶의 주요 이슈들에 해당되는 교육내용은 성경과 사중복음의 관점에서 선정된다. 이 관점에서 현대 성도들이 겪고 있는 신앙생활의 위기로 평가되는 주제를 선택하여 그것의 의미를 설명하고 대안을 제시한다. 이것은 사회·문화적인 현실을 교육목회에 반영하기 위한 것이다. 현대인의 삶의 주요 과제들에 해당되는 교육내용은 비교적 가변적이다. 즉, 교육과정이 개정될 때마다 당시의 맥락에 맞게 재선정된다. 본 교육과정에서는 현대인의 삶의 주요 과제에 해당되는 교육내용을 무지와 지혜, 탐욕과 자족, 고립과 교제, 병듦과 건강, 불의와 정의를 중심으로 제시한다.

대주제	중간주제	소주제(컨텐츠에 직접 적용되는 부분)
21세기 성결인은 하나님의 말씀으로부터 지혜를 얻는다.	반성과 회개: 무지한 삶	현대인은 상대주의적 자기중심성으로 인해 자기 지식에 갇혀 있다. 현대인은 교만하여 하나님의 지혜를 거부하여 무지해졌다.
	성결인은 하나님을 경외한다.	성결인이 믿는 하나님은 진리가 충만하신 분이시다. 성결인은 하나님을 경외함이 지혜의 근본임을 안다. 성결인은 지적 교만을 회개하고 하나님 앞에서 겸손히 배운다.
	성결인은 하나님의 말씀을 삶의 기준으로 삼는다.	성결인은 하나님의 지혜를 구한다. 성결인은 하나님의 말씀으로부터 지혜를 배운다. 성결인은 하나님의 말씀을 삶의 기준으로 삼는다.
	성결인은 말씀으로부터 얻은 지혜를 실천한다.	성결인은 말씀이 오늘 나의 삶에 주는 의미를 이해한다. 성결인은 내 뜻(지혜)과 세상의 뜻 그리고 하나님의 뜻를 구별한다.

		성결인은 삶의 현장에서 하나님의 뜻을 선택하여 원칙으로 삼는다.
21세기 성결인은 하나님을 신뢰하여 자족함을 누린다.	반성과 회개: 탐욕적인 삶	현대인은 끊임없는 욕망의 노예가 되어 인간으로서의 존엄성을 상실하고 있다. 현대인은 하나님이 아닌 다른 것들에 의존하는 우상숭배(특히 맘몬)를 한다.
	성결인은 하나님의 신실하심을 믿는다.	성결인이 믿는 하나님은 선하신 분이시다. 성결인이 믿는 하나님은 신실하신 분이시다. 성결인은 나를 아시고 돌보시는 하나님을 믿는다.
	성결인은 믿음으로 자족을 누린다.	성결인은 탐심을 깨닫고 회개한다. 성결인은 소유가치보다는 존재가치로 한다. 성결인은 하나님에 대한 믿음 때문에 자족한다(하나님 의존적 삶).
	성결인은 하나님의 은혜에 감사한다.	성결인은 일용한 양식(육/영/필요들)을 위해 하나님께 기도한다. 성결인은 삶의 조건들 때문에 염려하지 않는다. 성결인은 하나님의 은혜를 기억하고 감사하고 고백한다.
21세기 성결인은 교제하며 나누는 관계를 지향한다.	반성과 회개: 고립된 삶	현대인의 극단적인 개인주의로 인해 인간관계를 상실하고 소외와 고독을 겪고 있다. 현대인은 자기중심성으로 인해 공동체성(교회 공동체성 포함)을 상실하고 있다.
	성결인은 하나님과 교제한다.	성결인은 하나님과의 관계를 중요하게 여긴다. 성결인은 하나님과의 관계를 막는 죄를 멀리한다. 성결인은 하나님과의 관계를 위해 기도와 말씀묵상에 힘쓴다.
	성결인은 신앙적 인간관계를 형성한다.	성결인은 신앙 안에서의 인간관계를 소중하게 여긴다. 성결인은 신앙 안에서의 깊이 있는 인간관계를 위해 시간, 물질, 정성을 기울인다. 성결인은 신앙 공동체(교회 공동체 포함)의 모임들에 참석한다.
	성결인은 관계가 단절된 사람들을 그리스도의 공동체로 초대한다.	성결인은 신앙 공동체 안으로 사람들을 적극적으로 초대한다. 성결인은 신앙 공동체 안에서 사람들을 환영한다. 성결인은 신앙 공동체에 속한 사람들을 돌보며 배려한다.
21세기 성결인은 건강한 삶의 모범이 된다.	반성과 회개: 병든 삶	현대인은 부정적 충동에 뿌리를 둔 습관으로 개인, 공동체, 세상이 병들었다. 현대인의 파괴적 경향성은 창조질서를 위협하고 개인, 공동체, 세상을 해친다.

	성결인은 하나님의 은혜로 건강한 삶을 산다.	성결인은 인간이 전인적이며, 하나님의 은혜로 전인이 건강하게 됨을 안다. 성결인은 공동체적, 생태계가 하나님의 은혜로 건강하게 됨을 안다. 성결인은 개인, 공동체, 생태계의 건강을 위해 하나님께 기도한다.
	성결인은 건전한 삶의 방식을 지킨다.	성결인은 건강을 해치는 역기능적 생활방식을 교정한다. 성결인은 건전한 생활 습관을 만들기 위해 노력한다. 성결인은 정신건강에 관심을 기울이고 관리한다.
	성결인은 개인, 공동체, 세상의 건강을 위해 헌신한다.	성결인은 하나님의 창조질서를 이해하고 중시한다. 성결인은 건강하고 치유적인 문화를 만들기 위해 노력한다. 성결인은 생태계를 건강하게 보존하기 위해 노력한다.
21세기 성결인은 재림의 소망가운데 정의롭게 산다.	반성과 회개: 불의한 삶	현대인은 사람을 귀하게 여기지 않음으로 불의를 행해서 평화를 상실했다. 현대인은 재림과 심판의 주님을 염두에 두지 않고 산다.
	성결인은 예수님의 재림과 심판을 믿는다.	성결인은 하나님께서 의로운 분이심을 안다. 성결인은 예수 그리스도의 재림과 심판을 믿는다. 성결인은 자신이 하나님 앞에서 살고 있음을 인식한다.(코람데오)
	성결인은 정의와 평화의 생활방식을 익힌다.	성결인은 사람을 귀하게 여긴다. 성결인은 비폭력적인 생활을 한다. 성결인은 자신의 삶의 영역에서 불의를 경계한다.
	성결인은 정의로운 공동체와 사회를 만들기 위해 노력한다.	성결인은 공동체와 사회가 정직하게 되도록 노력한다. 성결인은 사회법을 준수한다. 성결인은 공정한 분배가 이루어지는 세상을 만들기 위해 일한다.

제4차
기독교대한성결교회 교육과정

'성결한 그리스도의 몸 BCM' 교육목회 주제해설

1년차 1학기 분

1월 기억

2월 청종

3월 구원

4월 공동체정신

5월 교제

6월 은사

연구자

남은경(서울신학대학교 교수)

박진숙(서울신학대학교 강사)

박향숙(서울신학대학교 강사)

이대주(서울신학대학교 교목실) /감수

1월 **기억**

박향숙 목사
교육과정 연구진 / 서울신학대학교 강사

◆ 주제문 : 하나님의 구원의 사건과 약속을 함께 되새기고 기념한다.
◆ 관계선 : 회중 ⇨ 성경과 전통
◆ 영　역 : 중생

◆ 교육목표 :

1. 이스라엘 백성은 유월절을 지키며 하나님의 구원의 사건을 기억하였음을 이해한다.
2. 요시야 종교개혁은 잊혀진 하나님의 말씀을 다시 기억하는 것이었음을 이해한다.
3. 성만찬을 배우거나 행하며 예수 그리스도의 십자가와 부활을 함께 기억한다.

◆ 성경적 근거 :

하나님을 기억하라(신 32:7), 하나님의 구원을 기억하라(출 12:14, 26-27)

잊혀진 유월절을 기념하여 다시 지킨 요시야(왕하 23:21-25; 대하 35:16-19)

성만찬을 기념(마 26:26-28; 눅 22:17-20) 기억하고 전하라(고전 11:23-26) 그리스도를 기억하라(딤후 2:8)

◆ 주제 이해 :

'기억'은 과거에 경험한 사건이나 지식을 떠올리는 것을 말합니다. 과거에 경험한 사건을 떠올리는 과정에서 과거의 사건은 현재의 나의 경험과 연결됩니다. 과거의 경험을 기억하는 것은 지금 내가 누구인가를 규정하기도 하고 앞으로 내가 어떻게 살아갈 것인가를 조명하기도 합니다. 성경은 하나님의 역사를 경험한 기독교 공동체가 공유하는 개인 혹은 공동체의 기억을 담고 있습니다. 기독교 신앙공동체는 공동의 기억을 기반으로 하나님의 영감에 의해 성경을 기록하였고, 기록된 성경을 통해 하나님의 역사를 함께 기억하며 신앙을 전수해왔습니다.

구약학자 차일즈는 구약시대 이스라엘의 "기억하는 행위는 이전의 사건들과 시간적으로 동떨어진 세대에게 과거를 실재화해서 그들 스스로가 직접 위대한 구원의 행위들과 긴밀한 만남을 갖게 만들 수 있다."(Brevard S. Childs, 2005, 113)고 말합니다. 과거의 하나님을 기억하며 떠올릴 때 과거의 하나님은 바로 지금 우리의 하나님이 되는 것입니다.

'기억'은 통각적입니다. 과거의 어떠한 경험이나 개념을 떠올릴 때 인간의 시각, 청각, 촉각, 후각 등의 모든 감각이 일체화되어 지각됩니다(Maurice Merleau-Ponty). 군인이 다 아문 전쟁의 상흔을 보며 과거를 떠올릴 때마다 전쟁터의 참혹한 광경과 습한 기운과 굉음, 살갗의 상처로 인한 고통이 함께 떠올려지는 것이 바로 그것입니다. 기억한다는 것은 과거의 사건의 총체적이고 통전적인 맥락이 기억하는 사람을 통해 지금 다시 재현되는 것입니다.

성경은 본래 신학적 사상이나 관념의 언어라기보다는 일상적이고 맥락적이고 관계적인 언어로 기록되었습니다. 성경을 읽는다는 것은 읽는 사람을 통해 신앙공동체의 일상의 맥락이 생생하게 재현되는 것입니다. 그러나 현대인에게 성경은 언어, 시간, 공간의 거리감으로 인해 그 맥락이 잘 읽혀지지 않습니다. 따라서 성경말씀을 가르치는 자들은 성도들이 성경 이야기를 통각적으로 재현해내는 동시에 재현된 이야기 속에 참여할 수 있도록 도와야 합니다.

◆ 성경 이해 :

1. 출애굽기 12장 1-28절

구약성경에서 하나님은 자신의 백성들에게 하나님께서 베푸신 구원의 은혜를 기억하라고 말씀하셨습니다. 출애굽기 12장에서 하나님은 430년간 노예로 살아온 이스라엘 백성을 구원하시는 출애굽의 역사를 행하기 직전, 이 날을 기억하고 기념할 것을 말씀하셨습니다. "너희는 이 날을 기념하여 여호와의 절기를 삼아 영원한 규례로 대대로 지킬지니라(출12:14)" 출애굽 사건을 경험하지 못한 후손들이 그 예식의 의미를 묻거든 "여호와께서 애굽 사람에게 재앙을 내리실 때에 애굽에 있는 이스라엘 자손의 집을 넘으사 우리의 집을 구원하셨느니라(출12:27)"라고 하라고 말씀하셨습니다.

이스라엘 백성들은 유월절 식사를 하며 유월절을 기억하고 기념하였습니다. 매년 유월절 무교병과 쓴 나물과 어린양의 고기를 먹으며 출애굽 사건을 통해 이스라엘 백성을 구원하신 하나님을 기억하였습니다. 각 가정에서는 유월절 식사 중에 가장 어린 사람이 질문을 하고 가장이 대답을 하였습니다(William Barclay, 1992, 21; 조기연, 2016, 206). 그 대화내용은 다음과 같습니다.

"왜 오늘밤은 다른 밤들과는 다릅니까? 다른 모든 밤들에는 우리는 누룩이 들어있는 떡이나 누룩 없는 떡을 자유롭게 먹을 수 있습니다. 그러나 오늘밤에는 누룩 없는 떡만을 먹어야 합니다. 다른 모든 밤들에는 우리는 온갖 종류의 나물들을 자유롭게 먹을 수 있습니다. 그러나 오늘 밤에는 우리는 쓴 나물만 먹어야 합니다. 다른 모든 밤에는 우리는 구운 고기나 삶은 고기를 자유롭게 먹을 수 있었으나 오늘 밤에는 구운 고기만을 먹어야 합니까?"

"우리 조상은 방랑하는 아람 사람으로서 애굽에 내려가 거기에서 소수로 거류하였더니 거기에서 크고 강하여 번성한 민족이 되었는데 애굽 사람이 우리를 학대하며 우리를 괴롭히며 우리에게 중노동을 시키므로 우리가 우리 조상의 하나님 여호와께 부르짖었더니 여호와께서 우리 음성을 들으시고 우리의 고통과 신고와 압제를 보시고 여호와께서 강한 손과 편 팔과 큰 위엄과 이적과 기사로 우리를 애굽에서 인도하여 내시고 이곳으로 인도하사 이 땅 곧 젖과 꿀이 흐르는 땅을 주셨다(신 26:5-9).

유월절 식사를 하며 출애굽 사건을 기억한다는 것은 430년간 노예로 살았던 민족의 고통의 역사를 떠올리는 동시에, 하나님이 강한 손으로 구원하신 은혜와 감격을 떠올리는 것이었습니다. 그리고 출애굽의 역사의 주관자이신 하나님이 바로 지금 우리의 삶에 동일하게 구원을 베푸실 것을 기대하는 것이었습니다.

2. 열왕기하 22장-23장 25절; 역대하 34장-35장 19절

오랫동안 하나님의 말씀은 잊혔고 기념하여 지키라고 했던 유월절은 지켜지지 않았습니다. 이스라엘의 많은 왕들은 이방종교를 받아들여 성전에서 이방신에게 예배하였고 이방 종교의 제사장들이 사용한 우상들을 성전에 채웠습니다. 요시야 왕은 성전에 있는 우상들과 이방 종교 물품을 가루로 만들고 이방 종교 제사장들을 모두 죽이는 대대적인 종교개혁을 단행하였습니다. 그리고 성전을 보수하도록 명령하였습니다. 그 과정에서 힐기야 대제사장은 하나님의 율법책을 발견합니다.

요시야는 율법책을 읽고 조상들이 죄를 지어 이스라엘 백성들이 하나님의 심판을 받게 되었음을 깨닫고 옷을 찢으며 회개합니다. 그리고 훌다의 도움을 얻어 말씀의 내용을 보다 자세히 이해합니다. 모든 장로들과 백성들을 성전에 모아서 율법책을 낭독해줍니다. 요시야가 율법책을 읽어주는 그 자리에서 이스라엘 백성들은 자신들과 선조들이 잊고 있었던 하나님의 말씀을 다시 기억하고 함께 회개합니다. 요시야가 읽어준 말씀은 출애굽기 20

장 1-23장 33절이거나 신명기였을 것으로 추정됩니다. 요시야는 말씀을 읽어준 뒤 "마음을 다하고 성품을 다하여 여호와를 순종하고 그 계명과 법도와 율례를 지켜 이 책에 기록된 언약의 말씀을 이루리라"(대하34:31하)고 선포합니다. 이후 요시야 왕은 온 이스라엘 공동체가 유월절을 지켜 행하도록 명령합니다(왕하 22:21-25). 이스라엘 백성을 구원하신 여호와를 다시 기억하기 위해 절기를 지키는 전통을 회복한 것이었습니다.

3. 마태복음 26장 26-28절; 누가복음 22장 17-20절; 고린도전서 11장 24-26절

예수님은 출애굽을 기억하는 유월절에 제자들과 마지막 만찬을 하십니다. 그리고 자신이 십자가에서 죽음으로써 우리의 죄를 용서하고 구원하신 사건을 기억하라고 말씀하십니다. "그들이 먹을 때에 예수께서 떡을 가지사 축복하시고 떼어 제자들에게 주시며 이르시되 받아서 먹으라 이것은 내 몸이니라 하시고 또 잔을 가지사 감사기도 하시고 그들에게 주시며 이르시되 너희가 다 이것을 마시라 이것은 죄 사함을 얻게 하려고 많은 사람을 위하여 흘리는 바 나의 피 곧 언약의 피니라(마26:26-28)"

바울은 빵을 먹고 포도주를 마시며 주님의 죽으심을 기억하기를 주님이 다시 오실 때까지 해야 한다고 당부하였습니다(고전 11:24-26). 예수 그리스도의 십자가 죽음과 부활을 기억한다는 것은 우리가 은혜 없이는 살 수 없는 연약한 죄인임을 인정하는 동시에 주님과 함께 십자가에서 죽었음을 의미합니다. 그리고 예수님과 함께 그리스도인으로서 살아가는 것을 의미합니다.

◆ 교회사 이야기 :

현대에 이르러 예배 안에서 하나님의 구원을 기억하는 대표적인 예식은 세례식과 성만찬입니다. 교회의 성도가 될 때 행해지는 세례식과 예배 공동체가 함께 참여하는 성만찬은 예수 그리스도의 죽으심과 부활을 기억하는 동시에 바로 지금 우리의 삶에 그 사건이 재현되기를 믿는 신앙 고백입니다. 세례받는 자는 물에 들어가고 나오는 전인적 참여를 통해 자신이 그리스도와 함께 죽고 그리스도와 함께 다시 살게 되었다는 것을 고백하고 신앙공동체와 관계를 맺기 시작합니다. 성만찬에 참여하는 자는 떡을 먹고 포도주를 마시는 전인적 참여를 통해 예수 그리스도의 죽으심과 부활을 믿는다는 고백을 반복하며 신앙공동체와 관계를 지속합니다.

초대교회에 세례식은 세례탕에서 행해졌습니다. 고고학자들에 의해 그 세례탕의 구조가 밝혀진바 있습니다. 그 세례탕은 탕으로 들어가는 두 세 개의 계단과 가운데에 물이 담겨져 있는 깊은 공간, 그리고 밖으로 나오는 계단으로 설계되었습니다. 세례를 받는 사람이 한쪽 계단을 통해 중앙의 깊은 물로 들어가 세 번 물에 잠겼다가 맞은 편 계단으로 나오도록 되어있는 것입니다. 이는 무덤으로 내려가서 죽고 삼 일만에 다시 살아나는 것을 표현하는 것이었습니다(James F. White, 2000, 244; 조기연, 2016, 211) 세례는 예수 그리스도의 죽으심과 부활을 의미하는 것이었기 때문에 초대교회의 부활절 예배 때 행해졌습니다. 이 전통을 따라 기독교의 많은 교단과 교회들이 부활절에 세례식을 행하고 있습니다.

성만찬 예식은 네 가지의 동작으로 이루어져있습니다. 그것은 빵과 포도주를 ‘집어서(take)’ ‘감사드리고(thanksgiving)’ ‘떼어(break)’ ‘나누어주는 (give)’ 것입니다(조기연, 2016, 216-219). 첫째, 빵과 포도주를 집어 드는 것은 하나님께 자신을 제물로 드리는 것입니다. 둘째, 하나님의 창조와 구원을 감사하는 기도를 드리는 것입니다. 셋째, 몸이 찢기고 피를 흘리신 예수님을 상징하는 것이며 동시에 자신이 깨어지는 것을 말합니다. 넷째, 예수님이 자신의 몸과 피를 우리를 위해 주신 것처럼 우리의 인생을 내어주는 것을 말합니다. 기독교 예배의 전통에서 성만찬은 매 주일마다 예수 그리스도의 죽으심과 부활을 반복적이며 지속적으로 기억하기 위해 행해졌습니다.

구원의 은혜를 기억하고 감사하는 것은 매 주일 예배를 통해 반복적이고 지속적으로 고백되어야 합니다. 특히 새해의 첫 달인 1월을 하나님의 구원의 은혜를 떠올리고 감사하는 것으로 시작하기를 권고합니다. 이를 돕기 위한 교육목회의 방향은 다음과 같습니다.

① 예배 : 출애굽기의 유월절과 예수님께서 마지막 만찬을 하신 유월절 밤을 떠올리는 이미지로 예배실 환경을 조성하거나 예배실 상황을 연출합니다. 유월절과 예수님의 성만찬을 생생하게 떠올릴 수 이미지 자료를 활용한 설교를 진행합니다. ② 성경공부 : 유월절의 배경인 출애굽 사건을 인물과 사건 중심으로 구성합니다. 하나님의 말씀을 잊고 절기를 지키지 않았던 이스라엘 백성이 요시야의 회개를 통해 다시 하나님의 은혜를 기억하며 회개하였던 내용을 다룹니다. 유월절을 기념하여 성만찬을 베푸신 예수님의 이야기를 다룹니다. ③ 프로그램 : 전교인, 혹은 교회학교가 함께 경험한 하나님의 역사를 담은 이미지나 사진을 전시하고 함께 기억합니다. ④ 주간목회 : 교사는 자신의 지난 생애 가운데 하나님께서 자신을 구원하시고 돌보신 은혜의 사건들을 기억하고 올 한 해동안 함께 하실 하나님을 기대하며 기도하는 시간을 가집니다.

◆ 참고문헌 :

Barclay, William (1992). Lord's Supper, 이희숙 역, 성만찬. 서울: 종로서적.

Childs, Brevard S. (2005). Memory and tradition in Israel. 윤석천 역, 이스라엘에게 있어서 기억과 전통. 서울: 이컴비즈넷.

White, James F. (2000), Introduction to Christian Worship, 정장복 조기연 공역, 기독교예배학입문. 서울: 예배와설교아카데미.

유재덕 (2006). 기억에 관한 기독교교육적 연구. 기독교교육정보, 15, 337-365.

이승진 (2010). 설교를 통한 신앙공동체의 집단기억 형성에 관한 연구. 신학과
    실천, 145-175.
조기연 (2016). 예배-공동경험과 공동기억의 사건, 장신논단, 48(2), 201-224.

2월 청종

박향숙 목사
교육과정 연구진 / 서울신학대학교 강사

◆ 주제문 : 하나님의 말씀을 함께 듣고 따른다.
◆ 관계선 : 소그룹 ▷ 성경과 전통
◆ 영　역 : 중생

◆ 교육목표 :

1. 하나님의 백성은 하나님의 말씀을 청종하는 자임을 이해한다.

2. 온전한 청종이란 하나님의 말씀을 듣고 따르는 것임을 깨닫는다.

3. 예수님을 따라 하나님의 말씀을 온전히 청종한다.

◆ 성경적 근거 :

청종의 명령(신 6:1-5; 27:8-10), 회개로서의 청종(신 30:8), 청종의 중요성(삼상 15:22), 율법을 주야로 묵상(시 1:2-3), 진정한 청종(마 21:28-31), 청종하지 못한 부자청년(마 19:16-22; 막 10:17-31; 눅 18:18-30), 온전히 청종하신 예수님(요 5:30; 히5:7-9; 마 26:36-45; 막 14:32-42; 눅 22:39-46)

◆ 주제 이해 :

'청종(聽從)'은 '이르는 말을 잘 듣고 따르는 것'을 가리킵니다. 기독교인에게 '청종'이란 하나님의 말씀을 경청하여 그 말씀을 따라 순종하는 것입니다. 경청과 순종, 들음과 따름, 배움과 실천, 앎과 삶은 서로 구분되지 않으며 하나로 통합되어있습니다.

'청종'은 사랑의 관계에 기초한 상호적 행동입니다. 하나님은 피조물을 먼저 사랑하셔서 은혜를 베푸십니다. 사랑의 은혜를 입은 인간은 자신을 사랑하신 하나님이 누구시며 무엇을 말씀하시는지 귀를 기울여 듣습니다. 하나님의 말씀을 귀 기울여 듣고 그 말씀대로 순종하는 자에게 하나님은 생명과 복을 약속하십니다. 구약 시대에 이스라엘 백성과 맺은 이 약속은 바로 지금 하나님의 말씀을 청종하는 자에게도 유효합니다.

◆ 성경 이해 :

1. 신명기 6장 1-5절 (참고: 신명기 27장 8-10절)

‘청종’이 가장 많이 등장하는 성경은 신명기입니다(신 11:13; 13:4; 27:10; 28:2; 30:2, 8, 9, 20). 신명기의 히브리어 명칭은 ‘이것이 말씀들이다(these are the words)’입니다. 신명기에는 이스라엘이 ‘청종’해야 할 하나님의 말씀들로 채워져 있습니다. 신명기는 모세가 출애굽 이후 40년의 광야생활을 마치며 남기는 고별설교와도 같습니다. 죽음을 앞두고 이스라엘에게 당부하는 하나님의 말씀을 ‘청종’하라고 강조합니다.

신명기에는 ‘들으라 이스라엘아’로 시작하는 말씀이 자주 등장합니다(신 6:4; 9:1; 20:3; 27:9). 여기에서 ‘들으라’는 단어는 단순히 귀로 듣는 행위뿐이 아니라 ‘순종’의 의미를 포함하고 있습니다. 모세는 이스라엘이 ‘목이 곧은 백성’(9:6)이고 광야에서‘늘 여호와를 거역’(9:7)하였음을 상기시킵니다. 그럼에도 불구하고 하나님께서 아름다운 땅을 기업으로 주신 것은 그 땅의 민족들이 악하기 때문이며 선조들과의 약속을 지키기 위함이라고 말합니다. 따라서 이스라엘 백성에게 “우리 하나님 여호와는 오직 유일한 여호와이시니 너는 마음을 다하고 뜻을 다하고 힘을 다하여 네 하나님 여호와를 사랑”(6:4-5)하고, “네 하나님 여호와를 경외하여 그의 모든 도를 행하고 그를 사랑하며 마음을 다하고 뜻을 다하여 네 하나님 여호와를 섬기고”(신 10:12-13), “오늘 네가 네 하나님 여호와의 백성이 되었으니 그런즉 네 하나님 여호와의 말씀을 청종하여 내가 오늘 네게 명령하는 그 명령과 규례를 행할지니라.”(27:9-10)라고 반복하여 ‘청종’할 것을 말합니다.

청종하는 것은 여호와를 떠났던 이스라엘이 여호와께로 돌아오는 회심의 행위이기도 합니다. 신명기는 여호와의 말씀을 청종하고 그의 계명에 순종하면 여호와가 마음을 돌이키고 이스라엘을 다시 만나주실 것이라고 선언합니다(신 4:30-31; 30:2-3, 8-9). 구약의 예언자들은 이스라엘 백성들이 죄에서 돌이켜 여호와께 돌아올 것을 선포하였습니다. 예언자들이 말하는 ‘죄’란 인간이 교만하여 여호와의 율법과 계명과 규례를 듣지 않고 범하는 것, 즉 청종하지 않는 것이었습니다(느 9:29).

사무엘상 말씀에 따르면, 하나님의 말씀을 ‘청종’하는 것은 예배보다 우선되기도 합니다. 사무엘은 사울왕이 여호와의 말을 ‘청종’하지 않고 탈취하기에만 급급하여 여호와 보기에 악한 일을 저질렀다고 경고합니다(삼상 15:19). 사울은 결국 여호와께 제물로 드리기 위함이었다고 변명합니다(삼상 15:21). 그러나 사무엘은 ‘여호와의 목소리를 청종하는 것’이 더 중요하며, ‘순종이 제사보다 낫고 듣는 것이 숫양의 기름보다 나으니’라고 말합니다(삼상 15:22).

2. 마태복음 19장 16-22절 (참고: 마태복음 21장 28-31절)

청종은 말씀을 잘 듣고 알기만 하는 것과는 다릅니다. 예수님은 ‘두 아들 비유’(마 21:28-31)를 통해 당시 율법을 잘 알고 말하는 자들에게, 진정한 청종이란 그 말씀을 따르는 것임을 강조합니다. ‘아버지 가겠나이다 하더니 가지 아니(21:29)’한 맏아들과 ‘싫소이다 하였다가 그 후에 뉘우치고(21:30)’간 둘째 아들 중에 아버지의 뜻에 순종한 아들은 둘째 아들이라는 것입니다. 이는 하나님의 말씀을 매주 듣고 배우고 매일 묵상하기만 하고 실제로는 따르지 않는 기독교인을 향한 말씀이기도 합니다.

재물이 많은 청년(마 19:16-22; 막 10:17-31; 눅18:18-30)은 하나님의 말씀을 온전히 청종하지 못한 사람입니다. 예수님의 제자가 되기 위해 찾아

온 그는 하나님의 말씀을 잘 알고 있었습니다. 그리고 하나님의 계명을 모두 지켰다고 스스로 자부하며 '아직도 무엇이 부족하니이까?'라고 반문합니다. 예수님은 하나님의 말씀을 청종하며 살아왔다고 자부하는 부자 청년에게 한 가지를 부탁하십니다. 그것은 자신이 가진 재물을 팔아서 가난한 자들을 위해 나누어주라는 것이었습니다. 그는 예수님의 말씀을 듣고 근심하며 돌아갔습니다. 재물이 많은 청년의 모습은 하나님의 말씀을 온전히 따르지 못하면서 스스로 완벽하다고 자부하는 기독교인을 향한 거울이 됩니다.

3. 마태복음 26장 36-45절 (참고 : 요한복음 5장 30절; 마가복음 14장 32-42절; 누가복음 22장 39-46절)

예수님은 하나님을 온전히 청종하였습니다. 공생애 사역 기간 중에는 자신의 생각과 뜻대로가 아니라 '듣는 대로', '나를 보내신 이의 뜻대로'사역하였습니다(요 5:30).'십자가'의 고난을 청종하기 전에는 심한 통곡과 눈물로 하나님이 뜻을 돌이키시기를 간구하였습니다(마 26:39, 42, 44). 그러나 하나님의 뜻을 '들으심을 얻'은 후에는(히 5:7) 고난받는 것에 순종하셨습니다(히 5:8)

예수님은 하나님의 말씀에 청종하심으로 모든 이의 구원의 근원이 되셨습니다(롬 5:19; 히 5:9). 이와 대조적으로, 아담은 불순종한 인물로 거론됩니다(롬 5:17-19). 아담은 하나님의 말씀을 청종치 않는 불순종의 죄를 지음으로 사망이 왕노릇하게 되었고 많은 사람들이 정죄받는 죄인이 되었다고 말합니다. 한편 예수님이 하나님께 순종함으로 많은 사람들이 의롭다 하심을 받아 생명을 얻는 의인이 되었다고 말합니다. 그리고 예수님은 우리에게 자신을 청종하라고 부르십니다. 예수님은 육신이 된 하나님의 말씀(요 1:14)이기 때문입니다.

　초대 기독교 시대에는 하나님의 말씀을 묵상하는 '렉시오 디비나'[2)]의 전통이 행해졌습니다. 초대 교부인 크리소스톰(347-407)은 당시 렉시오 디비나가 각 가정에서 이루어지고 있었음을 말하고 있습니다. "집으로 돌아가거든 상을 두 개 마련하시오. 하나는 음식상이고 다른 하나는 말씀의 식탁입니다." 크리소스톰은 집으로 돌아가서 남편은 아내와 아이들과 성경을 펼쳐서 교회에서 들은 말씀을 다시 반복해서 읽으라고 하였습니다.

　웨슬리는 성경을 읽는 지침을 다음과 같이 제안합니다(M. 로버트 멀홀랜드, 2004, 165-179). 첫째, 매일 규칙적으로 말씀을 묵상할 것과 그 시간이 표면적으로 내적으로 방해받지 않도록 할 것을 권합니다. 둘째, 구약과 신약을 각각 한 장씩 읽으며 성경 전체를 규모 있게 통독할 것과 정보를 얻기 위함이 아닌 영성 형성을 위해 적은 분량의 성경을 읽을 것을 권합니다. 셋째, 하나님의 뜻을 알고 그것을 행하려는 마음으로 읽을 것을 권합니다. 넷째, '믿음의 유비, 기본적인 교리들 사이의 관계와 조화, 원죄, 이신칭의, 신생, 내적인 거룩과 외적인 거룩 등에 주목'할 것을 권합니다. 다섯째, 성경은 성령을 통해서만 이해될 수 있기 때문에 성경을 읽기 전에 기도함으로 성령의 은혜를 구할 것을 권합니다. 여섯째, 성경을 읽는 과정 중에 자신의 마음과 삶을 성찰하는 것도 유익하다고 권합니다. 결론적으로 웨슬리는 성경을 읽는 것은 단순히 문자적 정보를 읽는 것이 아니라, 하나님을 대면하고 자신을 성찰하는 것에서 더 나아가 하나님의 뜻에 즉각적으로 순종하는 실천적 행위임을 강조하고 있는 것입니다.

　하나님의 말씀은 본래 공동체에 주신 것입니다. 웨슬리도 은혜 안에서의 성장은 얼굴과 얼굴을 마주함으로 이루어지는 친밀한 교제 속에서 서로 돌

---

2) 준비 단계, 말씀 읽기, 말씀 묵상, 기도하기, 관상하기의 단계로 진행된다.

아보고 관심을 가질 때 가장 잘 이루어질 수 있다고 보았고, 기독신우회 같은 소그룹 모임을 격려했습니다(Jackson, Works, 8:322-23). 웨슬리는 "기독교는 본질적으로 사회적 종교이며 (서로에 대한 책임성이 없는) 은둔적 신앙생활은 참으로 기독교를 파괴하는 것입니다"(outler, sermons, 1:533)라고 하였습니다. 성경은 교회의 다양한 소그룹 속에서 함께 읽으며 따를 때 성장의 은혜의 통로가 될 수 있을 것입니다.

◆ **교육목회의 방향 :**

① 예배 : 하나님의 말씀을 기억하고 따르는 내용의 메시지가 담긴 찬양과 설교를 합니다. 하나님께 진정으로 청종한 예수님과 청종하지 못한 부자 청년 등의 말씀을 통해 청종하는 삶에 대해 도전합니다. ② 성경공부 : 하나님의 말씀을 청종한다는 것이 무엇인지 성경 인물의 사례를 들어서 설명합니다. 청종하지 못한 사람으로는 이스라엘 백성들, 아담, 재물이 많은 청년이 예가 될 수 있으며 두 아들 비유 가 진정한 청종을 이해하는 본문이 될 수 있을 것입니다. ③ 프로그램 : 각 부서별 예배 시간에 선포되는 목회자의 설교 본문말씀, 공과 새길말씀 혹은 본문 말씀을 손글씨(캘리그래피, calligraphy)로 적거나 암송하도록 격려하고, 한 주간동안 말씀에 어떻게 순종하며 살았는지 주일에 함께 나눕니다. ④ 주간목회 : 교사는 한 달 동안 듣게 되는 하나님의 말씀을 기록하고 자신이 그 말씀을 어떻게 따르며 살고 있는지 돌아보는 시간을 갖습니다.

◆ **참고문헌 :**

Collins, Kenneth J. (2017). 성경적 구원의 길 : 존 웨슬리 신학의 정수. 장기영 역. 서울: 새물결플러스.

Mulholland Jr., M. Robert (2004). "11장 웨슬리의 성경 읽기 지침,"영성 형성을 위한 거룩한 독서. 서울: 은성출판사.

박종석 (2014). 구약성서의 교육 : 하나님을 경외하는 삶을 위한 교육. 서울: 사
　　　랑마루.
소형근 (2011). 너는 돌아와 다시 야웨의 말씀을 청종하고(신30:8) : 구약성서
　　　에 나타난 이스라엘의 회심에 대한 고찰. 구약논단, 17(4), 105-123.
장일선 (1993). 대한기독교서회 창립 100주년 기념 성서주석 5 : 신명기. 서울:
　　　대한기독교서회.

3월 구원

남은경 목사
교육과정 연구진 / 서울신학대학교 교수

◆ 주제문 : 죄를 회개하고 예수 그리스도를 믿음으로 거듭나서 영생을 얻
고 하나님의 자녀가 된다.

◆ 관계선 : 성경과 전통 ⇨ 개인

◆ 영　역 : 중생

◆ 교육목표 :

1. 죄를 지은 인간에게 구원이 필요함을 발견한다.

2. 예수께서 십자가에서 우리의 죄를 대속하셨음을 깨닫는다.

3. 죄를 회개하고 예수 그리스도를 주님으로 영접한다.

◆ 성경적 근거 :

죄를 지은 인간(창 3:1~24)

십자가 대속(누가복음 23:26~49⇒ 마 27:32-44, 막 15:21-32, 요
19:17-27)

회개와 영접(눅 19:1~10)

구원과 영생(요 3:16-17)

아담과 그리스도(롬 5:18)

◆ 주제 이해 :

태초에 하나님이 온 세상을 만드시고(창 1:1-25), 하나님의 형상대로 인
간을 만드셨습니다(1:26-27, 2:7). 하나님은 그들에게 에덴동산에서 죽음
에 이르게 되는'선악을 알게 하는 나무의 열매'를 금지하셨습니다(2:17). 그

럼에도 불구하고 인간은 뱀의 유혹에 빠져 하나님의 말씀을 지키지 못하는 죄를 범하였습니다(3:4-6). 결국 인간은 죄의 대가로 하나님의 저주를 받아 (3:16-19) 축복의 땅에서 쫓겨나게 죽을 수밖에 없는 존재가 되었습니다. 이렇게 아담의 원죄를 물려받았기에 우리는 거룩한 하나님께 나아가려고 아무리 노력할지라도 죄의 상태에서 스스로 벗어날 수 없습니다. 결국 우리에게는 외부로부터의 구원할 자가 필요한 것입니다. 그것은 인간을 불쌍히 여기시는 하나님의 은혜로만 가능합니다.

하나님과 인간, 양자 사이의 단절된 관계를 회복하기 위해서는 중개자가 필요합니다. 이 죄의 문제를 해결하기 위해, 인간을 구원하기 위해 하나님은 죄가 없으신 그의 아들 예수 그리스도를 이 땅에 보내주셨습니다. 이제 하나님의 은혜가 온 인류에 미쳤지만 구원은 십자가에서 나의 죄 값을 대신 치르신 예수 그리스도를 구원자로 받아들일 때 가능합니다. 누구든지 하나님의 아들 예수 그리스도를 주님으로 고백하여 죄를 용서받아야 비로소 하나님의 자녀로 인정을 받고 영원한 생명을 누릴 수 있습니다.

그리스도는 죄인을 구원하기 위해 십자가에서 죽음의 대가를 지불하셨습니다(눅 23: 26~49). 이것이 구원자의 구체적 행동입니다. 그리고 그것은 각 개인에게 향합니다. 하나님이 그렇게 하신 이유는 오직 한 가지 이유, 즉 우리를 사랑하시기 때문입니다. 이렇게 구원은 예수님을 믿는 자에게 주어지는 하나님의 선물이며, 믿는 자에게 주어지는 영생의 근거는 하나님의 사랑입니다(요 3:16).

인간이 죄인 된 상태일 때 하나님이 먼저 우리를 선택하시고 사랑하셨습니다(롬 5:8 우리가 아직 죄인 되었을 때… 자기의 사랑을 확증하셨느니라). 죄 때문에 하나님을 알지도 못하고 만날 수 없었는데 하나님이 스스로 우리에게 자신을 계시하셨습니다. 그리고 한 사람 한 사람을 선택해 주셨습니다(요 15:16). 그런데 우리가 구원을 얻기 위해서는 믿음의 대상을 오직 예수 그리스도로 삼아야 한다는 조건이 있습니다. 베드로는 이 구원의 역사는 거룩한 하나님의 아들인 예수님 외에는 그 누구도 이룰 수 없다고 강조합니다(행 4:12 다른 이로써는 구원을 받을 수 없나니 천하 사람 중에 구원을 받을 만한 다른 이름을 우리에게 주신 일이 없음이라 하였더라). 예수님이 인간의 죄를 담당하시고 십자가에 못 박혀 죽으신 것과 부활하신 사실이 그 분이 유일한 구세주임을 확증하기 때문입니다.

한편, 하나님이 성도에게 나타나시고 믿음을 주신 목적은 멸망하게 하려는 것이 아니라 영원한 생명, 즉 구원해 주려는 데 있습니다. 이것이 믿는 자에게 베풀어 주시는 은혜인 것입니다(엡 2:8 너희는 그 은혜에 의하여 믿음으로 말미암아 구원을 받았으니 이것은 너희에게서 난 것이 아니요 하나님의 선물이라). 각 개인은 삭개오처럼 죄를 회개하고 예수님을 자신의 생의 주인으로 영접할 때 구원이라는 선물을 받을 수 있습니다(눅 19:1~10). 이제 누구든지 죄 용서함을 받고(골 1:14), 예수님을 마음으로 믿어 입으로 시인함으로서 의롭다 함을 얻고(롬 3:24), 구원의 확신에 기초하여 하나님의 자녀(롬 8:15)가 되고자 결단해야 합니다.

◆ 성경 이해 :

1. 창세기 3장 1~24절 ▶ 죄를 지은 인간에게 구원이 필요함을 발견한다.

태초에 하나님이 인간을 그의 형상대로 만드셨다(창 1:26;2:7). 아담과 하와가 죄를 짓게 되자 인류는 죄인으로서 그 대가를 치르며 살게 되었다. 인간은 하나님의 말씀을 어김으로 하나님과의 관계가 단절된 것이다. 그렇지만 우리를 향한 하나님의 뜻은 원래의 형상을 회복하여 영원한 생명을 얻고 이 세상에서 하나님의 사랑을 다시 받으며 사는 것이다. '구원'의 뜻이 "무엇으로부터 건져내어 지킨 온전함"인 것처럼. 그런데 죄인이 구원받을 수 있는 한 가지 방법은 죄가 없으신 구세주를 통해서만 가능하다(외울말씀: 롬 5:18 그런즉 한 범죄로 많은 사람이 정죄에 이른 것 같이 한 의로운 행위

로 말미암아 많은 사람이 의롭다 하심을 받아 생명에 이르렀느니라). 교사
는 학습자가 자신이 원죄를 타고난 존재이며, 일상에서 죄의 부패성으로 인
해 자범죄를 질 수 밖에 없음을 인정하고 구원의 필요성을 절감할 수 있도
록 인도한다.

2. 누가복음 23장 26~49절 ▶ 예수님이 십자가에서 우리의 죄를 대
속하셨다.

구원자로 오신 예수 그리스도가 인간의 죄를 대신하여 어떠한 대가를 치
렀는지 십자가에서의 고통과 죽음의 순간을 통해 확인합니다. 예수님은 십
자가 위에서 죄인들을 용서해 달라고 하나님께 말씀하셨습니다(23:34). 십
자가 사건을 목격한 사람들 중에는 예수가 바로 구원자(그리스도)이셨음을
고백한 사람들이 있었습니다(23:47-49).

죄를 결정적으로 씻는 근거는 예수님의 희생에 있습니다. 구약의 죄에 의
거한 제의와 그에 따른 율법의 이행은 이제 하나님의 뜻에 순종하신 분의
대속하시는 은혜로 인해 소멸되었습니다(시 40:6, 히 10:5-7).

3. 누가복음 19장 1~10절 ▶ 죄를 회개하고 예수 그리스도를 주님
으로 영접한다.

세리장이었던 삭개오는 부자였다. 그런데 이스라엘의 일반적 견해로 부
자는 하나님 나라에 들어가기가 어렵다(눅 18:24~25). 삭개오는 여리고 길
목에서 주님을 만나기 위해 관례를 벗어나는 행동, 즉 키가 작아 예수님이
잘 보이지 않자 부끄러움을 무릅 쓰고 돌무화과 나무로 올라가는 행동을 하
였다. 그의 이러한 믿음을 보신 예수님은 그냥 지나치지 않으셨다. 급히 내
려오라 명하신 후 죄인의 집에 머무르셨다. 그는 기쁘게 맞이하고(19:6) 곧
회개하 였다(19:8). 불의하게 취한 것을 네 배로 갚겠노라는 그의 약속은 당
시 율법이 요구하는 이상이었다(레 6:4~5). 주님은 삭개오가 아브라함과 같

은 믿음을 고백한 구원받은 자임을 선포하셨다(19:9~10).

하나님의 은혜를 받을 수 있는 유일한 조건은 '죄를 회개하고 구세주를 믿는 것'이다. 하나님은 그의 외아들 예수 그리스도를 보내주셔서 우리의 죄를 용서하기로 하셨다(요일 1:9a 만일 우리가 우리 죄를 자백하면 그는 미쁘시고 의로우사 우리 죄를 사하시며). 그래서 누구든지 의로우신 하나님을 믿는다면 그는 구원을 선물로 받게 된다. 학습자에게 철저한 죄의 인식이 먼저 있어야 그리스도께서 나의 죄를 대신하여 십자가에서 고난을 받으셨음을 깨닫고 주님께 전적으로 의지하게 된다. 이렇게 구원의 확신은 진정한 신앙심에서 우러나오는 것으로(합 2:4 의인은 그의 믿음으로 말미암아 살리라), 어떤 이성적인 동의가 아니라 성령의 역사로 가능하다.

성결교회는 초기부터 신자의 신앙체험을 강조하는 부흥운동을 교회의 특징으로 한다. 같은 맥락에서 교회학교 어린이와 청소년에게도 주일 예배와 수련회(성경학교)를 통해 중생의 경험을 할 수 있는 교육의 장을 마련하고 있다.

◆ 교회사 이야기 :

기독교대한성결교회의 전통과 웨슬리 신학에서는 하나님이 먼저 인간을 부르신 선행은총에 대해 인간이 자아의지로 응답할 때 구원의 역사(칭의/중생)가 일어난다고 봅니다. 이것을 '복음적 신인협동설'이라고 합니다. 이렇게 웨슬리는 비록 죄로 인해 타락했지만 하나님이 값없이 주신 은혜로 인해 모든 사람에게는 하나님의 부르심에 응답할 수 있는 자유의지가 있다고 보았던 것입니다. 성결교회는 죄를 회개함과 믿음을 통한 중생의 체험, 그리고 중생 이후의 성결한 삶을 실천함으로써 이루어지는 '전인적인 구원'을 강조합니다.

청년시절 선행과 같은 인간적인 노력으로 구원을 받는다고 믿었던 요한 웨슬리는 설교하고 전도하였지만 열매를 맺는데 실패하였습니다. "나 자신이 신앙을 갖지 못한 상태에서 어떻게 남에게 설교하겠는가? 나는 믿음이 생기기 전에는 설교하지 않겠다.” 그는 사역을 포기하고 싶을 만큼 내적 갈등을 겪었습니다. 그러던 중 그는 조지아 주에서 영국으로 귀국하는 뱃길에서 풍랑을 만났는데 죽을지도 모르는 상황에서 평안하게 찬양을 부르던 모라비안 교도들의 신앙심에 큰 도전을 받게 됩니다. 마침내 1738년 5월 24일 올더스케이트(Aldersgate)에서 가슴이 뜨거워지는 회심을 체험 한 후 웨슬리는 비로소 성경으로부터 나온 진리인 ‘예수 그리스도의 보혈로 인한 구원’을 확신을 가질 수 있었습니다. 그때부터 그는 “나의 교구는 전 세계요, 세계는 나의 일터다” 라는 선교의 목표를 세우고 평생을 말을 타고 다니며 설교하며 전도하였습니다.

▶ 두란노, [누가복음].

◆ 교육목회의 방향 :

BCM 학습자를 위한 교육목회의 방향은 다음과 같습니다.

① 예배와 설교- 거룩하신 하나님을 만날 수 있는 준비된 깨끗한 마음과 은혜받기를 사모하는 예배 태도를 훈련합니다. 설교는 구약에서 대속의 역사를, 신약에서 구원의 원리를 학습자의 수준에 맞게 전합니다. 이 때 일상에서 저지르는 죄에 대한 자각과 뉘우침의 고백을 포함하되(공동기도문 작성) 하나님의 대속의 사랑의 의미를 분명히 합니다. 처음 교회에 나온 새친구(새신자)가 그리스도를 주님으로 따르는 자세로 경건과 믿음으로 예배드리는 친구들로부터 암묵적으로 선한 영향력을 받도록 예배의 분위기를 조성합니다.

② 성경공부- 2019년 3월의 성경공부의 대주제는 ‘구원받은 하나님의 자녀’입니다. 구원의 목적, 조건, 과정을 체계적으로 정리합니다. 회개, 죄사함, 칭의, 중생, 양자됨과 같은 구원과 관계된 신학적 개념을 설명합니다. 고학년에게는 가톨릭의 구원관과 개신교회의 구원관을 비교하는 주제도 흥

미로울 것입니다.

③ 프로그램– 하나님께 죄를 고백하는 신앙일지 작성, 용서함 받았음을 오감을 통해 느끼게 하는 참여 활동, 구원의 기쁨을 친구들과 나누고 이웃에게 전도하는 전도축제 행사.

④ 주간목회– 아직 구원의 확신이 없는 학습자들에게는 관련 성경말씀을 읽고 질문하도록 SNS로 소통하기, 중생의 체험이 있는 학습자들에게는 구원의 확신을 잃지 않고, 온전한 구원을 이루도록 성경말씀을 실천하는 생활 태도를 체크합니다.

4월 공동체정신

남은경 목사
교육과정 연구진 / 서울신학대학교 교수

◆ 주제문 : 교회는 성도에게 신앙공동체의 일원으로서 소속감과 일체감을
　　　　　　부여한다.

◆ 관계선 : 회중 ⇨ 개인

◆ 영　역 : 성결

◆ 교육목표 :

1. 기독교 신앙은 공동체적(communal) 활동을 통하여 견고해 짐을 깨닫는다.
2. 한 마음으로 결집된 신앙공동체가 하나님의 뜻을 성취할 수 있음을 발견한다.
3. 예수 그리스도를 중심으로 한 섬김의 상호관계를 통해 교회의 사명을 감당한다.

◆ 성경적 근거 :

에스더 3:13~17

사사기 7:4~25

고전 3:1~9

골 2:19

빌 2:5~11

◆ 주제 이해 :

하만의 범죄로 되돌릴 수 없는 유대인 대학살 조서가 배포되고(에 3:13-

15), 수산성 사람들은 불안과 당혹스러움에 떨고 있었습니다. 모르드개와 유대 출신의 왕후 에스더와 유대인들은 적들의 음모에 의해 불리한 상황이었습니다. 긴장이 고조되고, 바로 이 순간 신앙의 지혜와 희생적 용기가 발휘되어 죽을 수밖에 없었던 한 민족 공동체를 살리게 됩니다(에 3:13-17). 이렇게 이스라엘은 구별된 생활로 하나가 되어 바벨론 이교도 문화에 동화되지 않고 신앙을 지켜올 수 있었던 것입니다. 그들에게 '공동체정신'이 있었기에 가능했습니다. 이렇듯 한 공동체가 성립되기 위해서, 또한 그것이 유지되기 위해서는 공동의 가치를 중심으로 연합된 결집력이 필요합니다. 왜냐하면 한 개인의 믿음과 실천으로는 교회를 통해 이루고자 하는 주님의 뜻을 성취할 수 없기 때문입니다. 사사 기드온의 삼백 명의 용사가 적진을 무찌를 수 있었던 것도 리더의 명령에 순종하는 그들의 혼연일치된 자세가 있었기에 가능했던 것입니다(삿 7:4~25). 그러므로 신앙공동체에게는 주님 안에서 은혜를 나누며 선교의 비전을 키우는 협력관계가 요구됩니다. 현대 신학자 몰트만은 "교회는 그리스도의 십자가 아래서 그리스도의 동일한 하나님의 자녀로서, 한 성령의 임재를 경험하는 신앙공동체가 되어야 한다"고 말합니다. 공동체정신은 외적인 모습이 어떠하든 그리스도를 믿는 같은 믿음 안에서 내적으로 결합될 때 발휘될 수 있습니다. 그런데 우리가 그리스도의 몸 된 교회에 연합된 성도들(골 2:19)임에도 불구하고 교회 내에서 때로는 다툼과 분열이 발생하는 것을 봅니다. 그 한 예로 고린도교회 안에서는 편이 나뉘어 문제가 끊이지 않았답니다. 그 이유는 바울파, 아볼로파가 편을 갈라 상대방과 비교하면서 자신들의 공로를 인정받길 원했기 때문이었습니다. 그러나 주님의 몸 된 교회는 오직 하나님의 능력으로 성장하는 것이지 인간의 은사나 능력으로 크는 것이 아닙니다. 사역자들은 다만 주님의 청지기일 뿐이며 동등한 신분을 가진 동료 관계일 뿐입니다. 개인적 능력의 경중은 중요하지 않으며, 성도에게는 단지 서로를 보완하고 협력하여 신앙공동체를 형성하고 견고하게 해야 할 책임이 따릅니다(고전 3:6-9). 이

렇게 주님만을 높이는 교회공동체는 성도 개인에게 같은 신앙고백으로 하나 되게 함으로써 소속감과 기독교 정체성을 부여할 수 있습니다. 또한 서로 다른 신학을 가진 개교회들이 주님 안에서 한 마음으로 연합할 때 하나님 나라의 비전이 확장될 수 있는 것입니다.

◆ 성경 이해 :

1. 에스더 4장 10-17절(15-17절에 초점) ▶ 기독교 신앙은 공동체적(communal) 활동을 통하여 견고해 짐을 깨닫는다.

별이라는 이름을 가진 아름다운 유대 여인 에스더는 페르시아 제국의 아하수로 왕의 왕후가 되었다. 그런데 그의 사촌 모르드개는 절을 하지 않는다는 이유로 하만의 미움을 사 죽을 처지에 놓였다. 어린아이와 부녀자까지 포함하라는 왕의 조서(에 3:12~15) 앞에, 성 안에 살던 모든 유대인들과 함께 3일 동안 금식을 마친(4:16) 에스더는 개인적 위험을 무릎 쓰고 민족 공동체를 구원하기 위해 용기 있게 나섰다. 그녀에게는 어떠한 상황 속에서도 하나님께서 자기 민족을 살려주실 것이라는 믿음이 있었기 때문이다. 그녀는 "죽으면 죽으리라"라는 각오로 왕에게 소원을 빌었다. 마침내 하만의 악한 음모는 실패로 돌아가고 자기가 세운 교수대에 매달리게 되었다(3:13-17). 에스더서는 귀환한 유대 포로들에게 하나님께서 이스라엘을 향해 약속하신 바를 지킬 것이라는 사실을 재확인함으로서 그들에게 용기를 주기 위해 기록되었다. 유대명절 '부림절'(하만이 '제비pur'를 던져 유대백성의 운명을 정하였다는 데서 유래)은 하나님이 자기 백성을 악으로부터 기적적으로 구원해 내신 것을 기념하는 날로 오늘날까지 지켜지고 있다(9:26~28).

이렇게 신앙은 어려운 상황에 놓일수록 공동체의식을 가질 때 더욱 확고해 진다. 웨스터호프(J. Westerhoff)는 성도들은 기독교전통 및 공동체 내에서 기독교적 삶과 행동양식을 배우면서 그리스도인으로 계속 성장한다고 보았다. 따라서 교육사역자의 역할은 학습자들이 평생에 거쳐 공동체의 신앙과 계시, 그리고 사명감에 의해 변화되도록 이끄는 데 있다.

2. 사사기 7장 1-25절 ▶ 한 마음으로 결집된 신앙공동체가 하나님의 뜻을 성취할 수 있음을 발견한다.

여호수아가 죽은 후(삿 2:6~10) 점령한 가나안 땅에서 이스라엘 백성은 이방신을 섬기는 불신앙을 행하였다. 그러한 죄에 대한 징벌로 하나님은 그 땅의 사방에 위치한 대적들로 하여금 이스라엘을 약탈하게 하였다. 사랑의 하나님은 압박과 괴로움에 부르짖는 이들의 탄원을 옷니엘, 에훗, 드보라, 바락과 같은 사사들을 세우셔서 구원하신다(2:16~19, 3-5장). 아직도 아모리 족속의 신을 섬기고 있는 이스라엘은 미디안의 노략으로 궁핍한 생활을 하였다. 이 때 여호와의 사자가 나타나 하나님이 기드온과 함께 하시리라는 약속하신다(6:12). 여호와의 영이 기드온에게 임하여 구원의 역사가 준비된다. 그는 나팔을 불어 아비에셀 족속과 므낫세, 아셀, 스불론, 납달리 지파를 모았다(6:34~35). 하롯 샘에 진을 친 그곳에는 32,000명의 사람들이 있었다. 그런데 상대편 미디안 군대는 135,000명이었는데 하나님은 소수의 정예 부대만으로 적을 물리치길 원하셨다. 그 이유는 만약 전쟁에서 승리할 경우 그것이 그들의 힘으로 이루어진 줄 자만할까 에서였다(7:2). 이에 기드온은 겁쟁이들과 조심성 없는 자들을 돌려보냈다. 시험에 통과한 300명이 선택되었다(7:8). 하나님은 이 용사를 통해 적진을 무찌르게 하셨다. 지도자의 전략(부대를 셋으로 나누고, 나팔과 횃불이 든 빈 항아리 무기, 공격 시간)과 명령에 따라 한 마음이 되어 순종한 결과이다(7:16~22).

가나안 정복을 위한 하나님의 관점은 그가 지시하는 말씀을 그대로 지키는 순전한 믿음과 그에 기초한 결속된 관계에 있었다. 우선적으로 성도는 자신이 구원받은, 즉 선택된 백성이라는 공통의 정체성을 발견해야 한다. 성도가 그리스도의 몸 된 교회에 연합되었음을 확인할 때 거기서부터 일치된 마음과 행동이 따를 수 있다(골 2:19). 이러한 기초 위에서 성도들은 그리스도가 위임한 지상명령이라는 하나의 목표를 향해 역동적으로 연합하게 된다. 이 때 지도자는 각 사람의 마음을 얻어 공감대를 형성하고 그들과 함께 있으면서 성령으로 하나 되게 하는 영적인 영향력을 미칠 수 있어야 한다.

　3. 고린도전서 3장 1-9절(참고: 고전 1:10-17) ▶ 예수 그리스도를 중심으로 한 섬김의 상호관계를 통해 교회의 사명을 감당한다.
　그리스도를 주님으로 영접한 사람은 원죄에서 정결함을 얻을 뿐 아니라 성령세례에 의해 하나님과의 관계를 심화한다. 왜냐하면 그는 사랑의 충만함을 얻게 되기 때문이다. 중생한 성도들은 한 걸음 더 나아가 교회 공동체 안에서 신앙의 결속을 강화한다. 그 결과 성결한 그리스도인은 한 마음으로 하나님과 이웃을 섬기는 실천할 수행할 수 있다. 그럼에도 불구하고 고린도 교회에서는 하나님 중심이 아닌 사람에 따른 평가에 민감하여 그것이 분열의 원인이 되었다. 아볼로와 바울은 하나님이 사용하는 도구로서 서로의 사역을 보완하는 동역자일 뿐 오직 하나님만이 열매를 거두는 영광을 받으실 분이다(고전 3:1-9). 그래서 성결교회는 지도자만이 교회를 이끄는 것이 아니라 개인의 은사와 소명에 따라 협력하는 교육목회 실천 방침을 세우고 있다. 그런데 이 공동체정신은 예수 그리스도의 섬김의 정신에 기초하여, 서로에게서 배우려는 자세로 '나와 너'의 상호관계(mutuality)를 맺을 때 열매 맺을 수 있다. 그것은 그리스도의 낮아짐을 본받고 그 결과로 하나님이 높이심을 공동체 안에서 경험할 때 가능하다. 옛 사람의 성품인 죄와 허물이 하나님 앞에서 죽을 때 그의 긍휼하심이 우리를 그리스도와 함께 연합시켜 살리신다(빌 2:6-11).

◆ 교회사 이야기 :

　기독교대한성결교회도 한국의 다른 개신교회들과 교회연합운동을 벌여왔습니다. 초창기에는 1900년대의 한국교회의 부흥운동인 영적 각성운동과 맥을 같이 하였고 현재도 1960년에 분리되었던 형제 교단인 예수교대한성결교회와, 그리고 나사렛성결교회가 힘을 합하여 교회사역과 복음전도를 활성화하고 있습니다. 이 사역의 특징은 성결운동으로서 회개와 성령운동을 기초로 공동체정신이 강조되는 '함께 사역하는' 교회연합운동입니다.

　한국의 개신교회에서 연합예배의 역사를 살펴보면, 예수그리스도의 부활을 기념하여 교파와 지역을 초월하여 1947년 서울 남산의 조선신궁 터에서 15,000여 명의 신자들이 모여 연합예배를 드린 것이 그 시초였습니다. 신사참배와 관련하여 많은 수난을 겪은 바 있었던 한국교회는 해방으로 종교적 자유를 찾자 교회 재건 사업과 아울러 교파 연합 사업으로 부활절 연합예배를 드린 것입니다. 그 후 6·25전쟁으로 3년간 부산에서 예배를 드리다가 1954년부터 다시 남산에서 모이게 되었습니다. 2006년에는 한국기독교교회협의회-한국기독교총연합회의 '한국교회부활절연합예배'가 탄생되어 서울시청 앞 광장에서 개최되고 있습니다. 2020년에는 빌리 그래함 목사를 주 강사로 한 서울전도대회가 협의되어 개최될 예정입니다. 이렇게 한 뜻과 한 마음으로 교회가 함께 연합할 때 우리는 더욱 하나 됨을 절감합니다.

▶ 데브라 레이드, [틴데일 구약주석 시리즈 13 - 에스더], CLC.
▶ 몰트만, [세계 속에 있는 하나님], 동연, 287.
▶ 두란노, [여호수아, 사사기]. [고린도 전·후서].
▶ 성결교회신학용어사전, 44-45.

◆ **교육목회의 방향 :**

BCM 학습자를 위한 교육목회의 방향은 다음과 같습니다.

① 예배와 설교– 학습자가 예배에 참여함으로 자신들이 교회의 구성원이라는 정체성을 형성하도록 돕는다. 그룸(T. Groome)의 주장대로 신앙공동체에서 자신의 경험과 성경과 기독교적 전통을 연결하여 해석하는 일을 함께 모색하도록 한다. 이를 위해서 설교는 개인들의 신학적 성찰이 반영되어 그것이 공동의 신앙고백으로 모아지게 전개되어야 한다. 더 나아가 설교자는 공동의 비전을 선포한다.

② 성경공부– 반별 성경공부의 운영은 '공동체정신'이 발현될 수 있는 협동학습, 문제해결학습, 토론 등의 방식으로 진행한다.

③ 프로그램– 반별 혹은 지역사회 기관이나 주민들, 그리고 교회간의 협력 행사 등의 개최를 통해 그리스도 안에서 상호관계성이 함양되도록 한다. 신앙공동체의 사회화(socialization)의 과정은 교회 안과 밖에서 사람들 간의 삶의 관계와 적용을 포함하기 때문이다.

④ 주간목회– 주일 외에 신앙을 지키기 힘든 신앙이 연약한 학습자를 종종 심방하되, 친구와 연결하여 경건생활을 유지하도록 한다. 교회 혹은 부서의 올 해의 교육목적에 따라 각 반에서 공동의 선교적 목표를 세우고 구성원들의 헌신을 모아 성취도를 점검하고, 은혜를 나눈다.

5월 교제

박진숙 목사
교육과정 연구진 / 서울신학대학교 강사

◆ **주제문** : 지체들과 친밀하게 지내며 그리스도의 몸을 이룬다.

◆ **관계선** : 개인 | 성경과 전통 ⟩ 소그룹

◆ **영　역** : 성결영역

◆ **교육목표** :

1. 성도의 교제는 하나님의 은혜에 근거함을 이해한다.

2. 초대교회 성도들의 교제하는 신앙생활을 본받는다.

3. 가정에서 그리스도인다운 교제의 관계를 형성한다.

◆ **성경적 근거** :

하나님의 은혜에 근거한 성도의 교제(시 133; 요일 1:3)

사랑은 하나님 자녀의 특징(요일 3:4-15)

지체들이 그리스도의 몸 안에서 함께 세워져감(엡 2:19-22)

초대교회 성도들의 교제하는 신앙생활(행 2:42-47)

크리스천 가정 안에서의 관계들(엡 5:21-33; 6:1-4)

◆ **주제 이해** :

　'교제'(koinonia)는 교회의 일원인 성도들이 서로 친밀하게 지내면서 그리스도의 몸을 이루어 가는 것을 뜻합니다. 이 용어는 원래 그리스-로마(Greco-Roman) 문화권에서 물질의 공동소유, 사업상의 동업, 신과 인간과의 교류 등 다양한 의미로 사용되었었습니다. 그 용어를 바울이 선교를 위해 차용했습니다. 성경에서 '교제'라는 말은 다양한 뜻을 포함합니다. 그

예로서 기여(contribution, 롬 15:26), 친교(fellowship, 행 2:42; 고전 1:9), 소통(communication, 히 13:16), 공유(sharing, communion, 고전 10:16; 고후 13:14) 등을 들 수 있습니다(KJV 번역의 경우). 성도는 다른 성도들과 교제하며 살아갑니다(엡 2:19-22; 요일 3:4-15). 이는 성도들이 그리스도의 몸 된 교회의 지체가 되어 다른 지체들과 밀접하게 연관되어서 가능해졌습니다. 교제를 통해 성도들은 그리스도의 몸의 생명력을 함께 공유합니다(롬 11:17). 또한 성도들의 교제는 하나님과의 교제를 전제로 합니다. 성도들의 사귐은 아버지와 또 그의 아들 예수 그리스도와 함께 하는 사귐인 것입니다(요일 1:3).

성도의 교제는 가정 안에서도 이루어져야 합니다. 가정은 하나님께서 이 세상에 두신 최초의 귀한 공동체입니다. 성도는 가정 안에서 온전한 교제를 이루기 위해 다음의 내용을 실천해야 합니다. 첫째, 부부 관계를 중요하게 여기고 좋은 관계를 형성하도록 노력해야 합니다. 하나님께서는 아담이 혼자 있는 것을 좋지 않게 여기시고 그에게 알맞은 동반자를 허락하셨습니다(창 2:18). 여기에서 '알맞은'(suitable) 이라는 말은 서로 완전히 합치되는 관계를 의미합니다. "내 뼈 중의 뼈요 살 중의 살이라"는 아담의 고백은 깊은 교제를 느끼게 하는 시적인 표현입니다(창 2:23). 부부는 서로를 향한 거룩한 책임과 의무가 있음을 기억해야 합니다(엡 5). 둘째, 부모는 자녀와의 관계를 위해 노력해야 합니다. 자녀는 하나님께서 주신 복된 선물입니다(시 127:3-5; 128:3-4). 부모는 자녀를 주님의 훈련과 훈계를 따라 양육하되 그들이 노엽게 되지 않도록 주의해야 합니다(엡 6:4). 셋째, 자녀는 부모를 공경하며 순종해야 합니다. 이것은 약속이 있는 첫 계명으로서 옳은 일입니다. 이를 실천하는 자녀는 잘되고 이 땅에서 장수하게 될 것입니다(엡 6:1-3).

◆ 성경 이해 :

1. 시편 133편

성도의 교제는 하나님의 은혜에 의해 이루어집니다. 성도의 교제는 인간 애(人間愛)로부터 비롯되는 것이 아닙니다. 시편 133편은 이 점을 분명하게 보여줍니다. 본문은 성도의 교제를 매우 가치 있는 것으로 표현하며 시작됩니다. "보라 형제가 연합하여 동거함이 어찌 그리 선하고 아름다운고."(시 133:1, NIV- live together in unity). 그러면서 그 가치를 두 가지로 묘사합니다. 그 중 하나는 성도의 교제가 '머리에 있는 보배로운 기름' 같다는 것입니다. 이 기름은 대 제사장으로 임명되는 아론의 머리 위에 부어졌던 것입니다. 이 기름은 거룩하게 하시는 하나님의 은혜를 상징합니다(2절, 참조 출 29:7; 레 8:12). 성도의 교제를 묘사하는 또 다른 하나는 '헐몬의 이슬'입니다. 이 이슬은 유대의 북방에서 남방으로 내려오는 수증기로 인해 생기게 됩니다. 헐몬에서 생긴 이슬은 시온으로 흘러듭니다. 시온은 하나님께서 임재하시는 곳이며 그 은혜를 누리기 위해 백성이 모이는 곳입니다(3절). 성도의 교제는 사람의 의지와 노력에 의해 시작되지 않습니다. 성도의 교제는 하나님의 은혜를 함께 누림으로써 가능해집니다.

2. 사도행전 2장 44-47절

우리는 사도행전에서 초대교회 성도들의 생활모습을 통해 교제하며 그리스도의 몸을 이루어가는 것에 대해 배울 수 있습니다(2:43-47; 4:32-37; 5:12-16). 사실 이들은 처음부터 그렇게까지 관계적이지는 않았습니다. 그들은 예수님께서 살아계실 때에도 고난이 두려워서 흩어졌던 사람들입니다(마 26:31). 성도들이 온갖 핍박에도 불구하고 교제를 실천하며 공동체를 일군 것은 오순절 날 성령을 체험하고 나서입니다. 성도들은 날마다 한 마음으로 성전에 모이기를 힘썼습니다. 성도들은 모든 것을 공동으로 소유했습니다. 그리고 재산과 소유물을 팔아서 필요한 사람들에게 나누어주었습니다. 그리고 집집마다 돌아가면서 빵을 떼며 기쁘게 음식을 먹었습니다. 그러면서 하나님께 함께 찬양을 드렸습니다. 성도들이 이렇게 사는 모습이 이웃들에게 호감을 샀습니다. 이들을 통해 주님께서는 구원 받는 사람들을 날마다 더하여 주셨습니다.

3. 에베소서 5장 21절-6장 4절

성도는 가정에서도 그리스도인다운 관계를 이루어야 합니다. 바울은 본문에서 성도의 가족관계가 어떠해야 하는지를 설명합니다. 바울은 먼저 가족관계의 대전제를 제시합니다. 바로 '그리스도를 경외함으로 피차 복종하는 것'입니다(5:21). 이는 가족관계가 그리스도를 경외함에 근거해야 함을 나타냅니다. 바울은 곧이어 부부관계에 대해 말합니다. 그는 바람직한 부부관계를 그리스도와 교회의 관계에 빗대어 설명합니다. 남편은 아내를 사랑하고 아내는 남편에게 순종해야 합니다(5:21-33). 또한 바울은 부모와 자녀의 관계에 대해 말합니다. 자녀는 부모에게 순종해야 하는데, 그 이유는 이것이 옳고 약속에 있는 첫 계명이기 때문입니다. 부모도 자녀를 양육할 때 하나님의 뜻을 따라야 합니다. 바울은 부모가 자녀를 지나치게 가혹하게 대해 노엽게 하지 말고, 주님의 훈련과 훈계로 양육하라고 권면했습니다 (6:1-4).

◆ 교회사 이야기 :

기독교의 역사에도 성도들이 서로 교제하며 그리스도의 몸을 이루기 위해 노력한 사례들이 매우 많습니다. 그 한 예로, 웨슬리(John Wesley)가 창안한 메소디즘(Methodism) 제도를 들 수 있습니다. 메소디즘 제도 안에서는 다양한 공동체들이 있었습니다. 신도회(The Society), 속회(The Class Meeting), 조(The Band)가 이에 해당됩니다. 그 중 속회는 가장 특징적인 소그룹 모임이었습니다. 이 모임은 원래 브리스톨(Bristol)이라는 지역에 있는 예배당의 빚을 갚기 위한 12명 정도의 후원모임으로 시작되었는데, 후에 이웃들과 함께 하는 가정교회와 같은 모임이 된 것입니다. 속회는 궁극적으로는 모든 속회원들의 성화를 목표로 했습니다. 속회원들은 주 1회 모임을 했습니다. 그들은 모일 때마다 자신의 영적 상태들을 고백하고 나눔으로써 서로를 권면하고, 격려하며, 위로하였습니다. 속회는 교제가 매우 원활하게 이루어졌던 공동체였습니다.(Howard A. Snyder의 『혁신적 교회 갱신과 웨슬레』;『기독교타임즈』"속회는 무엇인가요? 셀, 목장, 구역과는 어떻게 다른가요?" 2008. 3. 14.)

◆ **교육목회의 방향 :**

성도는 교제에 참여하여 그리스도의 몸을 이루기 위해 노력해야 합니다. 이를 돕기 위한 교육목회의 방향은 다음과 같습니다: ① 예배– 예배의 방식과 분위기가 코이노니아적으로 되도록 합니다. 예를 들어, 예배에 서로를 환영하고, 위로하고, 격려하고 축복하는 순서 마련합니다. 성만찬을 활용하여 그리스도의 몸의 지체됨을 상징적으로 강조할 수 있습니다. 설교에서는 교제하는 신앙생활의 중요성을 강조하면서 관계적이며 공동체적 신앙생활을 등한시 하는 태도를 반성하도록 촉구합니다. 이와 함께 관계적이며 공동체적 신앙생활을 기피하는 원인들을 언급하고, 그것을 극복하도록 격려합니다. 예를 들어, 시간 부족, 사생활 노출에 대한 부담, 관계로부터 오는 상처 등. ② 성경공부– 성경공부는 다음의 세 가지 내용을 중점적으로 다룹니다. 첫째, 성도의 교제는 하나님의 은혜에 근거합니다. 둘째, 초대교회 성도들의 교제하는 신앙생활을 본받아야 합니다. 셋째, 가정에서 그리스도인다운 교제의 관계를 형성해야 합니다. ③ 프로그램– 다양한 방법으로 교제를 실천합니다. 예를 들어, 함께 식사하기, 구성원의 삶의 현장 방문하기, 함께 게임하기, 함께 영화보기, 서로의 필요를 공급하기 등. 또한 5월이 가정의 달이므로 가족 간의 사랑의 교제를 위한 프로그램을 실시합니다. ④ 주간목회 - 주 중 코이노니아를 위한 특별한 만남과 나눔을 계획하고 실행합니다.
또한 교제와 모임에서 제외된 성도들에게 우선적인 관심을 갖고 교제를 실
천하도록 격려합니다.

6월 은사

박진숙 목사
교육과정 연구진 / 서울신학대학교 강사

◆ **주제문** : 성령의 은사에 따라 교회를 유익하게 한다.

◆ **관계선** : 개인 〔성경과 전통〕〉 회중

◆ **영　역** : 성결영역

◆ **교육목표** :

1. 은사의 개념과 목적을 이해한다.

2. 은사의 다양성과 가치를 파악한다.

3. 은사를 따라 교회를 위해 봉사한다.

◆ **성경적 근거** :

은사의 원천과 목적(출 31:1-11)

은사의 다양성(고전 12; 롬 12; 엡 4)

은사를 따라 교회를 위해 봉사하기(벧전 4:7-11; 고전 14:26)

◆ **주제 이해** :

'은사'(gifts of the Holy Spirit)는 그리스도의 몸 된 교회의 유익을 위해 성령께서 각 사람에게 주신 능력입니다. 신약성경에서 은사라는 말은 주로 카리스마타(carismata)로 표현되어 있습니다. 이 말은 어원적으로 '선물', '은혜의 선물', '성령의 선물' 등을 뜻합니다. 기독교역사에서 지금까지 은사에 대한 많은 논쟁들이 있어왔습니다. 이는 은사에 신비롭고 체험적인 면이 있어서일 것입니다. 성도는 은사에 대한 성경의 가르침을 잘 이해해야 합니다.

첫째, 은사는 교회의 유익을 목적으로 합니다. 은사는 그리스도의 몸을 세우고 공동의 유익을 추구하기 위해 주어진 것입니다(고전 12:7; 엡 4:12). 둘째, 은사는 값없이 주신 은혜로운 선물입니다. 성도는 스스로 은사를 만들거나 골라 받을 수 없습니다. 또한 성도는 타인이 은사를 받도록 영향력을 행사할 수 없습니다. 이런 점 때문에 은사를 받은 사람은 교만해지거나 자랑을 일삼지 않도록 주의해야 합니다(행 2:38). 셋째, 은사는 성령께서 주시는 것입니다. 그래서 은사를 '성령의 은사'로 표현합니다. 은사를 사용하는 사람은 성령님과의 깊이 교제하고 그분을 의지해야 합니다(고전 12:4). 넷째, 은사는 다양합니다. 성령께서는 각 사람에게 각기 다른 은사를 주셨습니다. 고린도전서 12장, 로마서 12장, 에베소서 4장에서 다양한 은사의 종류들을 발견할 수 있습니다. 다섯째, 성령의 은사와 성령의 열매는 구분됩니다. 성령의 은사는 대부분 사역과 관련되고, 성령의 열매는 성령님께 복종함으로 있게 되는 인격적인 특성과 관련됩니다. 은사를 활용하는 사람은 또한 성령의 열매를 맺는 자가 되어야 합니다(갈 5:22-23).

◆ 성경 이해 :
1. 출애굽기 31장 1-11절

은사는 하나님의 일을 하는 사람에게 하나님께서 주시는 능력입니다. 이 말에는 두 가지의 내용이 포함되어 있습니다. 그 중 하나는 은사가 하나님으로부터 오는 능력이라는 점입니다(기원). 또 다른 하나는 은사가 하나님의 일을 위해 주어진 능력이라는 점입니다(목적). 본문은 하나님께서 성막 기구들을 만드실 일꾼들을 지명하시고 그들에게 은사를 주셨음을 기술합니다. 하나님께서는 모세에게 유다지파의 브살렐을 세우셔서 그에게 전체적인 일을 계획하고 감독하는 역할을 맡기시겠다고 하셨습니다. 그러면서 브살렐에게 하나님의 영을 채워주시고 지혜, 총명, 온갖 기술을 갖추게 하시겠다고도 하셨습니다. 또한 하나님께서는 모세에게 단 지파의 오홀리압을 세우셔서 브살렐의 조수로서의 역할을 담당하게 하시겠다고 하셨습니다. 그리고 그 밖에 기술 있는 모든 사람들에게 지혜를 주셔서 성막의 기구를 제작할 수 있도록 하시겠다고 말씀하셨습니다. 이처럼 하나님께서는 그분의 일꾼들이 그분의 일을 감당할 수 있도록 하시기 위해 은사를 주십니다.

2. 고린도전서 12장 4-11절(고전 12장 전체의 내용)

은사의 종류는 매우 다양합니다. 그 다양한 은사들은 모두 성령님에 의해 주어진 것입니다. 따라서 모든 은사들은 존중되고 귀하게 여겨져야 합니다. 고린도교회의 경우, 은사가 다르다는 점 때문에 서로를 질시하거나 자신을 과시하는 등의 문제들이 있었기 때문입니다. 그래서 바울은 편지를 보내서 은사에 대한 성도들의 그릇된 생각을 교정하려 했습니다. 본문은 먼저 다양한 은사를 나열하여 제시합니다. 지혜의 말씀, 지식의 말씀, 믿음, 병 고침, 능력 행함, 예언, 영들 분별함, 각종 방언 말함, 방언을 통역하는 은사들이 언급되었습니다(참조, 롬 12장, 엡 4장). 그러면서 그 은사들이 모두 한 성령으로부터 왔다고 설명했습니다. 그리고 바울은 12장 12절 이하에서 몸과 지체를 소재로 한 이야기를 통해 다양한 은사에 대한 설명을 이어갔습니다. 몸은 여러 지체들로 구성되어 있습니다. 발이 "나는 손이 아니니까 몸에 속하지 않았다"라고 말할 수 없습니다. 귀 역시 "나는 눈이 아니니까 몸에 속하지 않았다"라고 할 수 없습니다. 온 몸이 다 눈일 수도, 온 몸이 다 귀일 수도 없기 때문입니다. 만일 온 몸이 다 귀라면 그 몸은 냄새를 맡을 수 없게 될 것입니다. 그래서 하나님께서는 그분께서 원하시는 대로 몸에 여러 지체들을 두신 것입니다.

3. 베드로전서 4장 7-11절

성도는 자신이 받은 은사를 따라 교회에 봉사해야 합니다. 본문은 마지막 때를 살아가는 성도들이 어떻게 살아가야 하는지에 대해 권면합니다. 그러면서 성도와 성도 사이의 상호성(相互性)에 집중하여 삶의 방식을 설명합니다. 성도는 다른 지체를 향한 사랑과 용서(8절), 대접(9절), 봉사(10-11절)의 책임이 있습니다. 특히 그 중에서 '봉사'에 대한 내용은 '은사'의 활용과 직접적으로 연관됩니다. 성도는 각자 자신이 받은 은사대로 선한 청지기로서 서로를 위해 봉사해야 하는 것입니다. 즉, 말을 하는 사람은 하나님의 말씀을 전하는 사람답게 하고, 봉사하는 사람은 하나님께서 주시는 힘으로 봉사하는 사람답게 해야 합니다. 성도들이 이처럼 서로를 위해 은사를 활용하면 그 봉사를 통해 하나님께서 영광을 받으십니다.

◆ **교회사 이야기 :**

　기독교의 역사에도 성령의 은사에 따라 사역한 성도들의 사례가 매우 많습니다. 그 한 예로 복음 전도자 무디(D. L. Moody)의 사역을 들 수 있습니다. 무디는 1837년 미국 매사추세츠 주에서 출생했습니다. 아버지를 일찍 여읜 그는 생계를 위해 일해야 했기 때문에 초등학교 5년 정도 밖에 교육을 받지 못했습니다. 18살에 예수님을 믿게 된 무디는 불같은 정열을 가진 복음전도자가 되었습니다. 무디의 설교에는 결함이 많았습니다. 무디가 신학 공부를 하지 않았고, 목소리도 매끄럽지 않았으며, 문법적인 오류가 많은 연설을 했습니다. 그럼에도 불구하고 그는 사역을 위한 능력이 하나님으로부터 온다고 확신했습니다. 이와 함께 매일 새벽 4시부터 성경을 연구하는 등의 노력을 했습니다. 무디는 전생애 동안 약 2억명의 사람들에게 복음을 전했습니다. 무디는 이러한 삶을 살면서 1881년에 『은밀한 능력(Secret Power)』이라는 책을 저술했습니다. 이 책에서 그는 성도가 봉사의 능력을 얻기 위해 성령의 능력을 힘입어야 함을 강조했습니다. 그러면서 이 책에서 '사역을 위한 성령의 은사'(gift of the Holy Spirit for Service)라는 말을 자주 사용했습니다. 무디는 사역을 위한 성령의 은사를 몸소 체험했고, 그것을 책으로 고백한 것입니다.(배본철, "성령론 딜레마(2)" 『크리스천투데

이』; “인명사전-무디” http://kcm.kr.)

◆ 교육목회의 방향 :

성도는 성령의 은사에 따라 교회를 유익하게 하기 위해 노력해야 합니다. 이를 돕기 위한 교육목회의 방향은 다음과 같습니다: ① 예배- 이번 달은 부활절 후 성령강림절을 향해 있는 기간입니다. 예배에서 부활절과 성령강림절과 관련된 찬양을 부르도록 합니다. 또한 이 두 절기에 대한 이미지를 예배실 앞부분과 주보에 반영합니다. 설교의 내용은 성령님, 성령의 은사, 성령의 열매, 성령의 임재와 교회의 출발과 관련된 내용들로 구성합니다. ② 성경공부- 성경공부는 다음의 세 가지 내용을 다룹니다. 첫째, 은사의 개념과 목적에 대한 내용입니다. 둘째, 은사의 다양성과 상대적인 가치에 대한 내용입니다. 셋째, 은사를 따라 교회를 위해 봉사해야 한다는 내용입니다. ③ 프로그램- 소그룹에서 자신이 받은 은사를 발견하는 시간을 갖습니다. 이를 위해 개인적 성찰, 상호 피드백, 검사지 등을 활용할 수 있습니다. 또한 자신이 받은 은사대로 교회 사역에 참여할 것을 계획합니다. ④ 주간목회- 은사를 잘 활용하기 위해서는 성령님과의 깊은 교제와 의지함이 필요합니다. 양육대상자들이 성령님과의 교제에 힘쓰도록 격려합니다.

성결한 그리스도의 몸 BCM'
교육목회 주제해설

1년차 2학기 분

7월 자유

8월 쉼

9월 화해

10월 소명

11월 선교

12월 복음

연구자

남은경(서울신학대학교 교수)

박진숙(서울신학대학교 강사)

박향숙(서울신학대학교 강사)

이대주(서울신학대학교 교목실) /감수

7월 자유

남은경 목사
교육과정 연구진 / 서울신학대학교 교수

◆ 주제문 : 하나님의 말씀은 우리의 몸과 마음을 자유롭게 한다.

◆ 관계선 : 성경과 기독교전통 ⇨ 개인

◆ 영　역 : 신유

◆ 교육목표 :

1. 인간은 다양한 이유로 자유롭지 못하게 살고 있음을 안다.

2. 인간에게 자유를 주시기 위해 예수 그리스도가 오셨음을 믿는다.

3. 하나님의 말씀과 성령의 치유하는 은혜로 억압에서 해방되어 자유함
   을 누린다.

◆ 성경적 근거 :

▶ 구약성경

고난으로 인한 몸과 마음의 부자유함(욥 3:25-26)

그리스도의 대속으로 인한 치유(사 53:4-6)

성령이 마음이 상한 자를 고치심(사 61:1-3)

나아만 장군이 하나님의 말씀대로 행하여 고침 받음(왕하 5:1-19)

▶ 신약성경

제자들(베드로와 요한)이 병든 자를 주의 이름으로 낫게 함(행 3:1-10)

죄에서 자유하게 됨(갈 5:1)

성령으로 자유함(롬 8:1-2)

★ 장년부, 노년부
약한 것으로 인해 자만하지 않도록(고후 12:1-10)
죽일 때가 있고 치료할 때가 있고(전 3:1-3)
겉 사람은 후패하나 속은 날로 새롭도다(고후 4:16)

◆ **주제 이해 :** 하나님의 말씀은 우리의 몸과 마음을 자유롭게 한다.

성결교회의 사중복음 신학 중 하나인 '신유'는 성도들에게 복음, 즉 기쁜 소식이다. 왜냐하면 사복음서의 기록을 보면 병자들이 예수 그리스도를 만나 병 고침 받았을 때 그들이 얼마나 기뻐했는지를 알 수 있기 때문이다. 예수님 자신도 복음을 전파할 때 병 고치는 일을 병행하셨으며(눅 9:11), 그의 제자들에게 복음을 증거 하기 위해서 병든 자를 고치라고 말씀하셨다(마 10:9-8, 눅 9:1-2, 9:6).

한편, 모든 병은 욥에게서와 같이 하나님의 섭리 혹은 하나님의 영광을 위해(요 9:1-3) 발병하기도 하지만 구약에서는 그것을 죄로 인한 결과라고 보았다(신 28:20-22). 아담의 타락으로 인해 죄가 인간에게 임하고 그로부터 육체적 질병이 인간에게 발생하였다. 신약에서 예수 그리스도는 육체적 질병을 구원받지 못한 죄인의 상태와 연관시켰다. 중풍병자를 일으킬 때에도 "네 죄사함을 받았느니라"고 선포하셨다(마 2:5). 이렇게 신유는 질병의 치유인 동시에 영혼의 구원을 의미한다. 죄로 인해 고통 받다가 결국은 사망과 영벌에 이르는 이 병의 문제는 오직 예수 그리스도의 대속의 은혜로만 해결 받을 수 있다. 주님이 오심으로 우리는 죄의 얽매임으로부터 자유하게 되었다. 그것은 생명을 주는 성령의 법으로서 육신에 매어 죄와 죽음의 법에서(롬 7:23) 자유로울 수 없었던 인간을 해방시켜준다(롬 8:1-2).

1. 욥 3:25-26 ▶ 인간은 다양한 이유로 자유롭지 못하게 살고 있음을 안다.

하나님을 경외하며 의롭게 살아왔던 욥은 어느 날 갑자기 가정의 파산과 질병의 고통을 겪는다. 재앙이 닥치기 전에는 고요한 삶을 누렸지만(16:12) 이제 그는 마음의 평온과 육체적 편안함을 잃고, 혼돈과 불안한 상태에 처했다. 욥은 친구들이 지적하는 것처럼 하나님이 그가 범한 죄에 대해 응징하신다는 데 동의하지 않는다. 오히려 그는 자신에게 임한 모든 것의 배후에 하나님이 계신다고 확신했다(1:21, 2:10). 욥은 하나님은 고난당하는 자에게 빛을 주시고 마음이 아픈 자에게 생명을 주시는 분이라고 고백한다(3:20). 욥은 자신에게 닥친 위기에 대해 하나님과의 관계를 끊지 않고 치유하실 것이라는 믿음을 잃지 않았다. 욥처럼 우리가 삶에서 여러 가지 환난을 당하면 부자유할지라도 이러한 상태마저도 하나님이 허락하신 것이라고 생각하고, 그 하나님을 의지하여 참고 기다리는 것이 성도의 본분일 것이다(요 16:33 너희로 내 안에서 평안을 누리게 하려 함이라). 주님은 우리의 육체적, 정신적, 영적인 현실의 한계로부터 자유하게 하시기 때문이다(엡 3:12-13).

2. 행 3:1-10 ▶ 인간에게 자유를 주시기 위해 예수 그리스도가 오셨음을 믿는다.

오순절 성령강림 이후 초대교회가 형성되고 사도들을 통해 여러 가지 기사와 표적들이 나타난다. 태어날 때부터 다리가 마비된 한 환자는 남들처럼 일을 할 수 없어 성전 미문 앞에 앉아서 구걸하며 연명할 수밖에 없었다. 그의 절박한 상황을 본 베드로와 요한은 그에게 필요한 것은 일시적일 뿐인 물질적 구제보다는 근본적인 문제, 즉 그의 육체적 부자유함을 해결하는 것이라고 파악했다. 제자들은 구원의 주인 예수 그리스도를 전하였다. "예수 그리스도의 이름으로 일어나 걸으라"고 선포하였다(3:6). 그러자 곧 앉은뱅이의 발과 발목에 힘이 생기고 걷고 뛰게 되었다. 그를 자유롭게 해 주신 하나님을 찬양하였다(3:7-9). 마비된 다리가 움직이게 되고 오랜 불편함에서 마침내 병자는 해방되었다.

이사야 선지자의 복음 선포대로 주님은 마음이 상한 자, 포로 된 자, 갇힌 자를 자유롭게 하기 위해 오셨다(사 61:1). 이렇게 예수님이 이 세상에 오신 이유 중 하나는 병든 자를 낫게 하는데 있다. 그래서 그의 사역 기간에 수많은 신유 사역을 행하셨다. 그것은 다양한 육체적 질병 뿐 아니라 정신적, 영적 질병(마 8:16-17, 28-34, 마 9:32-34, 눅 8:26-39)도 포함한다. 그렇지만 질병에서 해방되는 데에는 성도의 믿음이 요구된다."네 믿음이 너를 구원하였다"(마 9:19-22)"너희의 믿음대로 되라"(마 9:28-30)에서 알 수 있는 것처럼 신유는 병든 자의 믿음과 직결되어 있다. 신유의 기적은 의학이나 어떤 지식으로 설명될 수 없는 것으로 오직 신앙으로 이루어진다. 교회에서 주님을 의지하는 믿음의 기도가 병든 자를 살렸다(약 5:14-15). 구약에 예언된 대로 주님은 인간의 연약한 것과 질병을 십자가에서 죽으심으로 해결하셨다. 그리스도의 대속으로 우리는 평화를 누리게 되었다(사 53:4-6).

3. 왕하 5:1-19 ▶ 하나님의 말씀과 성령의 치유하는 은혜로 억압에서 해방되어 자유함을 누린다.

병의 치료는 하나님의 능력으로 가능하다. 그런데 그것은 인간이 말씀과 성령의 역사에 의지해야 한다는 조건이 따라야 한다. 아람(시리아)의 장군 나아만은 당시 불치병인 나병(한센병) 환자였다. 적대국인 이스라엘의 선지자인 엘리사를 통해 그 병을 고친다. 나아만이 엘리사가 보낸 사자의 말대로 따르겠다는 결단과 용기로 순종했을 때(요단강에 몸을 일곱 번 씻으라) 그는 깨끗이 치료받게 되었다. 이제 이방인 나아만은 여호와 하나님을 찬양하였고, 평안함을 얻었다(왕하 5:1-19...너는 평안히 가라).

그리스도가 우리를 자유롭게 하려고 오셨고, 그를 믿는 우리는 억압과 고통의 멍에로 부터 자유롭게 되었다(갈 5:1상 그리스도께서 우리를 자유롭게 하려고 자유를 주셨으니). 예수 안에 있는 생명의 성령의 법이 죄와 사망의 법에서 우리를 해방하시기 때문이다(롬 8:1-2).

▶ 두란노, [출애굽기], [열왕기 하], [요한복음]
▶ 이성주, [사중복음], 성청사
▶ NIV 적용주석, [로마서]
▶ WBC, [욥기], 솔로몬.
▶ 김경진, [성서주석: 사도행전], 대한기독교서회.
▶ The Expositor's Bible Commentary. Zondervan Publishing House.

◆ **교회사 이야기 :**

종교개혁자 루터는 복음서(요 11:25-26, 요 8:36, 마 4:4)를 인용하면서 그리스도인이 자유하기 위해서는 오직 한 가지 거룩한 말씀인 그리스도의 복음이 필요하다고 주장하였다.

김상준과 함께 성결교회의 창시자로 기억되는 정빈은 순수한 복음 전도의 정신으로 1907년 고국에서 선교사역을 시작하였다. 정빈은 일제하에서 억압당하는 민족의 현실을 극복하는 방법을 복음 안에서 찾았다. 즉, 그는 구속의 주 예수 그리스도를 통해서만 이 민족이 진정한 자유를 누릴 수 있다고 보았다. "지금 우리들이 만 번 어려운 가운데 처하였을지라도 내지에나 외국에서나 눈에 보이는 것은 다만 예수의 십자가 영광뿐이다"(정빈,"감사" [그리스도신문], 1906년 3월 8일)라는 표현에서 알 수 있듯이 정빈의 신학사상은 예수로 인한 구원과 복음에 의한 자유로 집약된다. 특히 그는 "그리스도는 구속의 주이며, 그리스도는 참 자유"라는 소제목을 달은 그의 글 "면면 그리스도"에서 참 자유는 하나님의 말씀에 있다고 역설하였다.

▶ 마틴 루터, [크리스챤의 자유], De libertate christiana, 김광채 역편, 도서출판 좋은땅, 2013.
▶ 정병식, "정빈과 성결교회의 시작", in 서울신대 현대기독교역사연구소 편, [한국 성결교회의 초석을 놓은 사람들], 서울신학대학교 출판부, 2016, 56-62.

◆ 교육목회의 방향 :

BCM 학습자를 위한 교육목회의 방향은 다음과 같습니다.

① 예배와 설교 – 성결교회가 율법의 억압과 육체적, 정신적 질병이 주는 부자유함에 갇혀 사는 삶이 아니라 진리 안에서 자유를 누릴 수 있도록 복음을 선포할 때 성도는 그러한 예배의 자리를 사모할 수 있다.

② 성경공부 – 복음적 자유의 의미를 학습자 스스로 발견할 수 있는 '탐구학습'을 구성한다. 그 진행단계는 다음과 같다: 먼저 인지적 차원에서 우리가 부자유한 원인들을 다각도로 살핀다. 정의적 차원에서 질병으로부터, 불편한 마음으로부터, 죄의식으로부터 해방되어야 할 필요성을 절감한다. 피할 수 없는 인간의 제약을 해결할 수 있는 분은 오직 예수 그리스도 임을 성경 안에서 발견하고, 날마다 주님과 동행하는 자유함을 체험한다.

③ 프로그램 – 교회 혹은 수련회를 통해 개인적인 불편함(어린이의 건강 상태나 시간관리 현황, 청소년의 마음상태, 장년성도의 관계 혹은 경제문제 등)을 진단할 수 있는 상담센터를 운영한다. 한편, 가족이나 지인 더 나아가 교회가 위치한 지역사회에서 만날 수 있는 부자유한 사람들을 방문하고 치유의 복음을 전도한다(병원, 교도소 등).

④ 주간목회 – 교회학교 교사는 한 주간 동안 전화나 SNS 소통으로 반 학생들이 경험하는 심리적, 신체적, 영적 변화에 주목한다. 다양한 질병이 주는 불편함이 심해지지 않도록 그 원인을 진단하고, 적합한 말씀으로 처방한다.

8월 쉼

남은경 목사
교육과정 연구진 / 서울신학대학교 교수

◆ 주제문 : 일을 멈추고 하나님의 말씀으로 평안함과 건강을 누린다.

◆ 관계선 : 성경과 기독교전통 ⇨ 소그룹

◆ 영　역 : 신유

◆ 교육목표 :

1. 하나님이 행하시고, 명령하신 안식(쉼)의 의미를 이해한다.

2. 일을 멈추고 예배할 때 몸과 마음이 회복됨을 발견한다.

3. 성도들과 하나님의 말씀을 나누며 평안과 건강을 누린다.

◆ 성경적 근거 :

▶ 구약성경

하나님의 안식(창 2:1-3)

안식일을 거룩하게 지킴(출 20:8-11)

여호와가 쉼으로 인도하여 소생시키심(시 23:2-3)

병든 양을 치료하고, 좋은 꼴을 먹이며 편히 쉬게 하심(겔 34:4, 13-15)

▶ 신약성경

마르다와 마리아(눅 10:38-42)

사역을 마친 사도들에게 한적한 곳에서 쉬라고 명령하심(막 6:30-31)

수고하고 무거운 짐 진 자들을 쉬게 하시는 예수 그리스도(마 11:28-30)

◆ 주제 이해 : 일을 멈추고 하나님의 말씀으로 평안함과 건강을 누린다.

태초에 하나님은 세상 만물을 질서 있고 풍요롭게 창조하셨다. 하나님이 모든 일을 마쳤을 때 피조물에 대해 만족하며 쉬셨다. 창조의 일정 중에 일곱 째 날은 안식, 즉 쉼을 위한 시간이다. 창세기 2장 1~3절은 안식일에 관한 본문인데 이 말씀 중에서 강조되는 동사를 살펴보면 다음과 같다: 마치다, 쉬다, 축복하다, 거룩하게 하다

하나님이 만드신 세상은 아름다운 작품이었다. 그의 원 창조 활동(original creative activity)은 끝났고 이제 만물을 돌보는 일은 인간에게 맡겨졌다(창 1:28). 하나님의 형상대로 지어진 인간은 하나님이 엿새 동안 일하신 것처럼 일하고 그가 일곱 째 날 쉬셨던 것처럼 쉬어야 한다. 특히 일을 중요시 하다가 쉬는 여유를 갖지 못하는 현대인에게는 안식에 대한 분명한 인식과 존중이 필요하다(사 58:13-14 여호와의 성일을 존귀한 날이라 하여 … 네가 여호와 안에서 즐거움을 얻을 것이라). 왜냐하면 하나님은 이 시간에 인간과 영적인 교제를 나누기 원하기 때문이다. 이렇게 안식일은 예배와 말씀 묵상과 성도와의 교제로 지내는 거룩한 시간이다.

안식의 주체는 하나님이시다. 인간이 일로 인해 지치고 상한 몸과 영혼을 목자 되신 주님이 치료하고, 다시 살려 주신다(시 23:2-3). 목자 되신 예수님은 양들을 불쌍히 여기시며 수고한 제자들이 한적한 곳에서 쉬기를 원하신다(막 6:30-34). 하나님은 안식하는 인간과의 교제를 통해 우리들을 의(righteousness)의 길로 인도하심으로 회복하신다. 그러므로 우리는 바쁜 일을 잠시 멈추고 주님의 신유의 축복을 누릴 필요가 있다.

◆ 성경 이해 :

1. 창 2:1-3 ▶ 하나님이 행하시고, 명령하신 안식의 의미를 이해한다.

하나님이 세상을 만드시고 우리에게 그것을 돌볼 수 있도록 양심, 인식력, 영적 분별력을 주셔서 그 피조물을 인간에게 맡기셨다. 하나님은 모든 창조의 사역이 완성되었음을 선포하시고(2:1) 친히 안식하셨다(2:2). 최초의 안식일이 하나님에 의해 제정되고, 지켜졌다. 그래서 이 날은 복되고 성별된

날이 되었다(2:3).

하나님이 엿새 동안 창조하신 결과로 혼돈과 흑암의 세계가 정리되고 아름다운 생명체가 풍요롭게 가득 차게 변하였다. 창조주의 안식(쉼) 선포는 바로 이 세상을 인증하신 일이라고 할 수 있다. '안식하다(쇼바트)'라는 말은 피곤해서 쉰다는 의미가 아니라 모든 일을 계획대로 마친 후 기쁨과 평화 가운데 휴식을 취하는 상태를 뜻한다. 이 안식의 의미는 후에 십계명에서 안식일 규례로 입법화 된다(출 20:8-10). 이 날은 엿새 동안 힘써 일하고 7일째는 쉬면서 하나님을 기억하는 날이다. 신약에서는 그리스도의 죽음과 부활로 이룬 재창조 사역을 기념하는 주일(主日)로 지키게 된다(마 28:1, 행 20:7).

안식의 근본정신은 3절에 '거룩하게 하셨다'라는 목적대로 예배와 찬양, 친교와 사랑 베풂에 있다.

2. 눅 10:38-42 ▶ 일을 멈추고 예배할 때 몸과 마음이 회복됨을 발견한다.

사람들은 오늘 본문의 마르다 처럼 자신이 하는 일이 매우 가치 있는 일을 하고 있다고 생각한다. 그녀의 관심은 의무(해야 할 일)로 맞추어져 있다. 그래서 마르다는 "주여, 내 동생이 나 혼자 일하게 두는 것을 생각지 아니하시나이까?"라고 질문하면서 예수님의 일에 대한 긍정적 답변을 기대하고 있었다. 그렇지만 그녀는 내심 동생 마리아의 태도에 대해 불안한 마음을 감출 수 없었다. 이렇게 우리들은 일 중심의 분주한 생활 패턴을 멈추지 못해 마음이 편안하지 못한 정신적 질병에 걸리기 쉬운 존재이다. 한편 우리는 마리아에게서 예수님 발아래 앉아 주님의 제자로서 그분과 교제를 나누는 침착한 모습을 볼 수 있다.예수님은 마르다의 이름을 두 번씩 부르면서 그녀가 깨닫기를 촉구하신다. 성도에게 지금 가장 필요한 일은 무엇일까? 우리의 시간을 어떻게 지혜롭게 운용해야 할까? 봉사(섬김)를 넘어서는 예배의 자리를 지켜야 한다. 이것이 주님께 칭찬받을 자세이다. 바쁠수록 생략되기 쉬운 쉼의 시간의 우선권을 주님에게 드려야 한다. 그것이 우리의 정신과 영혼을 살리는 근원임을 잊지 말아야 한다.

3. 시 23:2-3 ▶ 성도들과 하나님의 말씀을 나누며 평안과 건강을 누린다.

사막지역에서 사는 양들은 비가 온 뒤 무성하게 자란 풀을 먹고 자란다. 독립적인 염소와는 달리 양들은 목자들의 돌봄과 인도에 따라 푸른 초장을 찾을 수 있다. 목자는 은신처를 마련해 주고 출산도 도와준다. 이렇게 양은 목자 없이는 무력할 수밖에 없다. 푸른 초장은 생명을 유지하기 위한 먹이를 제공해 주기도 하지만 양들이 편이 누워 쉴 만한 곳이다. 쉴만한 물가란 사막의 오아시스처럼 깨끗한 생수가 잔잔하게 흐르는 곳이다. 선한 목자 되신 주님은 육과 영의 양식을 제공해 주시며(마 4:4, 6:32), 영생의 물을 공급하신다(요 6:35). 그리고 수고하고 무거운 짐을 대신 져 지심으로 쉼을 주신다(마 11:28). 예수님 자신이 진정한 안식을 주시는 분이다(눅 6:5 인자는 안식일의 주인이니라). 하나님이 자신에게 영광이 되게 하려고 우리를 의의 길로 인도하신다고 약속하셨으니(2:3, 시 5:8) 성도들이 일을 멈추고, 하나님의 말씀을 함께 묵상할 때 육신과 정신의 상처를 치유 받을 수 있다. 왜냐하면 선한 목자이신 예수님은 병든 성도를 치료하고, 말씀으로 가르쳐 잘못을 바로 잡고, 편히 쉬도록 하시기 때문이다(겔 34:4, 13-15).

▶ The Wesleyan Bible Commentrary. William B. Eerdmans Publishing Com.

▶ The Expositor's Bible Commentary. Zondervan Publishing House.

▶ NIV 적용주석, [누가복음]

▶ IVP 성경배경 주석 [구약]

▶ 그랜드 주석, [창세기], [시편]

◆ 교회사 이야기 :

　성 아우구스티누스(Saint Augustine of Hippo)는 사도 바울을 잇는 초대 기독교의 위대한 신학자로 우리에게 알려졌다. 고백록 저술(A.D. 397-401)을 통해 그는 죄인으로 방황하던 삶에서 어떻게 회심하여 하나님을 찬양하게 되었는지를 밝히고 있다. 진리를 발견하고자 오랜 기간 집중했던 철학적, 신학적 탐구도 그를 주님 품으로 인도하지 못했다. 그것은 이성적 이해를 바탕으로 한 종교적 회심이 아니라 그의 인생에 개입하여 역동적으로 작용한 성령의 역사였다. 수사학 교수로 일하며 여러 도시를 옮겨 다니던 중, 그의 나이 32세인 386년 여름방학에 그동안 건강을 해칠 정도로 힘들었던 과업을 내려놓고 휴식기간을 갖는다. 그는 한 동료가 제공한 밀라노 근교의 별장에서 가족과 친구들과 교제하며 공동체 생활을 한다. 아우구스티누스는 인생의 이 시기를 근심에서 풀려난 '기독교인으로서의 휴가'였다고 회상한다. 이곳에서 그는 여유롭게 성경을 묵상하며 기도하면서 자신을 재발견하고, 약한 몸을 회복하고, 미래를 주님 안에서 계획할 수 있었다. 긴 방황이 끝나고 마침내 아우구스티누스는 387년 부활절에 암브로시우스에게 세례를 받는다. 어머니 모니카의 눈물의 기도와 386년 어느 여름날 들려 온 "성경을 들고 읽으라"라는 음성이 그를 성직자(391년)로, 주교(396년)로 헌신하게 이끌었다.

▶ 성 아우구스티누스, [고백록], 크리스천아이제스트, 2016.
▶ 줄리아노 비지니, [성 아우구스티누스: 은총과 사람의 모험], 분도출판사, 2015.
▶ 피터 브라운, [아우구스티누스-격변의 시대, 영혼의 치유와 참된 행복을 찾아 나선 영원한 구도자], 새물결 출판사, 2012.

◆ **교육목회의 방향 :**

BCM 학습자를 위한 교육목회의 방향은 다음과 같습니다.

① 예배와 설교 – 어린이와 청소년 부서에서는 '인간은 쉬어야만 하는 존재임'을 강조하는 설교로 어린이가 절제하지 못하고 몰두하는 '게임'이나 '놀이'와 거리를 둘 수 있는 힘을 기르도록 합니다. 예배실 환경도 몸과 마음이 편안함을 느낄 수 있도록 자연친화적이며 간결한 공간으로 꾸민다. 한편, 노동과 근심 때문에 피곤하여 지친 성인들을 위해서는 혼돈 상태를 질서 있는 세상으로 변화시키신 하나님의 창조 사역을 축하하는 의식을 마련한다.

② 성경공부 – 주님은 안식일에 병자들을 고치셨다(눅 13:12). 학습자들이 안식의 목적이 생명을 살리는 데 있음을 인지적 차원에서 충분히 이해하고, 잘못 된 습관을 고치도록 정의적 차원의 교육목표를 설정한다.

③ 프로그램 – 부모는 자녀들의 방학을 활용하여 가족과 함께 쉼으로서 관계를 회복할 수 있는 기회를 만든다. 청소년부는 교회에서 여름 성경학교 혹은 수련회를 개최하여 평상시와는 다른 교육환경을 조성한다. 잠시 일상을 떠나 자신의 삶의 방식(life style)이 어떠한지 타인의 시각에서 비춰보는 드라마를 연출한다. 또한 현재의 육체적, 정신적 상태를 진단(병원 건강검진, 각종 심리 검사 등)하여 그 원인을 분석하고, 성경적 처방을 내린다(하루 일과표 작성, 인생 여정표 작성 등).

④ 주간목회 – 일(공부나 사회적 활동)에서 보람과 기쁨을 얻을 수 있는 근원을 말씀에서 찾는 여유를 제공하는 경건훈련 지침을 제공한다. 예를 들어 기독교 서적이나 음반 소개, 학원가나 직장 심방 등. 이 때 소그룹 망(네트워킹)을 통한 소통으로 신앙적 교류를 활성화 한다.

9월 화해

박진숙 목사
교육과정 연구진 / 서울신학대학교 강사

◆ 주제문 : 성도는 사회에서 죄로 인한 갈등의 중재자로 산다.

◆ 관계선 : 개인　[성경과 전통]⟩　사회

◆ 영　역 : 신유

◆ 교육목표 :

1. 예수 그리스도의 화해 사역에 대해 안다.

2. 용서를 함으로 화해가 이루어짐을 이해한다.

3. 세상에서 화해의 역할을 실천한다.

◆ 성경적 근거 :

막힌 담을 허신 화해자 예수 그리스도(엡 2:14-18)

화해의 직분을 받은 우리들(고후 5:16-20)

팔복 중에서 화평케 하는 자(마 5:9)

◆ 주제 이해 :

　화해(和解, reconciliation)는 다툼을 그치고 서로에게 있었던 나쁜 감정을 푸는 것입니다. 화해를 통해 멀어졌던 관계가 회복되어 가까워지게 됩니다. 화해는 갈등의 상황에서 필요한 것입니다. 갈등을 의미하는 영어 'conflict'의 어원은 '서로(con) 채찍(flail)으로 후려치기(ictus)'의 합성어입니다. 이를 통해 갈등이 얼마나 아프고 힘든 상황인지를 알게 됩니다. 우리의 삶에 갈등이 발생하는 이유는 인간의 죄에 있습니다. 인간은 죄로 인해 하나님께 대해서 그리고 서로에 대해 적대적이 되었습니다. 화해는 이 적대적 관계를 극복하는 것입니다.

우리들은 예수 그리스도를 통해 하나님과 화해할 수 있게 되었습니다. 아담의 타락 이후 인류는 하나님과 원수가 되었습니다(롬 5:10). 하나님께서 원수 된 자들에게 화해의 길을 열어주셨습니다. 구약시대에는 희생 제사를 통해 하나님께 나아갈 수 있었습니다(레 3; 겔 45:15). 그러나 신약시대에 이르러서는 더 이상 희생 제사를 드릴 필요가 없어졌습니다. 왜냐하면, 예수께서 화목제물이 되심으로써 단번에 그리고 영원히 하나님과의 화해를 완성하셨기 때문입니다(요일 2:2). 이처럼 하나님과 사람과의 화해는 인간의 수고에 의한 것이 아닌, 하나님 자신에 의한 것입니다.

우리들은 예수 그리스도를 통해 서로 화해할 수 있게 되었습니다. 예수님으로 인해 가능해진 하나님과 인간의 화해는 인간과 인간의 화해로 확대됩니다. 타락 이후 인간은 서로에게 적대적으로 되었습니다. 아담이 곧 하와를 반목하게 되었습니다(창 3:12). 그리고 가인이 동생 아벨을 살해했습니다(창 4:1-15). 성경은 가인 이후에도 인간 간의 갈등이 계속되었음을 증언합니다. 그러나 다행히도 그리스도 예수 안에서 적대적인 인간관계가 해소될 수 있게 되었습니다(엡 2:11-22). 그리고 모든 사람과 더불어 화평하게 지내는 것이 매우 중요한 삶의 과제가 되었습니다(히 12:14).

성도는 죄로 인해 갈등이 만연한 세상에서 화해를 실천하며 살아야 합니다. 성도에게 화해의 직분이 맡겨졌습니다(고후 5:18). 성도는 일상생활에서 화해의 중요성을 늘 기억해야 합니다. 성경은 제단에 제물을 드리려는데 원한을 자신에게 원한을 품고 있는 사람이 생각나면, 우선 그와 화해하라고 가르칩니다. 그 이후에 제단에 제물을 드려야 한다는 것입니다(마 5:23-24). 이러한 가르침은 성도의 삶에서 화해가 얼마나 중요하며 우선적인지를 명확하게 보여줍니다. 화평이 이루어지도록 노력하는 성도가 복됩니다. 그러한 성도가 진정한 하나님의 자녀라고 불리게 될 것입니다(마 5:9)

◆ 성경 이해 :

1. 에베소서 2장 11절-22절 "예수 그리스도의 화해 사역을 안다."

예수 그리스도는 화해의 일을 하신 분이십니다. 우리는 이 점을 사도바울이 에베소 성도들에게 쓴 편지로부터 배울 수 있습니다. 당시 에베소 교회 안에는 유대인들과 이방인들이 공존하고 있었습니다. 그런데 그 공존에는 갈등의 소지가 늘 있었습니다. 왜냐하면, 율법의 관점에서 볼 때 유대인들만이 언약의 상속자였고, 이방인들은 여기에서 제외되었기 때문입니다(롬 9:4). 이러한 상황에서 바울은 에베소 성도들에게 그리스도의 화해 사역으로써 이루어지는 하나 됨에 대해 교훈하려 했습니다. 바울은 '그 때'(11절)라는 말과 '이제'(13절)라는 말을 사용하여 예수님의 화해 사역의 이전과 이후의 상태를 비교하며 설명했습니다. 예수님의 화해 사역 이전인 '그 때'에 이방인들은 무할례자들이었고, 예수님과 연관 없었고, 이스라엘 공동체 밖에 있었으며, 언약과 무관했고, 소망이 없었고, 하나님이 없이 살고 있었습니다(11-12절). 그러나 예수님의 화해 사역 이후인 '이제' 그들은 그리스도의 피로 하나님과 화해하게 되었습니다(13절, 화해의 수직적 차원). 그 뿐 아니라 '이제' 그들은 그리스도께서 유대인과 이방인 사이를 가르는 담을 허무셔서 서로 화해하게 되었습니다.(14-19, 화해의 수평적 차원). 바울은 유대인들과 이방인들이 하나님의 가족이 되어 서로 연결되었고 함께 지어져 간다고 설명했습니다. 이것은 그들이 화해의 사역을 하신 그리스도 안에 있기 때문입니다(19-22).

2. 창세기 50장 15-21절 "용서를 함으로 화해가 이루어짐을 이해한다."

화해는 용서에 의해 가능해집니다. 우리는 이 점은 요셉과 형들의 화해로부터 배울 수 있습니다. 이 사건은 창세기라는 대단원의 막이 내려질 때 펼쳐졌습니다. 요셉과 형제들은 아버지 야곱을 막벨라 밭에 있는 굴에 매장했습니다(창 50:1-14). 장례 후 형들은 요셉의 보복을 더욱 두려워하게 되었습니다. 왜냐하면, 오래 전 그들이 요셉을 시기하여 이스마엘 사람들에게 팔았었기 때문입니다(창 37:12-36). 지금 요셉은 애굽의 총리대신이라는 막강한 권력을 가지고 있습니다. 그리고 이제는 요셉의 복수를 나서서 막아주실 아버지도 곁에 안계십니다. 형들은 요셉에게 편지를 보내서 아버지의 뜻을 핑계하며 용서를 구했습니다(16-17). 그리고 요셉을 직접 찾아와 그 앞에 엎드렸습니다(18). 요셉은 형들의 이러한 모습을 보면서 많이 울었습니다. 그리고 그는 형들에게 더 이상 두려워하지 말라고 당부하여 안심시켰습니다(19). 그러면서 요셉은 심판의 권한이 하나님께 있음을 분명히 말했습니다(19). 그리고 형들로 인한 역경의 시간에도 하나님의 섭리가 있었음을 고백했습니다(20). 요셉의 이러한 고백은 하나님의 섭리하심에 대한 잠언의 가르침과 일맥상통합니다(잠 16:9; 19:21). 또한 요셉은 형들과 그 자녀들까지도 돌보겠다는 배려를 약속했습니다(21). 요셉과 형들의 진정한 화해는 하나님의 섭리를 신뢰한 요셉의 용서를 통해 이루어졌습니다.

3. 창세기 33장 1-11 "세상에서 화해의 직분을 실천한다."

성도는 세상에서 화해를 실천해야 합니다. 우리는 이 점을 야곱과 에서의 화해로부터 배울 수 있습니다. 야곱은 오랜 타향살이를 끝내고 고향 가나안으로 돌아가고 있습니다(창 32). 그는 에서의 복수가 있을지 몰라서 두렵습니다(32:6-8). 그가 오래 전 아버지를 속이고 형이 받았어야 할 축복을 가로챘기 때문입니다(창 27:1-40). 그 때 에서는 분노가 가득하여 야곱을 죽이려고 했었습니다(창 27:41-45). 그리고 지금 야곱의 앞에 장정 400명을 거느린 에서가 있습니다(1). 야곱은 진심을 다해 사죄의 마음을 표현하기 시작합니다. 그는 에서에게 다가가며 7번이나 땅에 엎드려 절합니다(3). 이러한 행동은 고대 근동 지역에서 왕이나 봉신(封臣)이 점령자에게 경의를 표하는 행동이었습니다. 또 야곱은 에서에게 미리 많은 선물들을 보냈는데,

이것은 형의 감정을 풀어주기 위한 정성이었습니다(8, 11; 창 32:13-21 참조). 이처럼 야곱은 자신의 잘못을 인정하고 형이 입은 손해를 만회하고자 노력했습니다. 야곱을 마주하는 에서의 마음 역시 매우 어려웠을 것입니다. 그럼에도 불구하고 에서는 달려가서 동생을 끌어안았습니다. 그리고 두 팔을 벌려 동생의 목을 안고 입을 맞추었습니다. 형제는 함께 울었습니다(4). 야곱이 형에게 이렇게 고백했습니다. "... 형님께서 저를 이렇게 너그럽게 맞아 주시니, 형님의 얼굴을 뵙는 것이 하나님의 얼굴을 뵙는 듯합니다."(10, 새번역). 야곱이 형의 얼굴에서 하나님의 자비로우심을 느낀 것입니다. 성도는 야곱과 에서처럼 화해를 이루기 위해 노력해야 합니다(레 19:17-18: 잠 17:9, 17: 마 5: 21-26: 요일 4:12-21).

◆ **교회사 이야기 :**

손양원 목사는 '사랑의 원자탄'이라는 별칭으로 잘 알려진 분입니다. 1948년 10월 19일 여수·순천 사건이 일어났습니다. 군대 안에 공산주의 사상에 물든 사람들이 반란을 일으켜 파출소, 군청, 역 등을 장악하고 무고한 양민들을 학살했습니다. 이 때 손양원 목사의 아들 동인은 25살, 동신은 19살이었습니다. 동인은 순천사범학교 졸업을 앞둔 기독학생회 회장이었습니다. 동인은 반란군들에게 기독교인이자 반공주의자로 낙인찍혀 있었습니다. 반란군들에게 타도의 대상이 된 그는 결국 인민재판에 회부되어 신앙을 끝까지 지키려다 순교했습니다. 동신도 형을 따라 순교하게 되었습니다. 훗날 손양원 목사는 두 아들을 총살했던 안재선 학생이 계엄사령부에 체포되어 처형당할 위기에 처했음을 알게 되었습니다. 그는 안재선의 처형을 원하지 않으니 석방해주면 자신의 아들로 삼겠다고 간청했습니다. 손양원 목사는 석방된 안재선을 손재선이라고 칭했습니다. 그리고 자신의 양아들로 입적하여 함께 살도록 했습니다.[3] 자신의 두 아들을 죽인 원수까지도 사랑하여 아들로 삼은 손양원 목사의 삶은 용서와 화해의 숭고한 정신과 실천을 보여줍니다.

◆ **교육목회의 방향 :**

성도는 사회에서 죄로 인한 갈등의 중재자로 살기 위해 노력해야 합니다. 이를 돕기 위한 교육목회의 방향은 다음과 같습니다:

① 예배– 찬양은 화해자이신 예수님과 성도에게 맡겨진 화해의 직분을 주제로 하여 선정합니다. 화해를 상징하는 이미지를 예배실 앞과 주보에 반영합니다. 설교의 내용은 화해자이신 예수님, 화해의 중요성, 화해가 필요한 사회적 상황과 성도의 사명과 관련된 내용들로 구성합니다.

② 성경공부는 다음의 세 가지 내용을 다룹니다. 첫째, 예수 그리스도의 화해 사역에 대한 내용입니다. 이 내용과 관련해서는 갈등의 근본적인 원인이 인간의 죄성에 있으며 화해의 근본적인 동력이 예수 그리스도의 화해 사역에 있다는 복음적 입장을 견지하도록 합니다. 둘째, 화해의 전제 조건인 용서에 대한 내용입니다(요셉 이야기). 셋째, 성도가 세상에서 감당해야 하는 화해의 직분에 대한 내용입니다(야곱과 에서 이야기). 이 내용에서는 가해자인 야곱과 피해자인 에서가 각자의 입장에서 화해를 위해 노력한 점이 균형감 있게 다루어져야 합니다. 또한, 중등부 이상의 교재에서는 화해를 필요로 하는 사회적 갈등 상황에 대해 성찰하도록 기회를 제공할 수 있습니다(예, 빈부, 남녀, 노사, 이념, 세대, 지역, 학교 안 갈등 등).

③ 프로그램– 손양원 목사와 관련된 영상이나 영화를 감상한 후 소감을 나누도록 합니다. 중등부나 고등부의 경우 학교 안에서 이루어지는 갈등의 원인과 대안을 주제로 한 토론을 할 수 있습니다.

---

3) 김도일. "손양원의 삶으로 본 사회적 신앙에 대한 기독교교육적 고찰." 『장신논단』 46/4 (2014): 333–360.의 내용에서 발췌하여 정리함.

④ 주간목회 – 화해는 일상에서의 실천이 매우 어려운 주제에 해당됩니다. 그 이유는 갈등 상황으로부터 발생한 손해나 상처가 있기 때문입니다. 양육대상자들이 가까이 있는 사람과 작은 일들로 인한 갈등을 간과하지 않도록 안내합니다. 그리고 양육대상자들이 화해의 과정에서 화해의 중요성을 기억하면서 화해자이신 예수님을 더욱 깊이 묵상하고 의지하도록 격려합니다. 또한 교육부서의 담당사역자와 교사들 간에 존재하는 갈등이 없는지 검토하고 화해로 이를 극복하는 기회를 갖습니다.

10월 소명

박진숙 목사
교육과정 연구진 / 서울신학대학교 강사

◆ **주제문** : 하나님께서 명령하여 맡기신 일과 임무를 청지기적으로 감당한다.

◆ **관계선** : 개인 〔성경과 전통〕⟩ 사회

◆ **영　역** : 재림

◆ **교육목표** :

1. 하나님을 따라, 일해야 함을 안다.

2. 하나님께서 사람에게 일을 맡기심을 이해한다.

3. 하나님께서 맡기신 일을 성실하게 감당한다.

◆ **성경적 근거** :

일하시는 하나님(요 5:17)

노동을 하라는 명령(출 20:9; 34:21; 살후 3:6-12)

직업에 임하는 자세(골 3:23)

◆ **주제 이해** :

소명(召命, calling)은 어떤 일이나 임무를 하도록 부르는 명령입니다. 그리고 그 명령을 받은 사람이 해야 하는 일이나 임무를 사명(使命, mission)이라고 합니다. 즉, 소명은 부름을, 사명은 소명에 의한 과업을 의미합니다.

신앙적으로 볼 때, 소명은 하나님께서 인간에게 명령하신 일이나 임무로 이해됩니다. 하나님으로부터 오는 소명들 중 대표적인 것은 2 가지입니다. 첫째는 회개하고 예수 그리스도를 믿으라는 명령입니다. 이것은 죄인을 불러서 구원 얻게 하시려는 하나님의 구속행위와 관계있습니다. 둘째는 세상에 있는 이웃을 위해 일이나 임무를 담당하라는 명령입니다. 이것은 하나님의 일을 하는 것과 관계있습니다. 첫째와 관련된 내용은 '복음'이나 '구원'을 주제로 할 때 배웁니다. 이번 달에는 둘째 즉, 일이나 임무와 관련된 소명에 대해 초점을 둡니다.

성경은 하나님을 '일하시는 분'이라고 묘사합니다(창 1:1-31; 요 5:17). 이 때문에 인간이 일과 임무를 담당하는 것은 하나님을 닮은 활동으로 이해됩니다. 하나님께서는 인간에게 일과 임무를 맡기십니다. 태초에 하나님께서는 아담과 하와에게 일할 것을 명하셨습니다(창 1:26-28). 지금도 각 사람에게 문화를 창조하고, 세상을 건강하고 아름답게 가꾸며, 이웃을 위해 특정한 일을 하라고 명령하십니다. 소명을 받은 사람은 청지기적인 자세로 일과 임무에 입해야 합니다. 청지기적인 자세란 만물의 소유권이 하나님께 있음을 인정하며 위임받은 자로서의 임무를 다하는 것을 의미합니다(마 25:14-30). 청지기적인 자세로 일하는 사람은 하나님의 목적을 위해 일한다는 인식을 갖고 있습니다(고전 10:31). 그리고 게으름을 경계합니다(잠언 6:6-11; 13:4). 또한 모든 일을 주님께 하듯 성실하게 합니다(골 3:23).

◆ 성경 이해 :

1. 요한복음 5장 9절 하반부-18절 "하나님을 따라, 일해야 함을 안다."

일하는 것은 하나님을 본받는 행위입니다. 우리는 이 점을 예수님의 말씀으로부터 배울 수 있습니다. 예수께서 안식일에 베데스다 못가의 38년 된 병자를 고치셨습니다(마5:1-9). 그 후 유대인들은 치유 받은 자로부터 안식일에 병 고치는 일을 한 자가 예수님임을 듣게 되었습니다(9-15). 유대인들은 안식일에 노동을 했다는 이유로 예수님을 박해했습니다(16). 유대인들에 대해 예수님은 "내 아버지께서 이제까지 일하시니 나도 일한다"고 대답하셨습니다(17). 예수님의 대답에서 3 가지 내용이 발견됩니다. 첫째, 예수께서 하나님의 아들이시라는 점입니다. 둘째, 하나님께서 계속해서 일해 오셨다는 점입니다. 셋째, 하나님을 따라 예수님도 일하신다는 점입니다. 유대인들의 이 내용에 동의하지 않았습니다. 특히, 둘째 내용은 유대인들의 이해와 상반되는 것이었습니다. 유대인들은 하나님의 일하심이 완료되었고, 하나님의 안식이 지속되어왔다고 이해하고 있었기 때문입니다(참고, 창 2:1-3)[4]. 게다가 첫째 내용은 유대인들에게 신성모독으로 여겨졌습니다. 그래서 유대인들은 더욱 격분하게 되어 예수님을 죽이려고 했습니다(18). 예수께서는 이처럼 박해받는 어려운 상황에도 불구하고 일을 하셨습니다. 그리고 그 이유를 하나님을 따르는 것으로 설명하셨습니다. 성도는 하나님의 일하심을 따라, 하나님의 일하심을 따라 일하신 예수님을 따라, 어려움 속에서도 일을 중요하게 여기며 수행해야 합니다.

2. 창세기 1장 26절-31절 "하나님께서 사람에게 일을 맡기심을 이해한다."

사람을 창조하신 하나님께서 사람에게 일을 맡기셨습니다. 우리는 이 점을 창조기사로부터 배울 수 있습니다. 하나님께서는 사람을 만드시기 전 그에게 다스리는 일을 맡기시기로 계획하셨습니다(26). 이를 통해 우리는 하나님께서 사람을 만드실 때 일의 위임을 중요한 사항중 하나로 여기셨음을 알 수 있습니다. 그리고 하나님께서 그분의 형상대로 남자와 여자를 창조하셨습니다(27). 그 후 하나님께서 사람에게 생육하고 번성하도록 복을 베푸셨습니다. 그리고 땅과 거기에 살고 있는 동물들을 정복하고 다스리도록 일을 맡기셨습니다(28). 여기서의 '정복'과 '다스림'은 자연을 무제한적으로

---

4) 참고: 성경에는 하나님에 대해 일과 연관하여 묘사한 내용들이 다수 있습니다. 예를 들어, 목자 시 23, 옹기장이 렘 18:6, 포도원지기 사 5:1-7, 대장장이 말 3:2-3; 겔 22:20.

착취하고 정복하는 것을 의미하지 않습니다. 하나님께서는 사람이 하나님의 대리자로서 창조주의 방식으로 그것들을 다스리는 일을 맡기신 것입니다. 사람은 하나님으로부터 위임받은 일을 함으로써 하나님의 형상을 가진 자로서의 역할을 수행하게 되었습니다(참조 26절). 일의 위임과 관련된 유사한 명령이 홍수 뒤 노아와 그의 아들들에게도 반복되었습니다(창 9:1-2). 다윗은 그의 시를 통해 하나님께서 사람에게 다스리는 일을 맡기셨다고 고백했습니다(시 8:6). 하나님께서는 사람에게 일을 맡기셨습니다. 사람은 하나님께서 맡기신 일을 해야 합니다.

3. 골로새서 3장 22절-4장 1절 "하나님께서 맡기신 일을 성실하게 감당한다."

성도는 하나님께서 맡기신 일을 할 때 성실한 태도로 임해야 합니다. 우리는 이 점을 바울의 권면으로부터 배울 수 있습니다. 바울은 감옥에서 골로새에 있는 성도들에게 두기고를 통해 편지를 보냈습니다(골 4:7-8). 그는 편지에서 그리스도인의 생활방식에 대해 설명했습니다. 그러면서 그리스도인이 가정에서 어떻게 생활해야 하는지를 제시했습니다. 아내로서, 남편으로서, 자녀로서, 아비로서 말입니다(골 3:18-25). 마지막으로 바울은 종들을 향해 권면했습니다. 그 당시 골로새 교회에는 그리스도인 종들이 있었던 것입니다(참고, 고전 7:21-24). 바울은 성도가 일을 할 때 순수한 동기를 가지고 일해야 한다고 했습니다. 사람을 의식하여 눈가림으로 하지 말고, 오직 주님을 두려워하여 성실한 마음으로 일하라는 것입니다(22). 즉, 성도는 자신에게 맡겨진 일을 할 때 마음을 다해 주님께 하듯 해야 합니다(23). 23절의 말씀에서는 일하는 자의 일차적인 동기가 그리스도를 향한 경외심에 있어야 함과 맡겨진 일을 전심으로 성실하게 해야 함을 알게 됩니다. 이렇게 일하는 성도는 마지막 날에 주님으로부터 은혜로운 상급을 받게 됩니다. 그 이유는 성도의 일이 곧 그리스도를 섬기는 일로 여겨지기 때문입니다(24).

◆ 교회사 이야기 : 루터의 직업소명론

루터의 '직업소명론'은 개신교 직업이해의 기초 중 하나입니다. 루터는 직업을 하나님께서 주신 소명(Berufung, calling)으로 이해했습니다. 사실, 교부시대에는 세상 직업을 생계유지를 위한 필수적인 활동으로 여겼습니다. 그래서 직업에 대해 경시하지 않았습니다. 그러나 중세시대에는 소명이라는 말을 사제와 수도사와 같이 특정 영역에 한정하여 사용하게 되었습니다. 따라서 세상에서의 직업생활은 점차 평가절하 되게 되었습니다. 루터는 중세의 오랜 가르침을 깨려고 노력하면서, 직업소명론을 주장했습니다. 그는 만인사제설에 근거하여 소명의 개념을 세속 직업으로 확장했습니다. 그리고 소명(Berufung)으로부터 직업(Beruf)이라는 말을 만들었습니다. 루터는 하나님의 부르심에 의해 정해진 직업을 통해 그리스도를 기쁘시게 할 수 있다고 가르쳤습니다. 그리고 하나님께서 각 사람에게 직업을 주신 이유가 하나님과 이웃을 섬기는데 있다고 설명했습니다.[5]

◆ 교육목회의 방향 :

성도는 하나님께서 명령하여 맡기신 일과 임무를 청지기적으로 감당하기 위해 노력해야 합니다. 이를 돕기 위한 교육목회의 방향은 다음과 같습니다: ① 예배– 찬양은 소명, 충성을 주제로 하여 선정합니다. 예배실과 주보에 소명이나 일을 상징하는 이미지를 반영합니다. 설교의 내용은 하나님의 부르심, 직업과 하나님의 영광, 충성됨, 직업과 정직, 직업과 성실과 관련

---

5) 우병훈. "루터의 소명론 및 직업윤리와 그 현대적 의의." 『한국개혁신학』 57 (2018): 72-132; 최주훈. "루터의 직업소명론," 「뉴스엔조이」 기사.

된 내용들로 구성합니다. ② 성경공부- 성경공부는 다음의 세 가지 내용을 다룹니다. 첫째, 일의 의미와 중요성에 관한 내용입니다. 둘째, 하나님으로부터 일을 위임받음에 대한 내용입니다. 셋째, 크리스천으로서 가져야 할 일을 하는 태도에 관한 내용입니다. 이러한 내용들을 다룰 때 '일'에 대한 의미가 발달단계에 따라 다르게 반영될 수 있습니다. 낮은 연령에서는 일상적인 과업으로서의 일을, 높은 연령에서는 직업적인 일을 주제로 합니다. ③ 프로그램- 유아, 유치부, 유년부의 경우 직업의 현장, 직업체험센터, 직업체험박물관을 견학할 수 있습니다. 유년부와 초등부의 경우 직업탐색과 관련된 보드게임을 적용할 수 있습니다. 중등부와 고등부의 경우 진로탐색과 관련된 활동을 할 수 있습니다. 중등부와 고등부의 경우 대학에 진학하거나 취업한 청년들을 초청해서 진로선택과 관련된 경험담을 들을 수 있습니다. ④ 주간목회- 이번 주제는 일상생활과 매우 밀접한 관계가 있습니다. 따라서 주간목회의 소통이 구체적으로 되도록 주의합니다. 예를 들어, 유아부 학습자의 경우 날마다의 과업을 성실하게 수행하도록 격려합니다. 그리고 성인 학습자의 경우 직무 스트레스나 곤란이 없는지 살펴보고 그것이 극복되도록 격려하고 중보를 합니다.

11월 선교

박향숙 목사
교육과정 연구진 / 서울신학대학교 강사

◆ **주제문** : 교회는 세상에 복음을 전하고 제자를 삼는다.

◆ **관계선** : 회중 ⇨ 사회

◆ **영　역** : 재림

◆ **교육목표** :

1. 부활하신 예수님이 선교를 명령하셨음을 안다.

2. 초대교회 기독교인들이 전 세계로 흩어져 선교했음을 이해한다.

3. 온 인류를 사랑하시는 하나님의 선교에 동참한다.

◆ **성경적 근거** :

예수님의 지상명령(마 28:18-20; 행 1:8)

빌립의 선교(행 8:26-40)

이방인을 향한 선교명령(욘 1:2)

◆ **주제 이해** :

부활하신 예수님은 선교를 명령하셨습니다. 부활하신 예수님은 제자들에게 모든 족속으로 제자를 삼아 세례를 주고 가르치라고 말씀하십니다(마 28:19-20). 하늘과 땅의 모든 권세를 하나님께 받은 예수님께서(마 28:18) 제자들이 선교하는 과정 속에 언제나 어디서나 함께 하시겠다고 약속하십니다(마 28:20). 이는 예수님의 사역이 제자들을 통해 새롭게 시작되는 시점, 바로 선교의 시작입니다. 예수님의 말씀에 순종한 제자들을 통해 선교가 시작되고 교회가 세워지게 됩니다.

예루살렘 교회의 기독교인들은 핍박을 피해 유대와 사마리아 지역으로 흩어져 선교하였습니다. 빌립은 성령의 인도로 에티오피아 내시에게 복음을 전했습니다. 바울은 평생을 선교여행을 하며 살았고 로마 감옥에 투옥되면서까지 선교를 멈추지 않았습니다. 제자들과 초대 기독교인들은 예수님의 죽으심과 부활, 그리고 부활하신 예수님이 우리와 함께 하신다는 것을 전하기 위해 살았습니다.

선교는 온 인류를 구원하고자 하시는 하나님의 명령입니다. 하나님은 요나에게 니느웨에 가서 하나님의 말씀을 전하라고 명령합니다(욘 1:2; 3:2). 그러나 이스라엘 사람인 요나는 이방인인 니느웨 사람들이 구원받는 것을 싫어하여 불순종합니다. 회개하여 순종했으나 여전히 니느웨 사람들이 회개하고 구원받는 것에 분노합니다. 하나님의 은혜, 자비, 인애(욘 4:2)는 대상이 한정되어 있지 않습니다. 선교는 온 인류를 구원하고자 하시는 하나님의 사랑에서 시작된 명령입니다.

선교의 명령은 제자들과 초대교회 기독교인들에게만 국한된 것은 아닙니다. 말씀을 읽는 모든 자들을 향한 초청의 말씀입니다. 이 말씀이 자신을 초청하는 것이라고 믿고 순종하는 자들은 선교에 동참하게 되는 것입니다. 서울신학대학교 성결교회신학연구위원회(2005)는 선교를 다음과 같이 정의합니다.

> 선교는 예수를 모르는 자에게 세상 구원을 위해 보냄받은 예수를 전함으로써, 예수를 알고 예수를 주와 구세주로 고백하고 믿음으로 받아들이도록 행하는 통전적 사역이다(성결교회 신학용어사전, 146).

성결교회의 전통적 선교는 '영혼 구원을 전하는 전도'이고, 선교의 방법은 복음의 직접 선포 사역이었습니다. 영혼 구원을 위한 복음의 직접 사역에 중점을 두되, 선교현장인 지금 이 세상에서 복음을 어떻게 전할 수 있을 것인가 하는 것은 시대적 과제입니다.

선교는 직접적인 말씀의 선포와 가르침, 그리고 말씀의 실천을 통해서 가능합니다. 성결교회 선교의 목적은 말씀의 직접적인 선포를 통해 새사람으로 변화되어 성결의 삶을 추구하는 것에 있습니다. 즉 예수 그리스도의 삶과 가르침을 전하는 것과 그 가르침대로 살아가는 것이 선교입니다(성결교회 신학용어사전, 148-149).

◆ 성경 이해 :

1. 마태복음 28장 1-10절; 16-20절 ▶ 부활하신 예수님이 선교를 명령하셨음을 안다.

초대교회의 선교는 부활하신 예수님의 명령으로부터 시작됩니다. 예수님의 시체를 보러 온 여인들(막달라 마리아와 예수님의 어머니로 추정되는 다른 마리아)은 무덤 앞에서 천사로부터 예수님의 부활 소식을 듣게 됩니다. 천사는 십자가에 못박히신 예수가 그의 말씀하신대로 살아나셨다는 소식을 전합니다. 그리고 그가 죽은 자 가운데서 살아나셨다는 소식을 제자들에게 전하라고 부탁합니다. 여인들이 두려움과 기쁨으로 제자들에게 달려가던 길에 부활하신 예수님을 직접 만나게 됩니다. 여인들은 천사에게 십자가와 부활의 소식을 들었고, 직접 부활하신 예수님을 만났으며, 본인들이 듣고 본 복음의 소식을 제자들에게 전합니다.

예수님은 자신이 복음을 선포했던 첫 사역지인 갈릴리로 제자들을 모으십니다. 그리고 이 곳에서 제자들에게 모든 민족을 제자로 삼을 것, 즉 복음 전도, 선교를 명령하십니다. 그리고 선교의 여정 가운데 항상 함께 있을 것이라고 약속하십니다. 선교를 명령하시며 함께 하실 것이라고 약속하신 예수님은, 부활하심으로 하늘과 땅의 모든 권세를 하나님께 받은 분, 즉 하나님이십니다. 마태복음은 온 민족을 제자 삼으라고 하는 선교의 부르심으로 결론을 맺고 있습니다. 그리고 이 말씀을 읽는 자들을 그 부르심으로 초청하고 있습니다.

　2. 사도행전 8장 26-40절 ▶ 초대교회 기독교인들이 전 세계로 흩어져 선교했음을 이해한다.

　스데반의 순교(행 6-7장) 이후 예루살렘의 교회는 큰 핍박을 받습니다. 사도 외의 모든 사람들은 핍박을 피하여 유대와 사마리아로 흩어지게 됩니다. 이는 오히려 교회 확장, 즉 세계를 향한 선교의 계기가 됩니다. 빌립은 이 때에 흩어진 자 중 한 명으로, 예루살렘 교회의 집사(행 6:5)였습니다. 빌립은 사마리아성에 들어가 예수 그리스도를 전하고 세례를 주었습니다. 그 소식을 들은 예루살렘 교회는 베드로와 요한을 사마리아로 보냈습니다. 베드로와 요한은 세례받은 사마리아 백성들이 성령받기를 위해 기도하고 성령을 받게 됩니다(행 8:14-17). 이후에 두 사도는 사마리아 마을에 두루 다니며 복음을 전하고 예루살렘으로 돌아갑니다.

　빌립은 사마리아에 머물지 않고 성령의 인도하심에 순종하여 광야로 내려갑니다. 그 길에서 에티오피아의 내시를 만나게 됩니다. 내시는 수레를 타고 큰 목소리로 이사야서를 읽고 있었습니다. 빌립은 내시에게 다가가 그 말씀이 무슨 뜻인지 깨닫는지를 묻습니다. 내시는 '지도하는 사람이 없으니 어찌 깨달을 수 있느뇨'(행 8:31)라고 하며 빌립을 마차에 같이 앉도록 초대합니다. 빌립은 그에게 말씀의 뜻을 설명하며 예수 그리스도를 전합니다. 말씀을 듣고 믿게 된 내시는 즉시 세례를 청합니다. 빌립은 이후에도 성령이 이끄시는대로 아소도에 있는 여러 성을 다니며 복음을 전하다가 가이사랴에 머물러서 복음을 전합니다(행 8:40).

　3. 요나 4:1-11 ▶ 온 인류를 사랑하시는 하나님의 선교에 동참한다.
　요나는 하나님께 선교의 명령을 듣습니다(1:2). 그러나 요나는 그 명령에 불순종합니다. 회개한 후 요나는 다시 하나님께 니느웨를 향한 선교의 명령을 듣습니다(3:2). 결국 요나는 하나님의 명령에 순종하여 니느웨에 가서 말씀을 전합니다. 놀랍게도 요나의 선포를 들은 니느웨 사람들은 즉시 회개하고 하나님께로 돌아옵니다. 니느웨 왕을 포함하여 온 백성과 짐승들이 함께 금식하며 하나님께 회개합니다. 이 회개는 니느웨 사람들이 살아온 삶의 방식, 즉 '악한 길과 손으로 행한 강포(3:8)'에서 떠나는 것을 포함한 온전한 회개였습니다. 하나님은 이들의 회개를 보시고 자신의 뜻을 돌이켜 용서하시고 구원하십니다(3:10).

요나는 하나님께서 니느웨 사람들에게 재앙을 내리지 않으시고 그들을 구원하시는 것을 '매우 싫어하고 성내며(4:1)' 분노합니다. 은혜롭고 자비로우며 노하기를 더디하며 인애가 큰 하나님(4:2)이 이방인을 용서하고 구원하는 것이 싫었던 것입니다. 니느웨는 앗시리아의 수도로서, 이스라엘 민족을 착취하고 박해하고 포로로 잡아갔던 잔인한 사람들이 사는 곳이었습니다. 요나는 이스라엘 민족을 잔인하게 박해하였던 민족을 용서하고 그들을 구원하실 것이라는 하나님의 선교 명령에 순종하기 싫었습니다. 니느웨 사람들이 구원받는 것을 보느니 차라리 죽는 것이 더 낫다고 하며 '내 생명을 거두어 가소서'라고 말합니다(4:3). 요나는 니느웨 성 밖으로 나와 그 곳이 어떻게 되는지를 지켜봅니다(4:5).

선교는 온 인류를 구원하고자 하시는 하나님의 사랑에서 시작된 명령입니다. 하나님은 생명을 향한 하나님의 사랑과 긍휼의 마음을 박넝쿨(4:6-11)을 통해서 말씀하십니다. 요나는 박넝쿨로 인해 크게 기뻐했다가(4:6), 박넝쿨이 시들어 없어짐으로 인해 죽는 것이 낫다며 화를 냅니다(4:8-9). 박넝쿨이 시들어 없어짐을 안타까워하는 요나에게, 니느웨의 무수히 많은 사람들과 동물들, 즉 하나님이 창조하신 귀한 생명의 소중함과 그들을 향한 하나님의 긍휼함을 깨닫게 하십니다(4:11).

선교의 명령에 순종하는 것은 이 세상의 생명과 온 인류를 향한 하나님의 사랑에 동참하는 것입니다. 그러나 나에게 고통을 주었던 민족이나 개인에게 하나님의 사랑과 구원을 전하는 것은 쉽지 않은 명령입니다. 세계의 역사 속에는 국가와 민족 간의 관계를 포함하여 다양한 계층과 개인 간에는 가해와 피해 경험이 존재합니다. 그로 인한 적대적 관계, 혹은 갈등 관계 속에서 고통스럽거나 불편한 마음을 안고 살아가는 자들이 있습니다. 그러나 하나님은 대면하고 싶지 않거나 불편한 관계에 있는 자들 역시 하나님의 구원의 대상임을 선포하십니다. 우리의 기준으로 한정해 놓은 선교의 대상의 경계를 허물도록 도전하십니다. 대상뿐 아니라 시기, 장소, 방법 등 우리의 한계를 넘어서서 도전하시는 하나님의 선교의 명령에 동참하기를 초대하십니다.

◆ 교회사 이야기 :

선교의 역사에 등장하는 많은 선교사님들은 복음을 들어본 적 없는 사람들에게 찾아가 복음을 전하는 것을 평생의 사명으로 여겼습니다. 그 사명을 위해 고향, 모국을 떠나 타지, 타국으로 떠났습니다. 복음 전도, 선교의 사명을 가지고 한국을 찾아온 선교사님들 중 많은 분들이 한국에서 소천하였습니다. 양화진 외국인 선교사 묘원(서울시 마포구 합정동)에 가면 우리나라에 복음을 전하러 오셨다가 순교하신 선교사님들의 묘를 만나볼 수 있습니다. 그 묘 앞에 세워진 묘비명 중 일부를 소개하면 다음과 같습니다.

- "하나님의 아들이 나를 사랑하시고, 나를 위하여 자신을 주셨다."(J. W. 헤론)
- "나는 웨스트민스터 사원에 묻히기보다 한국에 묻히기를 원하노라." (H. B. 헐버트)
- "섬김을 받으러 온 것이 아니라 섬기러 왔습니다."(A. R.아펜젤러)
- "친구를 위하여 자기 목숨을 버리면 이에서 더 큰 사랑이 없느니라."(A.K.젠센)

- "나에게 천 개의 생명이 주어진다 해도 그 모두를 한국에 바치리라."(R.R.켄드릭)

선교사님들은 복음을 전하였고, 또한 복음이신 예수님의 가르침을 따라 살았습니다. 그리고 그들의 삶과 죽음은 흡사 하나님의 나라를 선포하시고 가르치시고 죽기까지 그 백성들을 사랑하신 예수님을 그대로 닮아있습니다. 복음을 전하고 복음을 따라 살았던 선교사님들의 사역은 한국에 복음이 전해지고 뿌리내려 교회가 세워지도록 하는 밀알이 되었습니다.

◆ 교육목회의 방향 :

11월은 한 해 동안 인도하신 하나님의 은혜를 감사하는 추수감사절을 지키는 달입니다. 또한 교회의 목회계획에 따라 전도 행사, 혹은 친구초청을 하기도 하는 달입니다. 내가 지금 하나님의 자녀가 되기까지 선교의 여정에 동참했던 사람들의 삶에 감사하며, 하나님의 사랑의 복음을 전하는 한 달이 되기를 원합니다. 이를 돕기 위한 교육목회의 방향은 다음과 같습니다.

① 예배 : 전 세계 모든 민족을 구원하기 위한 하나님의 마음, 선교의 비전을 담은 찬양을 한 달간 찬양하며 선교의 부르심을 묵상합니다.

② 성경공부 : 선교는 부활하신 예수님께서 제자들에게 부탁하신 명령임을 이해합니다. 그리고 초대교회의 사도들과 기독교인들이 예루살렘과 온 유대와 사마리아로 흩어지며 가는 곳마다 선교했음을 확인합니다. 요나를 향한 하나님의 말씀을 통해 선교란 온 인류와 생명을 향한 하나님의 사랑에서 시작된 사명이라는 것을 깨닫도록 하고, 학습자들이 그 사랑의 삶에 동참하도록 초대합니다.

③ 프로그램 : 현재 교단 선교의 현황을 알아보고 각 국가별로 파송되어 선교사님들의 다양한 삶의 이야기를 다루는 프로그램을 진행합니다. 인근에 있는 선교 혹은 순교를 기념하는 곳을 방문하여 선교의 역사를 가르칩니

다. 가능하다면 교단 선교사님과 연결하여 단기선교팀을 구성하고 준비합
니다.

④ 주간목회 : 사도행전을 한 번 이상 통독하며 제자들과 초대 기독교인
들의 선교의 삶을 묵상합니다. 선교의 대상을 찾아보아 교회에 초대하거나
직접 만나서 복음을 전합니다.

◆ 참고문헌 :

김영봉 (1999). 대한기독교서회 창립 100주년 기념 성서주석 31-2: 마태복음
        Ⅱ. 서울: 대한기독교서회.
박철우 (2008). 대한기독교서회 창립 100주년 기념 성서주석 28: 요나/미가.
        서울: 대한기독교서회.
서울신학대학교 성결교회신학연구위원회(2005). 성결교회 신학용어사전. 서
        울: 기독교대한성결교회 출판부.
하도균(2009). 복음전도의 출발점으로서의 지상명령에 관한 소고. 복음과 실
        천신학. 20(가을), 9-33.
인터넷 사이트 http://www.yanghwajin.net 자료 참조.

12월 복음

박향숙 목사
교육과정 연구진 / 서울신학대학교 강사

◆ **주제문** : 예수님은 이 세상을 구원하기 위해 오신 그리스도이시다.

◆ **관계선** : 성경과 전통 ⇨ 사회

◆ **영　역** : 재림

◆ **교육목표** :

1. 구약에 예언된 메시아가 곧 예수님임을 안다.

2. 예수님이 하나님의 아들이심을 믿고 고백한다.

3. 이 세상을 구원하기 위해 오신 그리스도를 찬양한다.

◆ **성경적 근거** :

세상을 구원하기 원하시는 하나님(요 3:16-17)

구원을 위한 복음(롬 1:16-17)

구원하러 오신 예수님(마 1:18-28)

복음이신 예수의 탄생(눅 2:10-11)

복음을 선포하신 예수님(마 4:17)

복음의 내용(롬 1:1-4)

고난받는 종의 예언(사 53:1-12)

예수님을 통해 성취되는 하나님의 나라(사 61:1-2)

◆ **주제 이해** :

복음은 말 그대로 기쁜 소식입니다. 성경에서 기쁜 소식, 즉 복음은 '예수 그리스도'에 관한 말씀, 또한 예수 그리스도가 선포한 말씀을 말합니다. 공관복음서에서는 '그리스도가 선포한 메시지'를 가리키는 말이며, 그 내용은 주로 하나님 나라에 관한 것이었습니다. 바울서신에서는 '예수 그리스도에 대한 케리그마'의 의미로 사용되었고, 그 내용은 예수의 탄생과 일생, 죽음과 부활, 그리고 재림입니다. 결국 기독교가 말하는 복음이란, 예수 그리스도가 선포하고 제자들이 예수 그리스도에 관해 선포한 기독교의 핵심 교리를 말합니다(성결교회 신학용어사전, 97-98.).

복음은 곧 '그리스도가 선포한 메시지'입니다. 마가복음은 복음서의 서두를 '하나님의 아들 예수 그리스도의 복음의 시작이라(막 1:1)'라고 밝히고 있습니다. 예수님이 가르치신 메시지는 곧 '하나님의 복음'이라고 표현하기도 합니다(막 1:14). 예수님이 선포한 복음은 하나님의 나라입니다(마 4:17).

복음이라는 말이 가장 많이 사용된 곳은 바울서신입니다(56번). 바울은 자신이 '하나님의 복음'을 위하여 부르심을 받았다고 말합니다(롬 1:1; 15:16; 행 20:24). 때로 그 복음은 '그리스도의 복음'으로 표현되기도 합니다(고후 2:12). 그 복음의 내용은 선지자들이 예언한 바(롬 1:2) 예수님은 다윗의 자손(롬 1:3)이고, 죽은 자들 가운데 부활한 우리 주 그리스도라는 것(롬 1:4)입니다. 성결교회 신학용어사전(2005, 268)은 예수님을 '역사 속에서 하나님 나라를 선포하시고 그것을 이루려고 사셨던 예수, 그리하여 십자가에 달려 죽으셨으나 하나님이 살리신 예수'로 요약합니다.

복음주의 지도자이자 복음주의 선언인 로잔언약 입안자인 존 스토트(2001)는 복음의 내용은 첫째, 예수님이 우리를 구원하기 위해 세상에 오셨다는 것(눅 2:10-11; 마 1:21; 요일 4:14; 딤전 1:15)이고, 둘째, 우리를 위해 죽으셨다는 것(고전 15:3; 갈 1:4; 히 9:28; 벧전 3:18)이라고 말합니다.

◆ 성경 이해 :

1. 이사야 53장 1-12절(이사야 61장 1-2절 참조) ▶ 구약에 예언된 메시아가 곧 예수님임을 안다.

예수님은 하나님께서 예언하셨던 메시아입니다. 이스라엘의 회복과 메시아를 통한 구원을 예언한 대표적인 성경책은 이사야서입니다. 이사야서는 시편과 함께 신약성경에서 가장 많이 인용되는 구약성경입니다. 예수님 역시 공생애를 시작할 때에 이사야서 61장 1-2절 말씀을 인용하셔서 말씀하십니다. 예수님께서 이사야서 본문 말씀을 인용한 것은 자신의 사역의 내용을 설명하는 동시에, 이사야 말씀이 자신을 통해 성취될 것임을 선포하기 위함이었습니다. 61장 1-2절을 포함하여 이사야서 전체에 흐르는 중요한 주제는 '하나님의 나라'입니다(김근주, 14-15). 이사야는 예수님을 통해 하나님께서 다스리시는 나라가 임할 것을 예언합니다.

선지자 이사야의 글을 드리거늘 책을 펴서 이렇게 기록된 데를 찾으시니 곧 주의 성령이 내게 임하셨으니 이는 가난한 자에게 복음을 전하게 하시려고 내게 기름을 부으시고 나를 보내사 포로 된 자에게 자유를, 눈 먼 자에게 다시 보게 함을 전파하며 눌린 자를 자유롭게 하고 주의 은혜의 해를 전파하게 하려 하심이라 하였더라 책을 덮어 그 맡은 자에게 주시고 앉으시니 회당에 있는 자들이 다 주목하여 보더라 이에 예수께서 그들에게 말씀하시되 이 글이 오늘 너희 귀에 응하였느니라 하시니(눅 4:17-21)

특히 이사야서 53장은 메시아이신 예수가 누구이며 어떠한 모습으로 오실 것이며 어떠한 고난을 겪을 것인지를 자세히 다루고 있습니다. 가장 원초적인 복음의 내용을 담고 있습니다(하도균, 15-16). 야고보와 유다를 제외한 거의 모든 신약 성서의 저자들이 이사야 53장의 구절을 인용하거나 암시하고 있습니다(곽철호, 364) 대부분의 인용은 예수님이 바로 이사야가 예언한 메시아임을 확증하기 위해 사용되었습니다. 직접적으로 이사야 본문을 인용한 신약 본문들은 다음과 같습니다.

누가복음 22장 37절에서 예수님은 죽음을 앞두고 이사야 53장 12절을 인용하여 말씀하십니다. 마태복음 8장 17절에서 저자는 예수님의 치유 사역을 이사야 53장 4절을 인용하여 말씀합니다. 사도행전 8장 32-33절의 에티오피아 내시가 읽고 있던 본문도 이사야 53장 7-8절 말씀입니다. 빌립은 바로 그 본문이 가리키는 이가 예수님임을 증거하며 내시에게 복음을 전합니다. 베드로전서 2장 22-25절은 이사야 53장 4-6절, 12절을 인용하여 예수님이 십자가 고난에 어떻게 대응하셨는지를 기록하고 있습니다. 요한복음 12장 38절과 로마서 10장 16절은 모두 이사야 53장 1절을 인용하고 있습니다.

이사야 53장의 내용을 구체적으로 살펴보면 다음과 같습니다. 모든 민족을 구원하기 위한 능력의'거룩한 팔'(52:10), '여호와의 팔'(53:1)은 역설적으로 연약하고 무기력한 고난받는 종의 모습이 될 것이라고 예언합니다. 메시아는 메마른 땅에서 나온 싹과 같이 연약하고 볼품이 없고(2절), 멸시를 당하고 고생을 겪으며(3절), 우리 대신 고난 당하고 우리 대신 슬픔을 겪으며(4절), 우리의 허물과 죄악을 대신하여 찔리고 상하게 될 것이라고 말합니다(5절)

53장 7-9절은 메시아가 자신이 받게 될 고난을 대하는 방식을 말합니다. 그 방식은 '양과 같은 침묵'(7절; 김근주, 246)이었습니다. 그는 체포되고 심문받고 재판받고 결국 처형되어 무덤에 묻히게 될 것이라고 예언합니다(8-9절). 메시아는 그 과정 속에서 자신을 변명하거나 변호하지 않고 잠잠하고, 강포를 행하지 않고 거짓말을 하지 않습니다. 이와 같이 메시아가 고난에 순종함으로써 '여호와께서 기뻐하실 뜻을 성취'(10절)하게 될 것이며, 의로우면서 많은 사람의 죄악을 담당함으로써 많은 사람을 의롭게 할 것(11절)입니다.

이사야서 53장의 예언은 예수 그리스도의 십자가의 사건으로 성취가 됩니다. 정치적이고 군사적인 지도자요 해방자로서의 메시아를 기대했던 유대인들은 고난받는 종의 모습으로 오신 예수님을 메시아로 받아들이기 어려웠습니다. 그러나 진정한 하나님의 능력이요 지혜는 십자가에 못박히신 예수 그리스도입니다(고전1:23-24). 이는 우리를 구원하시기 위한 하나님의 뜻의 성취입니다. 따라서 예수님이 오신 것은 우리에게 기쁜 소식입니다.

2. 마태복음 1장 1절; 1장 18-25절; 28장 16-20절. ▶예수님이 하나님의 아들이심을 믿고 고백한다.

예수님의 탄생은 하나님의 약속의 성취입니다. 마태복음은 예수님이 구약에서 예언한 메시아, 즉 그리스도임을 고백하는 것으로 시작합니다.

아브라함과 다윗의 자손 예수 그리스도의 계보라(마 1:1)

'아브라함의 자손'이라는 것은 아브라함에게 약속하신 '땅의 모든 족속'과 '천하만민'이 복을 얻는다는 약속이 예수님을 통해 성취되었음을 의미합니다. 이는 예수님이 온 인류를 구원하기 위해 오신 분임을 말하는 것입니다. '다윗의 자손'이라는 것은 유대인들에게 그들이 기다려온 이스라엘의 왕이자 메시아가 바로 예수님임을 의미합니다.

예수님은 하나님의 아들입니다. 마태복음 1장 2-17절에 등장하는 족보에서 예수님은 요셉이 낳았다고 표현되지 않고, '야곱은 마리아의 남편 요셉을 낳았으니 마리아에게서 그리스도라 칭하는 예수가 나시니라'(마 1:16)는 수동태 문장으로 표현됩니다. 족보상의 다른 사람들과 표현이 달리 기록된 이유는 예수님을 낳은 행위의 주체가 하나님이심을 드러내기 위함입니다.

예수님은 성령으로 잉태된 하나님의 아들입니다(마 1:18, 20). 16절의 말씀은 마태복음 18-25절에 다시 반복됩니다. 요셉은 정혼한 마리아가 임신한 것을 알게 되자 조용히 이혼하고 그를 보내주려합니다. 그 때에 천사는 요셉의 꿈에 나타나서 마리아가 임신한 것이 '성령으로 된 것'임을 알려줍니다. 천사가 '다윗의 자손 요셉아'라고 한 것은 예수님이 '성령으로'잉태된 하나님의 아들이나 족보상으로는 이스라엘 왕가인 다윗의 자손임을 확인하기 위함입니다.

천사는 요셉에게 아기의 이름을 '예수'로 지으라고 알려줍니다. 히브리어 '여호수아'와 동일한 헬라어 이름으로, '여호와는 도움이시다.''여호와는 구원이시다'라는 뜻을 가진 이름입니다. 천사는 '예수'라고 이름을 짓는 이유를 '그가 자기 백성을 그들의 죄에서 구원할 자'이기 때문이라고 밝혀 말합니다.

천사는 예수의 탄생이 하나님께서 선지자를 통해 예언한 말씀을 성취하는 것임을 설명합니다(마 1:22). 천사는 이사야 7장 14절 말씀 속에 예언된 '임마누엘'이 바로 예수님을 가리키는 것이라고 말합니다. '임마누엘'은 마태복음에만 등장하는 말씀입니다. 이는'하나님이 우리와 함께 계시다'(마 1:23)란 뜻입니다. 부활하셔서 승천하시는 예수님 역시 '내가 세상 끝날까지 너희와 항상 함께 있으리라'(마 28:20)고 말씀하십니다. 마태복음은 예수님이 하나님의 아들이며, 지금도 살아계셔서 그를 믿는 사람들과 영원히 함께 하시는 분임을 증거합니다(조경철, 38-41)

3. 누가복음 2장 6-20절 ▶ 이 세상을 구원하기 위해 오신 그리스도를 찬양한다.

예수님이 태어난 것은'온 백성에게 미칠 큰 기쁨의 좋은 소식'(눅 2:10), 바로 복음입니다. '예수님이 이 땅에 태어난 것은 이 세상의 모든 사람들에게 좋은 소식이며, 기쁜 소식입니다. 그 이유는 예수님이 바로 우리를 위한 '구주'이며 '그리스도' 곧 메시아이며, '주'이기 때문입니다.

천사가 이르되 무서워하지 말라 보라 내가 온 백성에게 미칠 큰 기쁨의 좋
은 소식을 너희에게 전하노라 오늘 다윗의 동네에 너희를 위하여 구주가
나셨으니 곧 그리스도 주시니라(눅 2:10-11)

하나님은 비천한 자들의 삶에 찾아오셔서 역사하시고 구원하시는 분입
니다. 예수님을 잉태한 마리아는 '비천한 자를 돌보시고'(눅 1:48), '비천한
자를 높이시는'(눅 1:52) 하나님을 찬양합니다. 예수님은 여관에 빈 방이 없
어서 구유에서 태어나셨습니다. 예수님이 태어나신 장소가 마태복음에는
별이 머무른 '집'(마 2:11)으로 기록된 반면, 누가복음에는 보다 구체적으로
'구유'(눅 2:7)로 기록되어있습니다. 구유는 집 밖에 있는 마굿간에 두는 요
람 모양의 여물통이었을 것으로 추측됩니다. 예수의 부모가 찾았던 '여관'
혹은 '구유'는 모두 낮고 천한 장소를 지칭하는 것으로 보입니다.

천사는 목자들에게 이 기쁜 소식을 가장 먼저 알려줍니다. 마태복음에는
예물을 준비해온 동방박사들이 예수의 탄생을 축하한 말씀이 등장하는 반
면, 누가복음에는 양 떼를 지키다가 천사에게 소식을 듣고 찾아간 목자들이
축하했다고 기록되어있습니다.

이는 누가복음이 특별히 세리와 죄인들, 가난한 자들, 여인들, 사마리아
인 등의 소외된 계층들에게 관심을 보이고 있는 것을 반영하는 것입니다. 누
가복음에는 다른 복음서에 비해 소외된 계층들을 만나신 예수님의 이야기
가 많이 기록되어 있습니다. 부자와 거지 나사로의 비유, 선한 사마리아인
의 비유는 누가복음에만 등장합니다. 여인들의 이름이 누가복음에 상대적
으로 가장 많이 등장하며, 사렙다 과부, 나인성 과부, 마리아와 마르다도 누
가복음에만 기록되어있습니다.

예수님이 오신 소식은 '온 백성', 즉 모든 사람을 향한 기쁜 소식입니다.
따라서 성경은 우리가 '다' '누구든지' 그리스도로 인하여 하나님의 자녀요
새로운 피조물이 될 수 있다고 말합니다(갈 3:26-27; 고후 5:17). 모든 사람

을 위해 이 땅에 오신 예수님의 탄생의 소식은 '하나님께는 영광이요' '사람들 중에 평화'를 가져다주는 기쁜 소식입니다. 따라서 이 소식을 듣는 모든 사람들은 바로 자신을 위해 이 땅에 오신 예수님을 찬양하게 됩니다.

> 지극히 높은 곳에서는 하나님께 영광이요 땅에서는 하나님이 기뻐하신 사람들 중에 평화로다 하니라(눅 2:14).

◆ 교회사 이야기 :

현재 기독교 교회가 고백하고 있는 사도신경은 실제 '사도'들의 신앙고백은 아닙니다. 또한 성경 만큼의 절대적 권위를 가진 것은 아닙니다. 교부들이 개인적으로 작성한 [신앙의 규범]이 300년경 로마교회 공동체에 의해서 [로마신조]가 되었고, 4세기에 [사도신경]이 되었습니다. 현대적 형태의 사도신경은 그 이후에 완성되었습니다. 사도신경은 교회사 속에서 이단의 도전으로 인한 신앙적 위기를 극복하고 기독교가 믿는 신앙의 규범을 정립하기 위해 점차적으로 형성되었습니다.

그러나 사도신경이 담고 있는 신앙고백의 원형은 초대 교회의 사도들의 믿음의 내용에 기반하고 있습니다. 오랜 교회의 역사 속에서 하나님의 말씀이 선포되면서 기독교 교회가 믿고 따르는 내용이 사도신경이라는 형태로 만들어졌습니다. 따라서 사도신경에는 기독교 복음의 진수가 담겨있으며 기독교 전통으로서 존중받을 가치가 있습니다.

사도신경의 근원적 형태는 '예수 그리스도는 주님이시다!'입니다. 후대에 이를 보충하기 위해 다른 조항들이 추가되었습니다. 즉, 사도신경이 담고 있는 기독교 복음의 핵심 내용은 예수 그리스도가 바로 나를 구원할 메시아이며 주님이시라는 것입니다. '예수 그리스도'는 특정한 시간과 장소에 위치하는 인간의 이름 예수와 직무이자 사역을 지칭하는 이름 그리스도가 합쳐진 호칭입니다. 히브리어인 '예수'는 '하나님이 도우신다! 하나님이 구원하신다'는 의미를 담은 단어이며, 그리스도인 '그리스도'는 '기름 부음을 받은 자'란 뜻으로 히브리어 '메시아'를 번역한 단어입니다. 초대교회 공동체가 '예수 메시아'가 아니라 '예수 그리스도'라고 부른 것은 이스라엘로 시작하여 로마, 더 나아가 세계로 향하고 있는 복음의 역사가 암시되어 있다고 볼 수 있습니다.

◆ **교육목회의 방향 :**

12월은 대강절과 성탄절이 있는 달입니다. 따라서 이번 달에는 복음의 내용인 예수의 탄생과 일생, 죽음과 부활, 그리고 재림 중 '우리를 구원하기 위해 세상에 오신' 예수님의 탄생에 초점을 맞추어 복음을 조명합니다. 이를 위한 교육목회의 방향은 다음과 같습니다.

① 예배 – 예수님에 관한 구약의 예언 말씀과 연결하여 예수님이 그리스도요, 메시아임을 설교합니다. 예수의 탄생, 죽음, 부활, 재림을 통시적으로 담은 내용의 복음을 설교합니다.

② 성경공부 – 이사야 53장, 61장의 예언의 말씀과 복음서의 성취된 본문을 연결하여 예수님은 구약에서 예언한 메시아임을 이해하도록 돕습니다. 마태복음과 누가복음의 예수의 탄생의 맥락이 되는 본문을 중심으로 예수님이 이 땅에 오신 소식이 왜 복음인지를 이해하도록 돕습니다. 나와 우리를 구원하기 위해 오신 예수님을 그리스도요 주로 고백하고 찬양하도록 돕습니다.

③ 프로그램 – 한 달간 공관복음서(사복음서), 혹은 그 중 한 권을 함께 통독하며 복음의 내용인 예수 그리스도의 사역과 가르침을 집중적으로 이해합니다. 대강절, 성탄절과 관련하여 예수 그리스도의 탄생 이야기를 담은 다양한 예술활동(시, 만화컷, 그림 등)을 각 부서 수준에 맞게 진행하고 작품을 전시합니다.

④ 주간목회 – 교사는 공관복음서 혹은 신약성서를 통독하고 묵상하며

자신이 믿는 복음을 담은 신앙고백문을 작성하고 학생들에게 나눕니다.

◆ 참고문헌 :

Barth, Karl (2015). 칼 바르트 교의학 개요: 사도신경에 담긴 기독교 진리. 신준
　　　호 역. 서울: 복있는 사람.(원저 1947 출판)
Stott, John (2001). 존 스토트의 복음전도. 서울: IVP.
곽철호 (2017). 패턴으로서의 고난받는 종의 전형. 김석근 역. 이천: 성서침례
　　　대학원대학교 출판부. (원저 2011 출판)
김근주 (2010). 이사야가 본 환상. 서울: 비블리카 아카데미아.
김득중 (1993). 대한기독교서회 창립 100주년 기념 성서주석 33: 누가복음 I.
　　　서울: 대한기독교서회.
박수암 (1993). 대한기독교서회 창립 100주년 기념 성서주석 34: 마가복음. 서
　　　울: 대한기독교서회.
서울신학대학교 성결교회신학연구위원회 (2005). 성결교회 신학용어사전. 서
　　　울: 기독교대한성결교회 출판부.
하도균 (2016). 전도, 메시아 예수를 전하라! 서울:소망사.
조경철 (1999). 대한기독교서회 창립 100주년 기념 성서주석 31-1: 마태복음
　　　I. 서울: 대한기독교서회.

'성결한 그리스도의 몸' 교육목회 커리큘럼

발행일 _ 1판 1쇄 2018년 10월 30일
발행인 _ 김진호
편집인 _ 송우진
책임편집 _ 전영욱
기획/ 편집 _ 강영아 장주한
디자인/일러스트 _ 권미경 하수진
마케팅/ 홍보 _ 황성현
행정지원 _ 조미정 신문섭

펴낸곳 _ 기독교대한성결교회 출판부
서울시 강남구 테헤란로 64길 17(대치동)

대표전화 TEL (02) 3459-1051~2/ FAX (02) 3459-1070
홈페이지 http://www.eholynet.org, http://www.ibcm.kr
등록/ 1962년 9월 21일 등록번호/ 제16-21호
ISBN 978-89-7591-340-2 03230
가격 12,000원